종교
개혁

THE REFORMATION

THE REFORMATION

종교
개혁

패트릭 콜린슨 지음·이종인 옮김

을유문화사

종교개혁

발행일
초판 1쇄 발행 2005년 4월 25일
신판 1쇄 발행 2013년 12월 15일

지은이 | 패트릭 콜린슨
옮긴이 | 이종인
펴낸이 | 정무영
펴낸곳 | (주)을유문화사

창립일 | 1945년 12월 1일
주 소 | 서울시 종로구 수송동 46-1
전 화 | 734-3515, 733-8153
팩 스 | 732-9154
홈페이지 | www.eulyoo.co.kr
ISBN 978-89-324-7223-2 03900

차례

이 책을
종교개혁의 아들, 해석자, 절친한 친구인
조지 율의 영전에 바친다

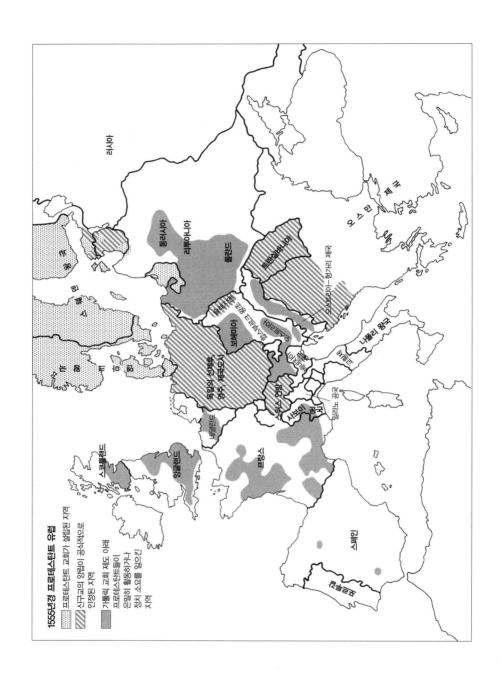

1555년경 프로테스탄트 유럽

프로테스탄트 교회가 설립된 지역

신구교의 양립이 공식적으로
인정된 지역

가톨릭 교회 제도 아래
프로테스탄트들이
은밀히 활동하거나
점차 소요를 일으킨
지역

라시아

핀 란 드

스 웨 덴

노 르 웨 이

덴마크

스코틀랜드

잉글랜드

아 일 랜 드

프랑스

스페인

포르투갈

러시아

폴란드

브란덴부르크

작센

보헤미아

모라비아

독일의 선제후,
영주 제국도시

오스트리아-헝가리 제국

헝가리

오스트리아

스위스

사부아

밀라노

베네치아

교황령

나폴리 왕국

칼라브리아
공국

오스만 제국

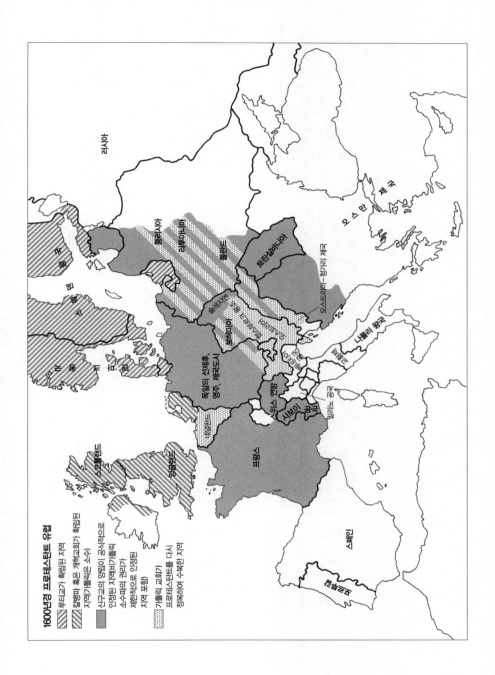

1600년경 프로테스탄트 유럽

루터교가 확립된 지역

칼뱅파 혹은 개혁교회가 확립된 지역(가톨릭은 소수)

신구교의 양립이 공식적으로 인정된 지역(비가톨릭 소수파의 권리가 제한적으로 인정된 지역 포함)

가톨릭 교회가 프로테스탄트를 다시 정복하여 수복한 지역

러시아

폴란드

리투아니아

헝가리아

트란실바니아

오스만 제국

오스트리아-헝가리 제국

보헤미아

모라비아

슐레지엔

독일의 선제후, 영주, 제국도시

스위스 연방

사부아

프랑스

나폴리 왕국

밀라노 공국

교황령

칼레

잉글랜드

스코틀랜드

아일랜드

스페인

포르투갈

노르웨이

스웨덴

덴마크

머리말

◇◇◇◇

나는 1961년에서 1975년까지 종교개혁의 역사를 처음에는 런던의 킹스 칼리지에서, 다음에는 오스트레일리아의 시드니 대학에서 가르쳤다. 시드니에서는 마르틴 루터 및 그와 관련된 주제에 대하여 매년 20회 이상 강의했다. 내가 영국의 종교개혁에 관하여 몇 차례 추가 강의를 했을 때 총명한 학생들은 "야, 선생님은 정말 이 주제를 환히 꿰뚫고 계시구나"라고 말했다.

예리한 독자들은 다음 장에서 마르틴 루터에 대한 나의 애정과 잉글랜드 종교개혁에 관한 나의 열정을 어렵지 않게 찾아볼 수 있을 것이다. 그뒤 캔터베리의 켄트 대학, 셰필드 대학, 케임브리지 대학 등에서는 오스트레일리아에서 열심히 강의했던 나의 전문 지식이 거의 군더더기 같이 되고 말았다. 이들 대학에는 이 주제에 대하여 세계적 권위를 가진 유럽 출신의 역사학자들이 버티고 있었던 것이다. 나는 켄트와 셰필드에서는 루터에 대한 강의를 1년에 두 번만 했으며 케임브리지 대학에서는 그나마 하지 못했다. 캔터베리 대학에는 게르하르트 베네케, 셰필드 대학에는 마크 그린 그래스, 케임브리지 대학에는 밥 스크리브너가 있었는데, 사실 나는 이들 대학자의 신발 끈을 매고 풀어 줄 자격조차도 되지 못했다(「마가복음」1 : 7).

밥은 더는 이 세상 사람이 아닌데 아직도 그 사실을 받아들이기 힘들다.

나는 밥의 아내인 로이스가 이런 사실을 알아주길 바란다. 내가 이 책을 쓰는 동안 밥이 내 어깨 너머로 계속 감시하고 있다는 느낌이 들었는데, 그저 천상의 밥이 너무 심하게 질책하지 말기를 바랄 뿐이다. 종교개혁사의 권위자이며 좋은 친구였던 하이코 오버만의 사망도 안타까운 일이 아닐 수 없다. 나는 2001년 3월 애리조나 대학에서 말년의 그를 만나 함께 우정을 나누었다. 이 작은 책을 쓰려니 종교개혁사의 대학자였던 그에 대한 생각이 다시금 새록새록 떠오른다. 겉보다는 속으로 더 많이 내게 영향을 준 사람은 마거릿 애스턴, 존 보시, 디머드 맥쿨로크, 이몬 더피, 키스 토머스 등이다. 더불어 마음씨 따뜻하고 자상한 오스트레일리아의 조지 율이 있다. 율은 2001년에 세상을 떠났는데 이 책을 그의 영전에 바친다.

나는 종교개혁이라는 거대한 그림에 대하여 평생 관심을 가지고 살아왔다. 그런 큰 그림을 늘 염두에 두고 있었기 때문에 이 주제를 다루는 영국학자들(나 자신을 포함하여)이 통상 지닌 지방색과 섬나라 근성을 안타깝게 생각한다. 이 작은 책은 거대한 주제에 대한 나의 존경심을 표시하는 구체적 수단이다. 하지만 그런 주제를 고작 5만 단어로 설명하려고 하다니! 종교개혁의 역사에 정통하고 학문에 왕도가 없다고 생각하는 사람들은 이런 소책자를 종교개혁에 대한 모독이라고 생각할지 모르나 제발 좋게 보아주기 바란다.

네 대륙에 퍼져 있는 나의 제자들에게 말로 다 할 수 없는 도움을 받았다. 특히 오스트레일리아에서 보냈던 세월을 잊을 수 없으며, 존과 로버트 개스코인 형제에게 큰 빚을 졌다. A. G. 디킨스도 기억에 남는다. 그는 1960년대에 킹스 칼리지에서 나의 동료였으며, 2001년 천수를 누리고 세상을 떠난 종교개혁의 대학자였다. 그의 곁에서 가르칠 수 있었다니 얼마나 큰 특권이었던가!

기록보관자와 도서관 사서들에게는 통상적인 감사의 인사 이외에는 달리 할 말이 없다. 이 책은 전부 내 머리와 서가에서 나온 산물이므로 그들과는 거의 무관하다. 내 머리와 서가에 들어 있지 않은 것은 여기에도 없다. 나는 이제 학문의 마지막 고비에 이르러 편안한 마음으로 이 주제를 풀어 나갔다. 아마 유려하게 잘 읽히는 반면, 셀 수 없을 정도로 많은 실수를 저질렀을지도 모른다. 게다가 노인들은 잘 잊어버리지 않는가. 현장에서 열심히 뛰는 신진 학자들이 본다면 많은 사항이 시대에 뒤떨어져 있을 것이다.

이 책에서 나는 종교개혁에 대하여 거의 모르는 일반 독자를 우선적으로 배려하였다. 오늘날의 생각과 관심에서 멀리 떨어져 있기에 알기 어려운 문제를 가능한 한 쉽게 풀이하려고 최선을 다했다. 내가 늘 자신을 향하여 타이르는 말은, 책이란 따분하기보다는 차라리 틀리는 게 낫다는 것이다. 그러나 위에 열거한 대학자들이 내게 가르쳐 주었듯이, 따분하지도 틀리지도 않는다면 더욱 좋을 것이다.

이몬 더피와 마크 그린그래스에게 감사한다. 그들은 이 책을 읽고 유익한 비평을 해 주었다. 이몬 덕택에 루터가 열정적으로 참가했던 1519년 7월의 라이프치히 신학논쟁이 '무더운 삼복지중三伏之中에 벌어졌다'는 따위의 구태의연한 말을 쓰지 않게 되었다. 이 논쟁에서 루터는 언어의 설사에 걸린 것처럼 많은 말을 쏟아냈는데, 이에 대해서도 우리는 루터에 관하여 알지 못하는 것이 많다. 가령 그가 어떤 겨자를 즐겨 먹었는지 따위 말이다.

2002년 11월 5일
케임브리지 대학의 트리니티 칼리지에서
선학들의 학문을 기억하며.

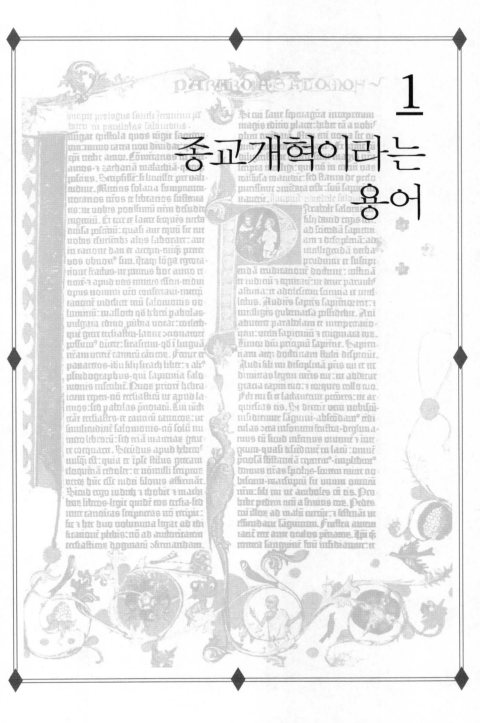

1

종교개혁이라는 용어

이 책은 서방의 기독교에 관한 책이다. 서방의
기독교 세계는 대략 오늘날의 유럽(그리스가 새로이 가입하기 이전의 유럽연합
지역)과 거의 동일한 지역이었다. 성 베드로의 계승자로 자임한 로마의 교
황에게 순종하는 세력과 순종하지 않은 세력, 이렇게 두 세력으로 나뉜
서방 기독교는 1,000년 전에 갈라져 나간 동방 기독교에 대하여 큰 관심
을 쏟지 않았다. 서방 기독교는 스스로가 근대의 역사에서 커다란 역할을
했다고 평가한다. 특히 16세기와 17세기에 우주적 의미를 가진 특정한 사
건들을 주도했다고 생각했는데 과연 그렇게 자신을 높이 평가할 수 있는
자격을 가졌을까? 그것은 종교개혁을 연구할 때 늘 어른거리는 중요한
질문이다.

　서방과 비교해 볼 때, 동방 기독교는 단일한 교회가 아니라 여러 종파
의 교회가 모여서 이루어진 교회였다. 먼저 '정통'이라는 제목을 고수하
며 콘스탄티노플의 총대주교가 지닌 명예 지상권이 '세계적'임을 인정하
는 정교회가 있다. 그 외에 민족에 따라서 갈라져 나간 교회, 그리고 반쯤
은 잊혀졌고 겉보기에 오늘날의 정서와 안 맞는 고대의 다양한 교리에 따
라서 분류·규정되는 교회가 있었으며 현재에도 있다. 그런 사례로는 아

르메니아 교회가 해당된다.

아르메니아의 왕은 4세기 초 기독교를 받아들여 왕국의 교회로 공인했다. 이것은 콘스탄티누스 대제가 기독교를 로마제국의 공식 종교로 받아들였던 시기보다 약간 앞선 때였다. 또 다른 사례로는 이집트 콥트 교회가 있다. 이 교회는 451년 칼케돈 공의회가 '정통' 교리를 결정한 뒤로 이에 반대하여 자신의 교리를 고집하고 제 길을 걸어간 교회였다. 이들은 정통 이론인 양성론兩性論1을 거부하고, 그리스도는 오직 단성(單性, Monophysitism)을 가지고 있을 뿐이라고 주장했다. 이렇게 하여 분열되어 나간 콥트 교회는 오늘날까지 1,500년 동안 존속해 오고 있다. 이 교회의 자매라고 할 수 있는 에티오피아 교회는 또 다른 지파支派이다. 이 교회는 1959년까지 알렉산드리아의 콥트 교회의 총대주교로부터 파송된 주교 한 명을 받들었으나 그 후에는 독립하여 스스로 에티오피아 정교회라고 이름을 지었다. 에티오피아 국가와 불가분의 한 몸을 이루는 이 교회는 이 나라 고유 언어의 초기 형태를 사용하여 예배를 드리고, 초기 기독교 예배 관행의 화석인 유대교적 특색을 많이 간직하고 있다. 가령 유대교의 안식일 준수, 구약에서 규정한 부정한 고기의 섭식 금지 등이 그런 것이다.

동방 기독교 산하의 여러 교회에서는 각각의 역사를 집필할 정도로 흥미로운 일이 많이 일어났다. 하지만 이 교회들의 역사에는 혁명적인 것은 고사하고 점진적인 변화의 과정조차 결핍되어 있었다. 서방의 기독교와 비교해 볼 때, 동방교회 중 어떤 교회도 종교개혁이나 그 반동인 반종교

---

* 본문의 각주는 옮긴이 주이다.

1 양성론은 그리스도가 신성과 인성의 양성을 갖고 있다는 정통 기독교의 주장이고, 단성론은 그리스도의 성육신 이후 양성은 하나로 통합되었으며 구세주의 모든 사상과 행동은 그리스도 속의 신성, 즉 단일한 본성인 신성에 의해서 이루어졌다고 본다.

개혁을 경험하지 못했다. 단지 1667년부터 오늘날까지 이어져 내려오는 러시아의 복고신앙파Old Believers**2**가 러시아 정교회에서 분리된 것이 하나의 예외일 뿐이다.

그러나 이들 모든 기독교 신앙의 형태 속에서 — 그리고 더 나아가 일 반적이고 세계적인 의미의 종교 전체 속에서 — 우리는 개혁과 변화라는 영원한 원리를 발견하게 된다. 기독교가 공적·정치적 제도로 자리 잡고 있는 곳에서, 유아세례는 사실상 강제적이었다. 이것은 다시 말해서 사람들이 교회 속에서 태어난다는 것을 의미했다. 그러나 세례를 받는 것은 고유한 품성을 갖춘 개인이며, 모든 유아는 후원자와 '대부모godparents'를 통하여 악마 및 그 활동과 결별하고 그리스도에게 친히 귀의하는 것이다. 왜냐하면 세례는 예수가 유대인 장로 니고데모에게 설명한 대로 다시 태어나는 것이고 또 그래야 마땅하기 때문이다. '너는 다시 태어나야 한다.'

에티오피아에서는 매년 다음과 같은 기념 행사를 행한다. 유대교의 언약의 궤를 복제한 것으로 제단용 돌을 담은 '타보트Tabot'를 각 교회에서 가장 가까운 물가로 옮겨 놓는 의식인데, 이때 사람들은 세례를 갱신하기 위하여 물속으로 들어가 자신의 몸을 담근다. 이 절기를 '마스칼(Maskal, 십자가)'이라고 하며, 폭우가 여러 차례 지나간 뒤 밝고 노란 데이지 꽃들이 피어나는 에티오피아의 봄철에 해당한다. 이 의식이 무엇을 상징하는지는 분명하다. 오늘날 성공회에서는 아이가 세례를 받으면 신자들을 모두 초대하여 그들 자신의 세례 기원을 반복하고 갱신하는 것이 관례이다. 이러한 행사는 유럽에서도 봄의 축제인 부활절에 행해지고 있다.

이들의 사례에서 보듯 갱신의 원리는 사회학적 용어로 말하자면 관례화

---

2 복고신앙파는 러시아어로 스타로버Starover라고 하며, 러시아 정교회의 모스크바 총대주교 니콘이 단행한 전례 개혁을 거부한 반대파이다.

하는 것이다. 원래 하나의 행사였던 것이 아득한 옛날부터 전해져 내려오는 관습 혹은 제도가 된다. 그것은 불연속의 원리이기보다는 연속의 원리이다. 그러나 종교사의 흐름은 언제나 회심回心[3]의 일화와 경험에 의해 끊어졌고 이어 흐름을 바꾸게 되었다.

유대-기독교 이야기 속에서 하느님은 아브람에게 "네 고향과 친척을 떠나라"고 명했다. 그의 이름조차 나중에 아브라함으로 바뀐다. 불 떨기 속의 하느님은 모세에게 양치기를 그만두고 이집트 노예가 된 백성들을 인도하여 가나안 땅으로 떠나라고 명했다. 예언자 이사야는 만군의 주의 환상을 보았다. "'내가 누구를 보낼 것인가? 누가 우리를 대신하여 갈 것인가?' 그러자 내가 말했다. "제가 있지 않습니까, 저를 보내십시오."[4] 세례자 요한은 유대의 사막과 그 속을 관통하는 요단강 등 상징적인 배경에서 당대의 백성을 모아 놓고 회개하라고 외쳤다. 예수는 탕아가 참회한 이야기를 했다. 탕아는 큰 잘못을 저지르고 나서 '제정신을 차리고' 아버지에게로 돌아왔다. 타르수스의 사울은 초대 기독교도들을 핍박하러 가는 도중에 하늘에서 비추는 빛에 눈이 멀었다는 '다마스쿠스 길 위의 체험'을 겪었

---

3 아우구스티누스의 회심은 『참회록』 8장 12절에 나오는데, 그 내용은 이러하다. 어느 날 오후 그는 한 친구와 함께 무화과나무 그늘에 앉아 대화를 나누고 있었는데, 이웃집의 마당에 나와 있던 아이가 "일어나 읽어라(혹은 선택하라)"라고 자꾸 외치는 소리가 들려왔다. 아마도 아이는 놀이의 종류를 선택하거나 아니면 이야기책을 읽어 달라고 졸랐을 것이다. 아우구스티누스는 마치 그것이 자기에게 내려진 명령이나 되는 듯이 마침 옆에 있던 바울의 서한(「로마서」 13 : 13)을 아무렇게나 펼쳤다. 그때 이런 구절이 그의 눈에 들어왔다. '그러니 어둠의 행실을 벗어 버리고 빛의 갑옷을 입읍시다. 진탕 먹고 마시고 취하거나 음행과 방종에 빠지거나 분쟁과 시기를 일삼거나 하지 말고 언제나 대낮으로 생각하고 단정하게 살아갑시다. 주 예수 그리스도로 온몸을 무장하십시오. 그리고 육체의 정욕을 만족시키려는 생각은 아예 하지 마십시오.' 이 글을 읽는 순간 아우구스티누스는 마음에 자신감의 빛이 가득했고, 불확실성의 어둠이 완전히 사라지는 것을 느꼈다고 적고 있다. 로마서와 아우구스티누스의 참회록은 그 후 루터를 위시하여 많은 종교개혁의 지도자들에게 깊은 영향을 끼쳤다.

4 「이사야」 6 : 8

다. 이것은 그를 사도로 소환한 것이었다. 바울(바울로)**5**로 이름을 바꾼 그는, 여러 사람의 견해에 따르면, 기독교 자체를 발명하고 건설했다.

표면상으로 반복되어 나타나는 이런 요소가 기독교 역사 전체를 통해 되풀이된다. 성 아우구스티누스의 저서 『참회록Confession』에 자세히 설명되어 있는 바와 같이, 그의 회심은 후대의 여러 사람들이 의식적·무의식적으로 모방하고 복제한 패러다임이 되었다. 아시시의 프란체스코(프란키스쿠스)는 '사도다운 삶vita apostolica'을 재현하기 위하여 모든 세속적 재산과 그가 입고 있던 옷마저 포기했다. 이그나티우스 로욜라는 군인이던 시절 부상에서 회복하던 도중 종교 서적(달리 읽을 책이 없었다)을 읽고 회심했다. 이어서 일련의 강렬한 종교 체험 끝에 그는 마침내 예수회를 만들었다. 그가 전투에서 죽었다면 그리고 종교 서적 대신 소설을 발견했다면 어떻게 되었을까?

존 웨슬리J. Wesley(1703~1791)는 1738년 5월 24일 런던의 올더스게이트 가街의 한 예배당에서 마르틴 루터의 로마서 주석서의 서언을 읽는 소리를 들었을 때 '가슴이 이상하게 뜨거워지는' 체험을 했다. 이 사건의 결과가 신교의 큰 줄기인 감리교였다. 엘리 알레비Élie Halévy는 감리교가 생기지 않았다면 1789년 프랑스혁명 스타일의 영국혁명이 일어났을지도 모른다고 생각했다. 감리교 덕분에 잉글랜드에서는 사회혁명이 아닌 종교 혁명이 일어났으며, 그 결과 자조 정신, 노동조합, 비혁명적이지만 튼튼한 대중 정치가 탄생되었다.

물론 루터도 이런 회심의 패러다임을 경험했다. 그 얘기를 하기 전에 루

---

5 바울이 소아시아, 그리스, 로마 등지로 해외 포교를 다니던 시기인 서기 50년대에는 아직 마태, 마가, 누가, 요한의 4대 복음서가 집필되기(서기 90~100년경) 이전이었고, 오로지 그가 쓴 서한만이 그리스도교 포교의 수단이었다. 이 때문에 바울을 예수와 함께 기독교의 공동 창립자로 보는 견해까지 나오게 되었다.

루카스 크라나흐 1세, 「마르틴 루터」, 1533년.

터의 역사적 위상을 잠깐 생각해 보자. 종교개혁사를 쓰려는 사람들은 누구나 루터에 전념해야 한다. 그 까닭은 루터가 없었다면 우리가 흔히 말하는 종교개혁 혹은 그 어떤 종류의 종교개혁도 없었다고 볼 수 있는 충분한 근거가 있기 때문이다.

토머스 칼라일T. Carlyle(1795~1881, 영국의 역사가이자 산문작가)은 거기서 한 발 더 나아갔다. 그의 역사관은 영웅 사관이었다. 그는 루터가 보름스 제국의회에서 자신의 견해를 취소해 버렸다면 그 후에 프랑스혁명도 미국이라는 나라도 생겨나지 않았을 거라고 생각했다. 루터는 보름스 제국의회가 열리는 기간 중에 신성로마제국의 황제 앞에 서서 자신의 주장을 고수했는데('신이여 여기 제가 예전 그대로 서 있습니다'), 루터가 없었더라면 대격변의 원천이 자궁 속에서 소멸했을 것이기 때문에, 당연히 프랑스혁명이나 미국의 건국은 원인 무효라는 얘기이다.

오늘날 이렇게 거창한 주장을 하는 사람은 아무도 없다. 하지만 아직도 이렇게 물을 수는 있다. 종교개혁은 근대 세계를 창출한 힘이었는가, 혹은 아니었는가?

자, 다시 회심의 얘기로 돌아가 보자. 루터는 여러 번 자신의 회심 이야기를 했다. 여러 가지 형태의 이야기가 서로 완전히 일치하지는 않는다. 그러니까 소위 회심이 벌어졌으리라고 추정되는 시기가 루터의 삶이나 경력과 잘 들어맞지 않는다. 그 당시 루터는 새로 생긴 독일 대학의 신학 교수였다. 그의 회심 경험은 로마서6에 나타난 바울 신학을 연구하던 중에 일어났다. 그가 열정적으로 씨름한 문제는 매우 전문적이지만 루터 자신에게는 아주 실존적인 것이었다. 그것은 '신의 의로움*justitia Dei*', 즉 신의 인과응보적 의로움이 어떻게 성취되는가 하는 문제였다.

루터는 그리스도인들이 항상 확인하듯 '세상의 모든 죄를 위해서' 예수가 이미 그 의로움을 달성했다는 것을 알았다. 그러나 그것(의로움의 성취)을 신자 개인의 차원에서는 어떻게 그 자신에게 적용해야 할까? 루터가 깨달은 바에 따르면, 그리스도의 희생에 대한 믿음, 오직 그 믿음만으로 개인은 의로움을 성취할 수 있다. 인간 나름대로의 도덕적 노력은 실제로 역효과를 내었으며 그런 노력을 할수록 인간은 자기 자신을 더 괴롭힐 뿐이었다. 이것은 다시 말해 인간의 노력은 의로움으로 나아가는 데 큰 도움이 되지 못하고, 자비로운 하느님 자신이 우리 속에다 불어넣는 믿음에 의해서만 의로움[義化]을 성취할 수 있다는 뜻이다. 이는 그 후 신에 대한 사유의 코페르니쿠스적 혁명을 가져왔다고 평가되었다. 그러니까 인간이 아니라 하느님이 인간의 구원을 포함한 삼라만상의 중심이자 제일 원동력이라는 것이다. 신학적으로 이것은 의심할 나위 없는 진실이다. 하지만 실제에 있어서 중세 기독교 체제는 인간의 도덕적 노력, 요컨대 하느님을

---

6 로마서의 핵심 사상은 하느님과 올바른 관계에 놓이는 것, 다시 말해 의로움을 획득하는 것이다. 이것을 의화義化 혹은 이신득의以信得義라고 한다. 이 의로움은 인간의 능력으로 가능한 것이 아니라 예수 그리스도를 통한 하느님의 은총으로 비로소 가능해진다. 그리하여 예수를 믿는 자들은 하느님과 평화를 누리게 된다. 이것을 법정의 송사와 관련하여 생각해 보면 이렇게 질문할 수 있다. 그렇다면 피고(인간)가 유죄인데도 하느님이 그에게 무죄를 선언했다는 말인가? 로마서의 바울은 이 질문에 대하여 이렇게 대답한다. 하느님은 인간들에 대하여 아예 고소 자체를 취하기로 결정했다. 루터는 이 로마서의 사상을 확대·발전시켜 예수 그리스도를 믿는 것, 그 믿음만 있으면 인간은 구원을 받을 수 있다고 주장했다. 따라서 루터의 신학 사상은 실천보다는 믿음을 더 강조했다. 이 때문에 루터는 로마서를 중시했고 실천을 강조한 야고보서는 상대적으로 무시했다.

23

1.
종교개혁이라는 용어

향한 인간의 여행을 강조했다. 그러나 루터는 그러한 인간의 선행이 중요한 것이 아니라 하느님이 우리에게 손을 내밀어 주는 것, 그게 더 중요하다는 관점으로 바꾸어 놓았다.

자신의 회심에 대하여 루터가 식탁에서 때때로 회고한 이야기에 따르면, 그것은 루터가 속한 아우구스티누스 수도회의 규율을 전문적으로 연구하던 수도원의 탑 속에 있는 한 골방에서 일어났다. 이른바 '탑의 체험 Turmerlebnis(tower experience)'[7]이었다. 루터에 따르면 이것은 단순히 지적 탐구과정이 아니라 실제의 체험이었다. '나는 내 스스로가 즉각적으로 새로 태어났으며 열린 문들을 통해 낙원에 들어섰다고 느꼈다.'

그러나 이것은 시작에 불과했다. 계속해서 설명하기를 그는 '아우구스티누스가 자신의 회심을 이야기한 것처럼' 이 이야기를 남들에게 했다고 말했다. 그것은 남들이 자기에 대하여 '갑자기 아무것도 없는 상태에서 최고의 경지에 올랐다'거나 혹은 '한 번 성서를 힐끗 보고 내용의 핵심적 정신을 통달했다'는 생각을 갖지 말도록 당부하기 위해서였다. 사실 루터는 아무것도 없는 데서 불쑥 나타난 것이 아니라 중세 후기 신학의 풍부한 원천 속에서 나온 것이다.

동시대의 영국인으로서 루터를 전혀 몰랐던 케임브리지 대학의 학자 토머스 빌니T. Bilney에게 일어난 일을 감안한다면, 우리는 루터의 갑작스런 '비약적 깨달음Durchbruch'을 좀 더 깊게 성찰할 수 있다. 빌니는 에라스뮈스가

---

7 '탑의 체험'은 루터가 비텐베르크 수도원의 수도사 시절, 수도원 탑 안에 있는 방에서 겪었던 정신적 체험을 말한다. 이 탑에서 그는 「로마서」 1장 17절을 묵상하던 중 돌연 신의 의화義化의 의미를 깨닫게 되었다. 지금까지 하느님을 심판자로만 알아 항상 그 앞에서 불안과 공포심만을 가지고 있던 루터에게 의화는 환희의 복음이 아닐 수 없었다. 루터는 하느님의 정의가, 불쌍한 죄인에 대하여 냉혹하게 엄중한 심판을 내리는 재판관적 정의를 뜻하는 것이 아니라, 사랑하는 아들(예수)의 속죄적 수난 때문에 믿음을 가진 죄인을 자비롭게 바라보아 의인으로 만드는 은총의 정의임을 발견했다.

유려한 라틴어로 새롭게 번역한 신약성서 중에서 '그리스도 예수가 죄인을 구하기 위하여 세상에 왔다'는 대목을 읽게 되었다. 빌니에 따르면 "다친 뼈들이 즐거워 튀어오를 정도로 갑자기 놀라운 위로와 정적을 느꼈다"고 한다. 그것이 케임브리지에서 일어난 프로테스탄트 종교개혁의 발단이었으며 잉글랜드 전역에서 그리고 나중에 북미의 종교개혁을 이끌었다.

우리는 여기서 돌발적 사건과 점진적 과정 사이의 긴장을 볼 수 있다. 이것을 종교개혁에 확대하여 투사해 보면 이렇다. 종교개혁은 분명 지속적인 역사의 한 부분이었다. 동시에 그것은 역사의 흐름에 돌연히 충돌해 온 운석이라고 말해도 좋을 정도로 희귀한 역사적 계기였다. 따라서 우리는 지속의 종교개혁과 충돌의 종교개혁 사이에서 어떤 긴장을 엿보게 된다. 막스 베버M. Weber는 이와 같은 역사의 충돌을 가리켜, 그의 용어인 '카리스마charisma'가 밖으로 나타난 것이라고 생각했다. 사회학자인 베버는 감히 카리스마의 뜻을 설명하려 들지 않았으나 모세, 이사야, 루터와 같은 인물들을 가리켜 '카리스마를 지닌 자'라고 했다.

깊은 신앙심을 지닌 가톨릭 교도이자 후기 중세의 후손인 이들(루터와 빌니)에게 일어난 일들은 상상력이 풍부한 그들의 회상을 통해서 전통적인 시나리오로 압축되었다. 성서에 기초를 두었든(빌니의 경우) 아우구스티누스의 철학에 토대를 두었든(루터의 경우), 두 시나리오의 내용은 일정했다. 먼저 눈이 멀 정도의 강렬한 계시가 있었고, 이어 그들이 항상 당연한 것으로 믿었던 것의 완전한 전도顚倒가 있었다. 예수의 말을 빌려 표현해 본다면, 그들은 실제로 다시 태어났다.

중세와 그 후 완전히 달라진 세계를 구분하는 기준을 측정하려는 역사학자는 먼저 다음과 같은 전제 조건을 진지하게 고려해야 한다. 즉 그런 분수령의 사건들이 일어난 시대에 실제로 살았던 자들은 거의 완전한 변화**8**를 체험했다는 것이다.

또 다른 영국인은 하느님이 나이 든 삼촌을 축복하고 '삼촌으로 하여금 그가 어릴 때 세상이 어두웠기 때문에 보지 못했고, 우리들도 눈이 멀었기 때문에 볼 수 없던 것을 볼 수 있게 해 주기를' 바라는 마음을 표현했다. 그가 보기에 가톨릭 교회는 결함이 있을 뿐만 아니라, 실제로 반反기독교적이었고 교황은 적敵 그리스도로서 엄청난 사기꾼이었다. 따라서 시공時空의 풍경화(세상)는 급격하게 그리고 지각이 변동할 정도로 재구성되어야만 했다. 그에 따른 일련의 후유증은 그 이후의 세대들이 1세기 이상에 걸쳐 앓아야 할 터였다.

모든 공동체, 교회, 국가는 종교개혁 초기의 소란과 후유증을 함께 겪었다. 루터의 신학이 루터주의로 체계화되었을 때, 제후국과 도시 등 독일의 많은 지역이 복음주의 신앙을 공식적으로 채택했다. 다양한 형태의 신교를 진흥하려는 공국도 있었다. 이런 형태의 신교들은 전통적 가톨릭 교회와 교리 면에서 훨씬 더 철저하게 분리되었다. 이들은 독일의 남서부와 도시 및 자치지구, 스위스, 무엇보다도 장 칼뱅J. Calvin(1509~1564)이 지적·영적으로 지배하고 있었던 제네바에 널리 퍼져 있었다. 이들을 개혁교회라고 불렀으며, 이 명칭은 '최고로 개혁된 교회'에 대한 그들의 욕망을 잘 보여 주었다. '그의 영토가 그의 종교를 결정한다cuius regio, eius religio: whose region, his religion'의 원리, 풀이하자면 통치자가 나라의 종교를 결정한다는 원리에 입각하여 독일의 남서부에 위치한 라인팔츠 공국Rhenish Palatinate은 처음에는 복음주의, 개혁교회, 단기간의 복음주의로 복귀, 개혁교회, 마침내

---

8 종교 문제에 대한 근본적인 인식 변화.

다소 무자비하게 가톨릭교로 원상 복귀라는 파란만장한 과정을 밟았다.

프랑스에서는 이 원리가 통하지 않았다. 상당한 수의 신교(그리고 개혁교회) 소수파가 강력한 정치적·군사적 지원을 누렸으며, 이 때문에 국가가 수십 년 동안 (부분적) 종교전쟁에 휩싸였다. 네덜란드에서 이 원리는 앞뒤가 뒤바뀌었다. 이곳에서는 종교가 합법적인 스페인 정부에 저항하는 반란을 북돋았고, 새로운 종류의 정체인 독립적 공화국을 창시했다.

잉글랜드는 16세기 초에 유럽에서 가장 가톨릭적인 국가 중 하나였으나 17세기에 들어서는 가장 신랄한 반反가톨릭 국가로 변신했다. 반가톨릭이라는 지배적인 이념이 17세기 중엽 브리티시 제도諸島의 전역을 휩쓴 수차례의 시민전쟁에 불을 붙였으며 이어 무혈혁명을 일으켰다. 바로 이 무혈혁명에서 영국의 국제國制가 유래되었다.

하지만 여기서 탐구가 끝나는 것은 아니다. 수많은 개인과 지방공동체와 공국과 국가의 입장에서 볼 때 16세기와 17세기가 변화와 혼란과 갈등의 시대였음은 확실하다. 그 후에 일어났던 혁명적·민족적·이념적인 전쟁들과 규모 면에서 비교하여 이 시대를 종교전쟁의 시대라고 부르는 것은 타당하다. 이제 유일하게 남은 질문은 앞서 열거한 상황이 이 시대를 유럽 문명의 전환점으로 삼을 수 있을 정도로 이전 혹은 이후의 세기와 현격하게 차이가 나느냐는 것이다. 더불어 과학혁명, 18세기의 계몽주의, 1776년과 1789년에 시작된 혁명의 시대보다 더하지는 않다손치더라도 그만큼은 중요하지 않느냐는 것이다. 이런 비교를 수행한 지난 세대의 뛰어난 역사학자 허버트 버터필드 경Sir H. Butterfield은 유럽 역사의 전제조건이었던 종교개혁과 르네상스를 함께 묶어 유럽 역사의 내적인 변화라고 불렀다. 다른 사람들은 여기서 한 발 더 나아가, 종교개혁이 중세 유럽의 정신, 정치관 혹은 사회 구조에서 크게 이탈한 것이 없으며 근대 세계의 형성과도 무관하다고 보았다.

우리는 이제 중세 교회와 그것의 개혁에 대하여 말해 보는 것이 유익할 듯하다. 근대인이라기보다 중세인이었던 마르틴 루터는 낡은 질문들에 대하여 새로운 답변들을 제시했다. 그는 결코 새로운 질문은 제시하지 않았다.

어떤 사물이든 뒤로 물러나면서 그것을 바라보면 시각이 변하기 마련이다. 산들은 이제 더 탑같이 높지 않고 날카롭고 뚜렷했던 윤곽은 부드러워지고 희미하게 된다. 그리하여 종교개혁의 역사적 위상을 강등시키고, 그것이 단 하나의 사건이 아니라 여러 사건이었다고 주장하는 것이 하나의 유행이 되었다. 한때 '종교개혁'으로 고정되었던 사건을 그 이전과 이후에 일어났던 여러 건의 종교개혁으로 확대해서 볼 뿐만 아니라, 다른 장소와 다른 문화권에서 일어난 종교개혁도 같은 '종교개혁'의 범주에 집어넣는 것이 유행하게 되었다.

최근의 한 교과서는 종교개혁을 세계적 시각에서 관찰하여 이 유럽적 사건을 여러 가지 세계적인 사건과 병치하였다. 가령 공자 사후 1,000년이 더 된 11세기 후반에 정이천程伊川과 정명도程明道 형제가 일으킨 유교 철학의 부흥, 무함마드 이븐 압달 와하브Muhammad ibn 'Abd-al-Wahhab(1703~1791)의 이슬람교 재건(이 결과 와하브파 이슬람은 사우디아라비아의 국가 종교가 되었다) 등을 유럽의 종교개혁과 한데 묶어서 살피는 것이다.

또 다른 저자 펠리페 페르난데스-아르메스토F. Fernández-Armesto는 기독교권 전체에서 벌어진 개혁을 '종교개혁'의 범주 아래 집중적으로 연구했다. 그는 '종교개혁reformation'[9]을 1500년 내지 2000년까지 세계 종교에서 볼 수

---

9 저자는 정관사 the를 붙인 the Reformation을 우리가 통상적으로 알고 있는 16세기 유럽에서 일어난 사건으로서 종교 혁명이라고 보고, 정관사 the를 뺀 reformation을 일반적 의미의 세계 종교에 공통된 종교개혁으로 구분하고 있다. 번역에서는 별도의 표시를 하지 않고 다만 문맥상으로 구분했다.

있는 원리, 다시 말해 어느 한 시기에 고정된 특출한 행사가 아니라 '계속되는 이야기'로 재구성한다.

펠리페의 이야기 속에는 '전세계의 다양한 전통에 토대를 둔 기독교도들의 평범한 종교적 체험'이 들어 있다. 그는 우리를 과테말라의 호숫가로 데려가서 가톨릭교, 복음주의, 제파통합주의 등 다양한 교파가 뒤섞인 장면을 보여 준다. 다음으로 무아경에 빠져 종교적 춤을 추는 자이르(현재의 콩고민주공화국)의 무용수, 통일교가 주관하는 한국의 집단 결혼식, '모자를 쓴 스코틀랜드 여성 장로교회 신도', 도롱이 스커트를 입고 미사를 올리는 뉴기니의 가톨릭교 사제, 런던 교외의 화장터에서 알코올 중독의 낯선 교구목사의 안내에 따라 교회식 장례의 흉내만을 내는 교회를 안 믿는 가족 따위를 보여 준다.

이 모든 것이 종교의 화려한 태피스트리의 부분일 뿐만 아니라 무수한 형태와 형식을 지닌 '종교개혁'의 구체적 사례라는 것이다. 이러한 해석은 흥미로운 발상일지는 몰라도 종교개혁을 이해하는 데에는 큰 도움이 되지 못한다.

또 다른 역사학자 한 사람은 다수의 종교개혁이 연속적으로 일어났다고 주장한다. 그는 좀 더 책임감 있게 연구하기 위해 영국의 종교개혁만 집중적으로 연구했다. 그는 16세기의 영국 종교개혁이 그 충격의 강도에 있어서, 18세기의 복음주의 또는 19세기의 신가톨릭 교회neo-Catholicism의 고高교회파High Church**10**등과 맞먹는다고 주장한다. 영국 종교사학자 중에는 수세기 동안 되풀이되는 '장기적 종교개혁Long Reformation'을 말하는 사람도 있다. 이 모든 사건이 19세기 사람들이 '부흥 운동'이라고 불렀던 것 혹은 자체

---

10 영국 가톨릭 교회의 고高교회파. 이들이 교회 정부, 성사, 전례예배 등의 교회 형식의 중요성을 '높이' 산다 하여 고교회파라고 부른다.

내에 부흥에 대한 끊임없는 기대를 품은 연속적 종교 전통의 일부가 되었다는 것이다.

그러나 이런 주장은 한 가지 문제가 있다. 그것은 이토록 긴 과정을 촉발한 초기의 사건들이 지닌 의미를 축소시키는 것이며, 따라서 역사의 심각한 왜곡을 불러일으킨다. 통상적인 의미의 종교개혁the Reformation의 역사를 연구하는 학자들은 누구든지 그 시초의 중대한 의미를 인정하고 있다.

한편 프랑스의 역사학자 장 들뤼모J. Delumeau는 신교의 종교개혁과 가톨릭교의 반종교개혁의 차이점보다 공통점을 더 중요하게 여겼다. 그에 따르면 이 둘은 기독교화의 거의 초기 단계에 일어난 사건이었다. 기독교화 과정에서 유럽의 농촌 주민은 역사상 처음으로 기독교인이란 무엇인가 하는 문제와 대면했다. 이것은 의미심장한 내면화11의 과정이었다. 구교든 신교든 십계명이 기독교 신자들의 공통된 기반이었고, 이 새롭게 발견된 기반은 개인의 행위와 양심을 구속하는 힘이었다.

그러나 세련된 유럽적 안목을 가진 영국의 사학자 존 보시J. Bossy는 이것을 의심한다. 서구는 이미 서기 1500년 이전에 기독교를 신봉했기 때문에 십계명은 종교개혁 이전부터 널리 알려져 있었다는 것이다. 다만 십계명이 새로운 도덕적 규범으로서 칠죄종七罪宗12을 밀어내고, 그 자리에 들어선 시기가 그때(서기 1500년경)였을 뿐이라고 보시는 생각한다.

보기 드물게 학술 용어에 민감한 보시는 종교개혁 전체를 없애 버리고 싶은 마음을 갖고 있다. 보시에 의하면 실제 사물이 아니라, 말에 불과한 종교개혁은 그의 저서 『1400~1700년간의 서방 기독교Christianity in the West

---

11 어느 집단이 문화적 가치나 습속 따위를 학습이나 사회적 적응에 의하여 자신의 일부로 만드는 것.

12 칠죄종Seven Deadly Sins은 인간이 범하는 모든 죄를 일곱 가지로 요약한 것으로 교만, 인색, 음욕, 분노, 탐욕, 질투, 나태 등이다.

1400-1700』에서 다루어진 유럽의 종교를 이해하는 데 도움을 주기는커녕 오히려 장애가 된다는 것이다. 이 책의 색인 중 '종교개혁' 항목 밑에는 오직 세 개의 표제어만 있을 뿐이다. 그 첫 번째는 '논의된 용어'라는 부표제를 달고 있다. 보시는 16세기에 중요한 사건이 일어났음을 의심하지 않으며, '종교개혁'이라는 용어는 그 중요한 사건에 대한 안내자로서 다른 용어 못지않게 훌륭할 수 있다고 말했다. 그러나 그 용어는 될 수 있는 대로 신중하게 사용해야 한다는 것이다. 왜? 이 질문에 대하여 보시는 이렇게 답변한다.

> 그 까닭은 그 용어가 좋은 형태의 기독교가 나쁜 형태의 기독교를 대체했다는 생각을 일으키기 쉽기 때문이다. 이유는 그뿐만 아니다. 그 용어가 우리의 주의를 어떤 특정한 주제로 집중시키는 게 아니라 분산시키기 때문이다. 종교개혁이란 용어는 너무 포괄적이어서 실제의 사회적 행위를 다루지 못한다. 하지만 정작 포괄적이어야 할 곳에서는 충분히 포괄적이지 못하다. 가령 당대의 사상, 느낌, 문화 등을 거시적으로 다루기에는 불충분한 것이다.

이처럼 종교개혁이라는 용어에 대해서 학자마다 견해가 중구난방이다. 말하자면 종교개혁이라는 용어, 그 험프티-덤프티**13**가 담 위에서 세게 떨어져서 깨진 형국인 것이다. 따라서 이런 상황에서 우리가 착수해야 할 일은 그 깨진 험프티를 다시 짜 맞추어야 하는지 혹은 그렇게 할 수 있는지 살펴보는 일이어야 한다. 그러나 다른 종교개혁은 '종교개혁'의 여러 요소와 관련이 있고 유사하다는 이유로 정관사 the 없이 그냥 종교개혁 reformations이라고 불릴 뿐이다.

---

13 영국의 전래 자장가 가사와 루이스 캐럴의 『거울 나라의 앨리스*Through the Looking-Glass*』에 나오는 큰 달걀 모양의 등장인물.

하지만 여기서 한 가지 분명하게 짚고 넘어가야 할 것이 있다. 실제로 벌어진 사건인 '종교개혁'이 없었다면 이 '종교개혁'이라는 말은 10세기에 일어난 개혁 사건, 12세기에 일어난 개혁 사건, 혹은 오늘날 해체주의자들이 주장하는 대로 항상 일어나고 있는 개혁 사건 등에 그처럼 두루뭉술하게 쓰이지는 못했으리라는 것이다.

그러므로 우리는 이렇게 말할 수 있지 않을까. 험프티의 원래 모습을 알아내기 위해 반드시 왕의 말(馬)이나 신하라는 구색을 갖출 필요는 없다. 가령 이러한 책자들을 한 번 보라. 1991년 564쪽의 『유럽의 종교개혁*The European Reformation*』이 출판되었다. 1996년 네 권으로 된 1,977쪽의 『종교개혁 옥스퍼드 백과사전*Oxford Encyclopedia of the Reformation*』이 출간되었다. 1999년 대단한 분량의 책 『유럽의 종교개혁*Europe's Reformations*』이 나왔다. 2000년에는 576쪽의 『종교개혁의 세계*The Reformation World*』가 출간되었다. 2001년에는 기독교 교회사를 전공하는 위대한 영국 학자 오언 채드윅이 『대륙의 초기 종교개혁*The Early Reformation on the Continent*』을 출간했다.

이런 책의 제목이 보여 주듯이, 험프티는 여전히 험프티이다. 결국 역사학자들이 연구를 수행하는 공간인 술어 구조와 시대 구조는 쉽사리 바뀌지 않는다. 단지 그런 구조가 사유를 경직시키는, 물샐틈없이 꼭 닫힌 상자가 되는 것만 피할 수 있다면 말이다.

2

중세 후기의 교회와
그 개혁

아무리 급진적 혁명이라고 할지라도 그 이전에 있던 것을 깡그리 부정하지는 못한다. 혁명가도 먼저 자신이 물려받은 사상이나 열정을 가지고 작업을 할 수밖에 없는 것이다. 독재자 스탈린도 따지고 보면 새로운 종류의 차르(황제)가 아니고 무엇이겠는가? 토머스 홉스 T. Hobbes는 "교황은 다름이 아니라 멸망한 로마제국의 무덤 위에서 관을 쓰고 앉아 있는 로마제국의 유령이다"라고 단언했다. 예수는 결코 첫 번째 기독교인이 아니었으며 루터는 루터파가 아니었다.

루터는 기존 교회에 대하여 점차 저항이 커지고 있는 분위기에서 그 당시 종교 관행의 상당 부분을 규탄했다. 점점 거세지는 저항으로 얼마 가지 않아 구교는 성한 것이 거의 남지 않게 되었다. 루터는 교회를 양치기의 휘파람 소리를 듣는 어린양이라는 식으로 단순한 환원적 용어를 써서 대략적으로 규정했다. '일곱 살 된 아이는 교회가 무엇인지 안다. 교회는 거룩한 신도들 그리고 목자의 음성을 듣는 어린양들이다.'

루터를 파문했던 교황 레오 10세가 보기에 루터는 교회가 조심스럽게 가꾼 포도밭을 파헤치는 멧돼지였다. 이에 루터는 교황을 '죄의 사람, 지옥의 아들', '모든 세대의 밑바닥이며 쓰레기'라고 응수했다. 말년에 루터는

'모든 이들을 공평하게 기쁘게 하지 못했다'고 스스로 인정한 자신의 책에서 교황을 가리켜 "지옥을 가장 많이 닮은 신부"라고 말했다.

루터의 역설은 이런 것이다. 루터의 가톨릭 비난이 바로 그 전통(가톨리시즘)의 심층부에서 나왔다는 것이다. 보름스 제국의회에서 루터가 자신의 양심의 자유를 주장했다고 생각하는 것은 칼라일의 심각한 실수이다. 그렇게 생각하는 것은 마치 그(루터)가 어떤 것이 참되다고 믿었기 때문에 그것이 적어도 그에게 있어서만큼은 참된 것이 되었다는 말과 같다. 이런 현상을 가리켜 빌헬름 딜타이W. Dilthey(1833~1911, 독일의 철학자)는 '믿는 자의 독재the autocracy of the believing person'라고 불렀다.

근대인이라면 그런 마음의 상태를 가졌을지 모르지만, 루터는 근대인이 아니었다. 루터의 양심, 그의 모든 양심은 신의 말씀the Word of God의 성서, 다시 말해 교회의 신앙을 떠받드는 오직 하나의 바른 기초인 성서에서 나오는 것이었다. 종교개혁은 그 자체(종교개혁)의 시각에서 볼 때 '새로운 것'이 아니었음을 이해하는 것이 지혜의 시초이다. 종교개혁 당대의 관점에서 볼 때, '새로운 것'이란 근래 몇 세기 동안 진리로 통했던 중세의 가톨릭 교회의 교리를 벗어난 것을 뜻했다. 이렇게 볼 때 루터는 '새로운 것'이 아니었다. 그는 분명 중세의 가톨릭 교도였던 것이다. 그리고 교황에 대하여 거친 말을 하는 것조차 루터에게서 시작된 일이 아니라 100년 전부터 줄기차게 전해져 내려온 중세 후기의 유산이었다.

'개혁Reform'은 종교개혁 훨씬 전부터 존재했던 다소 진부한 주문呪文이었다. 라틴어 레포르마티오reformatio의 또 하나의 번역어인 '개혁Reformation은 개혁Reform과 뚜렷하게 차이가 나고 다소 구체적인 표현의 어구였다. 그래서 16세기에도 개혁Reformation을 그런 식으로 구체적으로 이해했다. 그러나 뒷날 역사학자들이 이 단어에 들어 있다고 이해하는 혼성 의미를 부여하지는 않았다. 11세기에 교황 그레고리우스 7세는 세속화하고 부패한 교회를 구하기 위하여 역사에서 말하는 그레고리우스 개혁을 단행했다. 이를 위해 그는 성직자의 독신 의무 준수, 성직매매simony의 근절, 평신도의 교회 업무 장악 금지 등을 강력히 주장했다. 1215년 개혁에 매진한 또 다른 교황 인노켄티우스 3세는 제4차 공의회를 로마의 라테란 궁에서 소집했다. 여기에서 성만찬의 공식 교리를 체계화했으며, 모든 기독교인에게 매년 한 번씩 자신의 죄를 사제에게 고백하라고 규정했다. 이는 획기적인 사건이었다.

인노켄티우스 교황과 제4차 라테란 공의회는 새로운 교단의 설립을 금지하는 것이 바람직하다고 생각했다. 그리하여 프란체스코 수도회와 도미니크(도미니쿠스) 수도회는 아슬아슬하게 마지막으로 허가 받은 수도회가 되었다. 이들 수도회는 설립자인 성 프란체스코와 성 도미니크의 굳건한 개혁적 의지의 산물이었다. 세속과는 반대로 완전한 가난을 추구하는 계율로 인해 내분을 겪은 초기의 성 프란체스코 수도회는 둘로 쪼개어져 강경 노선을 추구하는 소수파인 소위 영성파와 좀 더 전통적인 다수파로 분열되었다. 뒤에 가서 더 심한 내부 다툼이 벌어져 회칙엄수파Observants와 계율 면에서 상대적으로 완화된 노선의 콘벤투알파Conventuals로 다시 분열되었다.

16세기 초에 벌어진 많은 '개혁reforms' 중 하나는 프란체스코 수도회의 새로운 개혁 분파인 카푸친 수도회의 설립이었다. 이 수도회의 수도사들은 과거의 프란체스코처럼 다시 허름한 옷을 입고 띠를 두르고 샌들을 신었다. 15세기와 16세기 초에 활동했던 거의 모든 교단들은 자체 내에 '계율엄수파'(오늘날의 '근본주의자')를 두고 있었다. 이러한 사정은 루터가 속했던 아우구스티누스 수도회도 마찬가지였다.

1483년 마르틴 루터가 태어났을 때 그 당시의 세계는 종교적인 것으로 가득 차 있었다. 신학과 지성의 분야에 새로운 유행이 일고 있었다. 도미니크 수도회가 성 토마스 아퀴나스의 신학을 다시 받아들인 것을 위시하여 성 아우구스티누스와 성 바울에 대한 관심이 다시 살아났다. 이 두 사람은 루터의 마음에 중대한 영향을 끼쳤다.

한편 성인들이 새로 발견되었다. 그 중에 막달라 마리아가 있었다. 그녀는 마르타와 라자로의 동생인 마리아와 예수의 발을 씻어 준 창녀, 이렇게 두 여자의 인격이 합성된 인물이었다. 마리아는 '여성 문제woman question'를 해결하는 방법뿐만 아니라 개인적 참회를 요구하는 개혁의 모델을 제시했다. 성모 마리아의 모친인 성 안나에 대한 숭배가 거의 새롭게 생겨났고, 광부와 금속공들 사이에 인기가 있었다. 루터도 젊은 시절 심한 뇌우를 만났을 때 안나에게 기도한 적이 있었다. '성 안나시여 저를 도우소서! 수도자가 되겠나이다.' 이것이 그의 첫 번째 회심의 순간이었다.

성모 마리아 자신은 그처럼 인기가 있지는 않았다. 이곳저곳의 성모 마리아가 순례자들을 불러 모으려고 다투었는데 잉글랜드에서는 월스든의 성모 마리아와 입스위치의 성모 마리아가 경쟁했다. 독일 남동부에 위치한 레겐스부르크에서 유대인 회당을 부수어 교회를 짓는 일이 일어났다(이것은 후일의 반유대주의의 예고편 같은 것이었다). 이곳에는 성모 마리아 덕분에(그밖에 누구이겠는가?) 공사장의 사고를 치유해 주는 치료의 기적이 발생했다. 1520년 레겐스부르크의 '성모 마리아'를 참배하러 온 순례자들이 1만 2천 개의 기념주화를 샀다. 이 순례자 중 일부는 성모 마리아상 주위에 여러 가지 형태의 황홀경(혹은 술 취함?)에 빠진 채 누워 있기도 했는데, 그 모습이 동시대의 목판화에 그려져 있다.

이와 같은 헌신의 대상과 중심지들을 교회의 성직자가 기획하고 건설하는 일은 좀체 드물었다. 대체적으로 이것은 통제가 불능한 대중의 '헌신

^{devotion}' 덕택에 생겨났다. 어디에서나 교회 당국은 균형을 맞추는 미묘한 줄타기를 해야 했다. 교회 당국은 대중의 자발성을 북돋아야 했을까 아니면 억제해야 했을까?

14세기 링컨셔의 어떤 사람(혹은 어떤 작은 범죄 조직)이 들판에 나무 십자가를 세우고 거기에 와서 찬양하면 기적이 발생한다고 소문을 내기 시작했다. '그들은 설교하고 종을 울리며 행진을 했다. 모두 사람들을 속여서 이득을 얻을 목적이었다. 평신도들에게는 헌금을 신도를 위해 쓴다고 말했다.' 주교는 이것이 부정한 돈벌이라고 판단하여 즉시 예배를 중단할 것을 명령했다. 그러나 6년 뒤 교황은 아마도 뇌물을 받았는지 기적을 일으킨다는 그 십자가 가까이 예배당을 짓도록 인가했다. 이제 한술 더 떠서 그 건물이 100년 전에 지어진 유서 깊은 것이라는 억지 주장까지 나돌았다. 중세 후기의 교회는 '종교'인지 '미신'인지 구분이 애매한 관행을 많이 묵인했는데, 이것은 교회가 '두들겨팰 수 없으면 함께 어울려라'는 당시의 속담을 잘 알고 있었음을 보여 준다.

사람들의 마음속에는 고상한 예배와 천박한 미신이라는 모순적인 두 형태가 공존했다. 작센의 선제후이자 루터의 영주였던 현공(賢公) 프리드리히 3세는 진보적 성향의 신학 교수가 많은 근대적 대학의 후원자이면서, 동시에 세계에서 가장 많은 성 유물 — 연옥에서 보낼 기간을 수천 년간 감면해 준다고 믿어졌던 물건 — 을 수집한 사람이기도 했다. 심지어 프리드리히 3세는 이동 활자의 새 인쇄기를 써서 수장 유물의 목록을 만들어 출판하기까지 했다.

근대의 기독교인들은 개혁_{reform}을 16세기 초의 강렬한 그리스도 중심주의의 형태와 동일시하고, 이것이 개혁자 마르틴 루터의 종교에 자양분을 댔다고 생각하는 것이 훨씬 더 편안하다고 느낄지 모른다. 잉글랜드에서 신성한 이름 예수에 대한 숭배 의식이 유행했다. 이 시기에 지었거나 재건된 많은 교회에는 IHS[1]라는 신성한 이름의 모노그램식 기장記章이 장식용으로 점점이 박혀 있었다. 종교개혁the Reformation을 전후해서 '그리스도를 설교'하는 것이 설교자의 과업이라고 생각했다.

알자스에서는 마티아스 그뤼네발트M. Grünewald가 오늘날 운터덴린덴 박물관으로 사용되는 콜마르의 한 병원에 기증하기 위해 세 폭 형식의 그림을 그렸다. 그림의 중앙에는 아주 심하게 상처를 입은 그리스도가 십자가에 매달려 있다. 관람자는 심적 동요 없이 그 성상을 바라보기가 어려울 지경이다. 알브레히트 뒤러A. Dürer(1471~1528)는 예수의 수난을 주제로 두 점의 목판화 연작에 혹독하게 고통을 당하는 그리스도를 그렸다. 그와 함께 몇 점의 자화상 속에서 도상학적으로 자신을 고뇌하는 사람the Man of Sorrows, 그리스도와 동일시했다. 십자가 위에서 그리스도가 시편[2]의 가장 음산한 말을 한 것과 똑같이('나의 하느님, 나의 하느님, 어찌하여 나를 버리셨나이까?') 루터도 시편을 강의하면서 그리스도가 체험한 고통에 동참할 것을 역설했다. '그리스도가 당한 것과 같이 나도 당하겠노라.'

신비주의는 14세기에 특히 갱신의 끊임없는 원천이었다. 이것을 실천하는 영국인 중에서 이름 난 사람들을 들어보면, 노리치의 줄리언, 줄리언과 동시대인으로 「무지의 구름The Cloud of Unknowing」이란 논문을 쓴 무명작가, 잉글랜드 북부의 일련의 작가들로 오늘날의 처세 실용서와 비슷한 정신수양 실용서를 남긴 자 등을 들 수 있다. 루터는 훗날 관념적 신비주의를 하늘에 오르는 지름길의 일종으로 보면서도 인공 사다리로 여겨 의심스러워했다.

---

1 예수의 그리스어 IHΣOYΣ 중 처음의 세 글자 IHΣ을 도안화한 것.

2 22 : 1

마티아스 그뤼네발트, 「이젠하임 제단화」부분, 1515년경.

하지만 그가 처음에 출판한 책은 무명작가의 「독일 신학*Theologia Germanica*」(루터 자신은 도이치 테올로기아*Deutsch Theologia*라고 불렀다)을 편집한 것이었다. 이 책에서 스스로를 신의 친구라고 불렀으며 마이스터 에크하르트*M. Eckhart*와 그의 제자 요한 타울러*J. Tauler* 등 일련의 정신적 스승을 따르는 사람들의 종교를 서술한 책이었다. 타울러가 고통*Leiden*을 강조한 것은 루터의 초기 신학과 상통했다.

15세기 네덜란드와 인접한 라인란트의 개혁은 준準수도원적 형제회인 '공동생활형제회*the Brethren of the Common Life*'가 실행한 '새로운 헌신*New Devotion*'이라는 종교운동의 형태를 띠었다. 이것은 16세기의 고등 교육에 깊은 영향을 미쳤다. 하지만 '새로운 헌신'의 창조적 정신은 16세기에 들어와 억압적인 종교적 엄격주의로 전락했다. 에라스뮈스와 칼뱅과 라블레는 제각각

16세기의 그리스도형제회의 영향을 받아 바로 이 종교적 엄격주의에 기울었다. 그러나 '새로운 헌신'은 신비적 헌신의 실천 방법을 온건하고 적절하게 수정하여 채택했으며, 범신론과 엘리트주의에 빠질 위험이 많은 신비주의를 구해서 교회 전체의 값진 자원으로 삼으려고 애썼다.

기독교 역사에서 이에 관한 이야기를 모두 잊어버린다 해도 '새로운 헌신'의 산물인 작은 책자『그리스도를 본받아Imitatio Christi』(1418)만큼은 기억될 것이다. 이 책은 의심스럽긴 하지만 전통적으로 토마스 아 켐피스Thomas à Kempis(1380~1471)**3**의 작품으로 추정된다. 교리를 둘러싸고 분열이 점증하는 양 진영(신교와 구교)의 번역가들이 이 책의 영어판 번역을 1504년, 1531년, 1567년, 1580년, 1613년, 1636년에 출판했으며 뒤에 존 웨슬리와 20세기에 들어 로널드 녹스도 각각 번역본을 내었다.

이 모든 것이 가리키는 바는 분명하다. 정신, 묵상, 기도 등의 진실한 경지에서 볼 때 종교개혁은 단순히 일시적 좌절에 지나지 않았고, 전통의 연속성이 개혁의 불연속성보다 강하다는 것이다. '새로운 헌신'의 산물인 『그리스도를 본받아』는 바스크족 병사였던 이그나티우스 로욜라를 회심시켰으며, 나아가 그가『영성수련Spiritual Exercise』을 저술하는 데에 결정적 도움을 주었다. 영국인 예수회 수도사 로버트 파슨스R. Parsons(1546~1610) 또한 이 책에 감명받아『그리스도교 예배규칙서Christian Directorie』를 16세기에 출판했다. 파슨스의 책이 출간되자마자 신교도들은 이 책을 수정·편집하여 재출간했으며, 이 수정판이 원서보다 더 많이 출판되었다. 첫해에 17판,

---

3 라인 강변에 있는 켐펜에서 출생하였고, 수도원 부원장으로 조용하게 살았다. 주저인『그리스도를 본받아』는 중세 문학의 걸작으로 독일 신비주의를 표방한다. 어둠에서 눈떠 신에게서 오는 빛을 받기 위해서는 그리스도의 생활과 행위를 모방해야 한다고 주장하였다. 또한 신의 사랑에 도달하려면 스스로를 순화하고 가르침을 받는 준비 과정이 필요함을 역설했다. 문학적 개성이 넘치는 것이 특징이다.

1638년까지 15판이 인쇄되었다. 여기서 우리는 영국의 신교가 반가톨릭 운동을 아주 과격히 벌였던 시기 중에도 구교회의 정신적 자원을 몹시 갈망했다는 사실을 알 수 있다.

15세기에는 누구나 교회 하면 '개혁'을 말했다. 말하자면 모성애하면 '애플파이'를 연상하는 것과 비슷했다. 이 말은 때때로 체계화된 어구인 '교회의 머리와 지체肢體의 개혁'으로 표현된다. 이런 측면에서 개혁의 대상은 교회의 전체 조직이었으나, 보다 구체적으로 최고의 지위에 있는 계층을 가리키기도 했다. 교회가 개혁을 추구하는 동시에 그것을 비난하고 있다는 사실은 대분열Great Schism에 의해 더욱 분명해졌다. 한 세대가 다 지나도록(1378~1417) 교회는 두 명의 교황, 때로는 세 명의 교황으로 분열되었다.

이에 앞서 70년 동안 교황은 로마가 아니라 아비뇽에 자리 잡고 있었으며 전적으로 프랑스의 영향권 아래에 있었다. 오늘날도 아비뇽에 남아 있는 교황청을 찾는 관광객이라면 눈이 휘둥그레질 정도의 사치스러운 시설을 볼 수 있는데, 당시의 시인 페트라르카와 몇몇 사람들은 교황의 아비뇽 거주를 '바빌론 유수'라고 비난했다. 아비뇽에 거주했던 마지막 교황 그레고리우스 11세는 시에나의 카타리나Catherine of Siena라는 프랑스 성인의 청원을 받고 로마로 돌아왔다. 카타리나 성인은 교황을 '나의 사랑스런 아빠dulcissimo babbo mio'라고 불렀다.

이렇게 되자 로마는 자체적으로 교황을 세우려 했다. 그러나 폭도들의 위협 아래 우르바누스 6세가 선출되자 이에 대한 대응으로 프랑스 출신의 클레멘스 7세가 대립교황으로 선출되었다. 그리고 유럽의 정치 판도에 따라 교황의 추종 세력이 갈라졌다. 프랑스가 클레멘스를 지지했으므로 잉글랜드는 당연히 우르바누스를 밀었고, 스코틀랜드는 예상대로 클레멘스

43

2. 중세 후기의 교회와 그 개혁

편을 들었다. 사태가 이 지경이다 보니 실제적으로 불편한 일들이 여간 많이 일어난 것이 아니었다. 소유권과 성직의 분배를 결정한 판결과 행정 조치의 효력을 아무도 확신하지 못했다. 그러나 이보다 더 큰 문제는 이념이었다. 이제 누가 로마의 주교(교황)는 성 베드로의 후계자이며, 그리스도의 지상 대리인이라는 주장을 믿을 수 있겠는가?

이런 난국이 벌어진 이치대로라면 모든 왕국은 결국 제각각 교황을 세워야 할 상황이었다. 실제로 많은 사람들이 그렇게 될 것을 우려했다. 결국 일련의 협상 끝에 이 위기를 해소했지만, 이 과정에서 세속의 권력과 체결한 협정에 따라 재산권과 성직임명권 등 교회의 많은 특권이 세속의 권력으로 넘어갔다. 잉글랜드의 헨리 8세는 1530년대에 이 특권을 일방적으로 자신의 이익을 위해 행사했다. 이렇게 하여 개혁의 교황인 그레고리우스 7세와 인노켄티우스 3세가 가까스로 재정립한 교황의 위상에 재난의 징조가 이미 나타났다.

장기적으로 볼 때 16세기의 반종교개혁의 과정을 겪은 후대의 교황들은 새로운 종류의 교회, 과거보다 세속 군주에게서 더 초연한 교회를 창안함으로써 그들의 문제를 해결하려 들었다. 그 반면, 교황 자신은 중소 규모의 한 이탈리아 공국(교황청)을 다스리는 세속 군주가 되었다. (1523년에서 1978년까지 교황은 모두 이탈리아 출신이었다.) 국경도 없으며 스탈린이 말한 대로 군대도 없는, 정신적 국가의 영역 속에서 교황은 세속 군주가 갈망해마지 않던 절대 권력을 누리려 했다. 이 중앙집권의 정신적 국가는 1960년대 제2차 바티칸 공의회 때까지 지속되었고, 어떤 측면에서는 오늘날에도 존속하고 있다.

그러나 이것은 주제보다 훨씬 앞서 달리는 것이 된다. 대분열이 해결되지 않은 채로 남아 있는 동안 이 문제의 뿌리 깊은 원인을 이해하고, 구성주의적 노선constitutional lines**4**에 따라 교회를 재건하려는 이상주의자와 지성인이 있었다. 13세기에 아리스토텔레스의 정치철학을 다시 채택한 이래, 교회를 포함한 여러 정치적 결사結社는 통치자의 의지의 표현으로 수립되는 것이 아니라 다양한 부분 집단에 의해 구성된다고 생각하게 되었다.

이러한 사고는 당연히 법조계에게도 영향을 미쳤다. 그 전까지 법조계는 교황, 즉 교회라는 '완전한 권력plenitudo potestatis'에 대한 교황의 요구를 지지해 왔다. 하지만 이런 요구에는 문제가 있었다. 만약 교황이 제정신이 아니면 어쩔 것인가?(1378년 우르바누스 6세를 폐위시킨 사람들은 그것을 의심할 만한 근거가 있었다) 혹은 교황이 무능력자라면 어떻게 할 것인가?**5** 더군다나 가장 선한 의지를 갖고서도 누가 교황으로 적합한지 결정할 수 없다면 어떻게 할 것인가? 역사상에는 수많은 대립교황이 있었다. 이것은 바로 최선의 교황을 선출하는 일이 불가능했음을 극명하게 보여 주는 사례였다. 현직의 교황은 언제든지 그릇된 판단을 내릴 가능성이 있었다. 따라서 지성인들, 특히 당대의 파리 지성인들은 공의회의 결정을 교황의 권위보다 위에 두고 교회의 통합을 회복할 수 있다고 믿기에 이르렀다. 이렇게 주장하는 사람들을 '공의회주의conciliarism'라는 신념을 지닌 '공의회주의자conciliarist'라고 부르게 되었다.

그렇지만 여기에도 문제가 없는 것은 아니었다. 합법적인 교황이 아니

---

4 플라톤은 소수의 사람을 최고의 지위에 올려놓고 그들이 권위를 갖고 지배하는 체제를 주장했다. 그러나 아리스토텔레스는 몇 개의 집단 사이에 권력의 균형을 도모하고자 했다. 그는 하나의 국가를 너무 방대한 통일체로 만들지 말라고 경고했다. 여러 요소가 공통적인 목적을 지향할 때 통일이 이루어진다고 역설했으며, 특히 권력의 분할을 주장했다. 부분 집단이 많을수록 권력은 자연 분산된다.

5 우르바누스는 선출되자마자 너무나 명백하게 무능력, 과대망상증, 정신착란 증세를 보여 교회법에 의거해 자동 해임시킬 만한 이유가 충분했다.

라면 도대체 누가 공의회를 소집할 수 있단 말인가? 교황이 공의회를 소집하는 일반적 전통과는 다르게, 1409년 피사에서 파격적인 공의회가 열렸다. 그 공의회는 두 명의 교황, 베네딕투스 8세와 그레고리우스 12세를 추종하거나 이들을 부인하는 추기경 중 일부의 권한으로 소집되었다. 그러나 피사 공의회는 분열을 더욱 획책했을 뿐이다. 그 까닭은 여기서 제3의 교황 알렉산데르 5세를 선출했기 때문이다. 베네딕투스와 그레고리우스는 당연히 그를 교황으로 인정하지 않았다.

교황 알렉산데르 5세의 후계자 요한네스(요한) 23세(1958년에 등극한 동명의 교황과 혼동해서는 안 된다)는 1414년 콘스탄츠에서 공의회를 소집했다. 이때 공의회주의자들은 진실로 근본적인 치유책만이 교회 개혁에 효과가 있다는 것을 알았다. 공의회는 '지극한 성스러움Haec Sancta'이라는 법령을 제정했다. 여기에 따르면 전체는 부분보다 크며, 몸 전체는 머리인 교황보다도 더 크다고 선언했다. 나아가 공의회는 자체의 권한을 그리스도에게 직접 받았다고 규정했다. 그리고 모든 사람들은 '교황을 포함하여 신분, 계급, 작위를 막론하고', 분열을 종결하고 교회를 '머리와 지체를 통틀어' 개혁하기 위하여 공의회가 취하는 조치를 무조건 따라야만 한다고 선언했다.

이외에도 '빈번한 개최Frequens'라는 법령을 정했다. 이것은 공의회를 정기적으로 개최하여 교회 행정을 공의회가 영원히 장악하려는 의도였다. 콘스탄츠 공의회는 광범위한 개혁의 프로그램을 구상하기 전에 우선 분열을 치유하기로 의견을 모았다. 또한 공의회를 소집한 요한네스 23세를 포함하여 세 명의 교황을 물러나게 했고, 모든 이들이 인정하는 새로운 교황 마르티누스 5세를 선출했다. 일단 이렇게 결말을 보아 사태가 안정되자 과격한 공의회주의는 미래가 불확실했다. 1431년 바젤에서 또 하나의 공의회가 적법하게 열렸다. 그러나 시작한 지 얼마 안 되어 교황 유게니우스 4세와 불화가 불거졌으며 공의회는 장기간 끝을 보지 못했다. 바젤 공의회는 18년간 지속되었으나 1439년에 자체의 대립교황을 선출하고 나서는 혼란에 빠졌다.

이런 갈등의 운명적인 결과로, 그 후 1세기 동안 교황주의와 공의회주의는 서로 적대적인 관계에 놓였다. 결국 까놓고 말해 보면, 교황은 그대로 교황으로 남아 로마교황청이라는 기름이 잘 칠해진 기계를 굴리고 있었던 반면, 공의회는 식소사번食少事煩의 공허한 기관에 지나지 않았다. 한편 바젤 공의회 이후로 군주들은 자신의 이익을 위하여 공의회라는 놀이패를 사용하기도 했다. 예를 들어 프랑스의 루이 12세는 속보이게도 대립교황을 선출할 의도로 공의회를 피사에서 개최했으며, 이에 대한 응수로 교황 율리우스 2세는 제5차 라테란 공의회(1512~1517)를 소집했다.

이렇게 자기들끼리 서로 싸우다 보니, 교황은 루터의 종교개혁에 발 빠르게 대응하지 못하고 시간을 질질 끌 수밖에 없었다. 1545년 트리엔트 공의회가 개최되었을 때 가톨릭교가 신교에게 줄 수 있었던 유일한 답변은 교회의 분열을 근본적으로 치유하는 획기적인 대책이 아니라, 신교를 부정적인 이미지로 몰아 박해하는 것이었다.

지금까지 교황의 이름을 많이 열거했기 때문에 15세기 교황의 이름을 수집하는 것이 취미가 아닌 독자들에게는 다소 미안한 기분이 든다. 하지만 그런 이야기를 그토록 자세하게 한 것은 그럴 만한 이유가 있기 때문이다. 여기서 우리가 던져야 할 질문은 이런 것이다. 콘스탄츠와 바젤에서 실력을 발휘했던 공의회주의자들이 대분열보다도 더 위험한 요소를 지닌 불화6를 일거에 다스릴 수 있는 방법은 없었을까? 그런 방법이 있었더라면 종교개혁

---

6 종교개혁의 초기 사태.

을 사전에 방지할 수 있지 않았을까? 이것은 1688년 잉글랜드의 무혈혁명(명예혁명)을 프랑스혁명에 대입해 보는 것과 비슷하다. 만약 프랑스가 1688년에 무혈혁명을 맞이했더라면 1789년의 대혁명을 모면할 수 있었을까?

역사는 이런 종류의 질문에 답변할 수가 없다. 왜냐하면 과거는 장기판 위의 말을 바꾸거나 조정해서 다시 판을 벌릴 수 있는 장기 게임이 아니기 때문이다. 우리가 말할 수 있는 것은 '머리와 지체의 개혁'은 훌륭한 슬로건이었으나 그저 슬로건에 그치고 말았다는 것이다. 개혁은 1378년에서 1514년 사이에 열린 모든 종교계 정상회담마다 단골 메뉴였으나 성취된 것은 거의 없었다.

지체들은 머리를 개혁할 필요가 있다고 생각했다. 뿐만 아니라 지체들끼리 서로 상대방을 개혁할 필요가 있다고 생각했다. 지체들은 성 바울이 교회를 이상화한 것(「고린도전서」 12 : 14, '몸은 하나의 지체로 된 것이 아니다……몸은 많은 지체로 되어 있으나 한 몸을 이룬다')과는 다르게, 상대방이 없어도 무관하다고 생각했기 때문이다. 이렇게 되어 몸과 지체는 서로 다투는 경향이 많은 파당적 이익 단체로 전락했다. 교황과 세속 군주, 주교와 성직자, 종교 교단과 대학 등이 서로 갈라져서 다투었다. 그들은 한목소리로 이렇게 말했다. "나는 개혁될 필요가 없다. 하지만 너는 개혁되어야 한다."

독일의 교회를 구성하는 다양한 집단과 이익 단체를 묶을 수 있는 유일한 것은 로마교황청에 대한 적개심이었다. 1451년경 독일의 한 사제는 그 나라에 온 교황청 특사에게 편지를 보냈다. 학자요 정치인이기도 했던 니콜라우스 쿠자누스Nicolaus Cusanus 특사는 독일인이었다.

교황의 특사께서는 우리나라를 개혁하기 위하여 우리에게 왔습니다. 그러나 어떻게 개혁을 성공시킬 수 있겠습니까? 머리가 아프면 사지도 아픈 법입니다.

개혁을 달성하려면 교황과 교황청부터 개혁해야 합니다. 교황과 추기경들은 날마다 가장 무서운 죄를 범하고 권리를 남용하고 있는데……

루터는 교황을 비판한 첫 번째 독일인이 아니었다. 1520년 루터는 두 편의 중요한 글을 썼다. 「교회의 바빌론 유수에 관한 서곡De captivitate Babylonica ecclesiae praeiudium」과 「독일 민족의 그리스도 교도 귀족들에게 보내는 연설An den Christlichen Adel deutscher Nation」이 그것이다. 이런 글이 나오게 된 것은 이미 1세기나 오래된 '독일 민족의 불만Gravamina nationis Germanicae'이라는 연면한 전통이 수립되어 있었기 때문이다.

교회의 모든 병폐를 로마교황청으로 돌리기는 쉬웠다. 종교개혁의 서곡이었던 개혁에 대한 끊임없는 얘기는 대부분 신화—먼 옛날 황금시대에는 교회가 순수해서 개혁할 필요가 전혀 없었다—에 의거한 환상이었다. 그런 신화적 얘기는 실제의 상황이나 '개혁'이 성취하고자 하는 바와는 아무런 상관이 없었다. 실제로 제기된 많은 개혁안은 도움이 되기보다는 손해를 끼치는 것으로 판명되었다.

종교개혁의 폭풍이 몰아치기 직전의 몇 년 동안의 일들에 대해서는 이 정도에서 설명을 끝내고자 한다. 하지만 그 전에 우리가 물어야 할 마지막 질문이 하나 있다. 선박의 갑판에 탔던 자들7은 폭풍이 오는 것을 미리 보았어야 마땅하지 않았을까? 하지만 그들은 아마도 보지 못했을 것이다. 왜냐하면 루터의 도전은 과거에 줄곧 있어 온 도전하고는 종류가 달랐기 때문이다. '독일 민족의 불만'이 뼈 속에 사무쳐 있고, 그것을 표출하는 데 능숙한 자들이 루터의 도전을 즉각 지원했지만 그것은 문제의 본질이 아니었다.

---

7 교회의 고위급 성직자들.

루터의 도전은 무엇이 달랐을까? 다른 도전들이 외부에 보이는 기존 체제의 폐해를 공격한 반면, 오직 루터만이 진정한 그리스도의 복음과 신의 말씀으로 가톨릭 교회의 부패한 신학을 공격했던 것이다(루터 자신이 이렇게 자랑했다). 다시 말해 급소를 찌른 것이다. 자극적인 어구를 좋아했던 루터는 이러한 표현에 흔쾌히 동의했을 것이다. 여기에서 멋진 역설을 하나 제시할 수 있다. 종교개혁 이전의 1세기 동안에 무수한 개혁의 화두가 나왔지만 그것은 종이 위의 말words에 지나지 않은 반면, 말씀Word에 대한 루터의 집요한 탐구는 실제적이고 혁명적인 변화를 가져온 것이다.

루터가 나타나기 이전에 교회는 교리의 문제로 도전을 받은 적이 별로 없었다. 이단은 주요 문제가 아니라 늘 주변에서 맴도는 사소한 문제였다. 그것은 발도파Waldenses**8**라고 알려진 원시 기독교인들이 알프스 계곡에서 비밀스럽게 활동을 벌이던 시시한 행위에 지나지 않았다. 하지만 잉글랜드 왕국과 보헤미아 왕국은 예외적인 경우였다. 잉글랜드의 경우, 옥스퍼드 대학의 학자였던 존 위클리프J.Wycliffe(1330~1384)**9**의 기존 교회에 반대하는 사상이 쉽게 내칠 수 없을 만큼 깊게 뿌리를 내렸다. 어떤 면에서 그리고 해석하기에 따라서, 위클리프 사상은 16세기의 주류 개혁자들이 내세운 그 어떤 주장보다도 더 급진적이었다. 또한 교회의 성사聖事와 기존의 모

---

8 12세기의 원시 기독교 사도들의 생활을 열정적으로 추구하던 하나의 종교집단. 이들은 전통 교회의 가르침은 인정하나 당대의 교회가 더는 그런 가르침에 충실하지 못하고 권위를 잃었다고 주장한다. 그 창시자인 페트뤼스 발데스(피터 왈도, 피터 발도로도 불린다)의 이름을 따서 발도파라 한다.

9 옥스퍼드 대학의 신학자. 1375년경 교회의 부와 사치를 공격하고 모든 교회 재산은 세속 권위의 재량에 따라 보유되는 것이라고 주장했으며, 재산에 관한 진정한 지배권은 신에 속하며 인간은 신의 지상대리인으로만 행동할 뿐이라 했다. 그의 핵심 사상은 신의 뜻이 절대적인 힘을 갖는다는 것이다. 성사는 구원에 반드시 필요한 것은 아니라고 했다. 그의 이론은 1377년 그레고리우스 11세에 의해 이단으로 탄핵되었다. 그의 사후 제자들이 그의 사상을 영국 전역에 전파했으며, 추종자들은 독일의 한 이단 종파 이름을 따서 롤라드파라고 불렸다.

든 교회제도를 더할 나위 없이 통렬하게 비판했다. 위클리프에 대한 대표적 학자인 앤 허드슨A. Hudson은 이 주제와 관련하여 『미숙한 종교개혁 The Premature Reformation』을 저술했으며 다음과 같은 대체 역사를 장난삼아 질문했다. '종교개혁이 150년 일찍 시작되었더라면 어찌 되었을까?'

디볼트 실링 1세, 화형당하는 얀 후스, 1485년.

그러나 잉글랜드에서는 랭커스터 왕조(1399~1471)가 이단들을 짓밟았으며 화형에 처하는 법을 제정했다. 그리하여 롤라드파Lollards라고 쉬쉬하면서 성서를 읽었던 이들 위클리프의 추종자들은 어느 면에서 그들의 자식뻘이나 손자뻘 되는 신교도와 달리 의미 있는 정치 세력이 되지 못하고 방랑하면서 은밀히 활동하는 소수파로 전락했다. 보헤미아 지방의 체코의 땅에서는 사정이 달랐다. 이곳에서는 개혁자 얀 후스J. Hus(1372~1415)10가 체코 특유의 개혁 프로그램과 위클리프의 개혁 프로그램을 내세워 종교적 반란을 민족적 개혁 운동으로 바꾸어 놓았다.

이러한 민족적 개혁 운동은 커다란 자극을 주어 일련의 새로운 보복전을 불러일으켰다. 후스의 개혁 운동으로 독일인들이 프라하와 프라하 대학에

10 교회 개혁을 지지하는 사람들이 세운 프라하의 베들레헴 교회의 설교자. 위클리프의 가르침에 동조했으나 성체성사의 역할을 크게 강조했다. 콘스탄츠 공의회의 압력을 받은 신성로마황제 당선자 지기스문트에 의해 1415년 화형을 당했다. 후스는 생의 말년에 위협과 도전을 받는 가운데 교회의 본질에 대하여 매우 급진적인 생각을 펼쳤다. 그의 글, 특히 말년에 쓴 글은 영구적인 영향력을 발휘했다. 루터가 남달리 후스의 영향을 받았다.

서 추방되었으며, 이것이 계기가 되어 피난 학자들을 중심으로 라이프치히 대학이 설립되었다. 신성로마제국 황제 지기스문트가 콘스탄츠 공의회의 개최를 주선했던 이유는, 이러한 중부 유럽의 문제를 다루려는 것도 있었다. 후스는 신변 안전의 조건으로 콘스탄츠로 오라는 유혹에 넘어가 콘스탄츠에 갔다가 붙잡혀 화형을 당했다. 후에 바젤 공의회는 보헤미아의 문제를 안전하게 해결하여 부분적으로 공의회 개최의 의미를 찾을 수 있었다.

'보헤미아 사람'과 '이단자'가 실제로 동의어라고 할 때, 독일은 이단의 전파를 현명하게 막은 셈이다. 독일은 후스파에 적대적이었으며 그것의 유입을 막았으니까 말이다. 개혁 운동이 힘을 모으는 가운데 루터가 당면했던 난관 중 하나는 그가 보헤미아 사람 혹은 후스파라는 비난에 대처하는 것이었다. 1519년 라이프치히 신학논쟁에서 루터의 가슴을 설레게 했던 중요한 순간이 있었다. 적대자 요한 에크J. Eck가 기회를 호시탐탐 엿보다가 결정적 순간에 루터가 후스와 같은 이단적 요소를 지니고 있다고 비난했다. 점심 시간이 되어 논쟁을 산회한 루터는 점심을 먹으며 후스의 책을 읽었고, 그 후 토론장으로 돌아와서 그가 이해하는 한, 탄핵을 받았던 후스의 몇몇 교리는 그리스도교적이고 복음주의적이라고 선언했다. 이어 루터는 이런 설명을 붙였다. '우리는 후스의 교리를 모른 채 후스파가 되어 있으며, 그게 여의치 못하다면 적어도 후스파임을 선언해야 한다.' 이것은 교황뿐만 아니라 콘스탄츠 공의회와 같은 공의회도 잘못을 저지를 수 있다고 말하는 것과 같았다.

3
말, 언어, 책

종교개혁은 말들로 넘쳐났다. 종교개혁의 본
질을 파악하려는 역사학자는 자신의 그물이 말들의 무게로 찢어지는 것을
발견하게 된다. 루터의 입과 펜에서 말들이 끊임없이 흘러나왔다. 30년 동
안 보름에 한 권 꼴로 책을 냈으니 그의 저작을 모두 오늘날의 표준판으로
낸다면 100권의 거질巨帙이 될 것이다.

　그는 마음에 어떤 체계를 갖고 책을 쓰는 법이 없었으며, 그때그때 상황
의 요구에 따라 글을 썼다. 그의 책 중 어떤 것도 '루터주의'를 기술했다고
볼 수 없다. 루터의 정신 세계는 '말씀the Word'이라고 하는 것으로 충만했다.
이것은 '말words'과는 전혀 다른 것으로서, 요한복음의 첫 마디에 나오는 로
고스Logos였다. '태초에 말씀이 있었다……' 이것은 창세기 1장의 '태초에
하느님이……'란 구절을 고쳐서 말하는 것이다. 그를 둘러싼 구세계가 무
너졌을 때 루터는 한결같이 그것이 자신의 소행이 아니라고 말했다. '내가
잠을 자거나 비텐베르크 맥주를 마시는 동안…… '말씀'이 교황을 크게 약
화시켰다. 어느 영주나 황제라도 그렇게 큰 손상을 교황에게 입힌 적이 없
었다. 나는 아무것도 하지 않았다. 모든 일은 '말씀'이 다 했다.'

　신교도 사이에서는 성서와 동의어인 '신의 말씀Word of God'이란 어구가 생

겨나 '말씀the Word'이라는 추상적 표현이 성서 텍스트에서 좀 더 확고하면서도 구체적인 의미를 지니게 되었고, 새롭고 절대적인 권위를 가졌다. 그리하여 오직 성서만sola scriptura이 권위의 원천이 되었다. 다시 말해, 성서가 교회의 효력을 인정하는 것이지 거꾸로 교회가 성서의 효력을 인정하는 것이 아니라는 얘기였다. 인쇄된 영어판 신약성서를 처음으로 보급한 영국의 개혁자 윌리엄 틴들W. Tyndale은 독자에게 이렇게 말했다. "나는 다음 말들의 의미를 여러분이 기억할 필요가 있다고 생각한다. 구약, 신약, 율법, 복음, 모세, 그리스도." 이러한 말words이 이제 십계명을 새긴 석판이 되었다.

신교도들이 즐겨 읽는 성서 구절 하나는 '그러므로 들어야 믿을 수 있고 그리스도를 전하는 말씀이 있어야 들을 수 있습니다(「로마서」 10 : 17)'이다. 많은 사람들이 설교에 의한 말씀을 듣는 것이 구원의 '유일한' 수단이라고 주장했다. 성서를 읽는 것도 효과가 없었다. 이 때문에 심지어 귀먹은 사람은 구원을 받지 못할 것이라는 생각까지 나왔다. 이와 같은 취지를 시사하는 일화가 하나 전해 온다. 설교를 자주 하지 않는다는 비난을 받자 루터는 "나는 책을 통해 설교를 하고 있다"라고 대답했다.

이 일화에 비추어 볼 때 종교개혁이란, 한 역사학자의 말을 인용하자면, '오직 인쇄에 의한 구원'의 문제였다. 그러나 루터가 그런 말을 하였는지는 의심스럽다. 저술에 사로잡힌 작가였음에도 그는 복음주의가 설교를 뜻한다는 것을 잘 알고 있었다. 장 칼뱅이 제네바에서 수천 번 행한 설교는 바로 그것, 즉 귀로 듣는 설교였다. 칼뱅은 오래 망설이다가 자신의 설교를 책으로 출판하는 것을 허락했다.

듣건 혹은 읽건 중요한 것은 말씀이었다. 종교개혁으로 이전과 달리 눈보다 귀가 우선권을 갖게 되었다. 당대의 가장 위대한 문장가 에라스뮈스는 자신이 편집하여 발간한 신약성서 서문에서 이렇게 썼다.

이 글을 통해 여러분은 말하고, 병 고치고, 죽고, 부활하는 그리스도 자신을 만나게 된다. 이 글을 큰 소리로 낭독한다면 완전한 모습의 예수를 만날 수 있을 것이다. 때문에 그분을 육안으로 보고자 한다면 오히려 더 못 볼 것이다.

이는 하나의 역설이지만, 언어와 '좋은 문장'이 지닌 창조적 능력에 대한 르네상스 시대의 신념을 완벽하게 표현하고 있다.

에라스뮈스는 신약성서가 모든 언어로 번역되어 (몇몇 극단적인 경우를 얘기하자면) 스코틀랜드인, 아일랜드인, 터키인, 사라센 사람까지 손쉽게 자국어로 접할 수 있기를 바랐다. '나는 신분이 가장 낮은 여자들까지 복음과 바울 서신을 읽기를 희망한다.' 그의 말 중 '희망한다'는 말은 틴들이 고향 글로스터셔에서 보수적인 성직자와 논쟁할 때 사용한 말과 대조된다. '하느님이 나의 생명을 여러 해 연장하여 주신다면 나는 쟁기를 모는 소년이 당신보다 성서에 대하여 더 많이 알도록 만들겠소.'

틴들의 예언이 실제로 벌어졌다. 밭 가는 모든 소년들이 그렇게 된 것은 아니지만 적어도 밭 가는 괴짜 소녀는 그렇게 되었다. 앨리스 드라이버라는 서폭에 사는 한 여자는 존 폭스J. Foxe가 지은 『순교자들의 책The Book of Martyrs』에 나오는 순교자였다. 그녀는 판사들에게 대학 교육을 받은 적은 없지만 "나의 아버지가 보는 앞에서 여러 번 밭을 갈았다"고 말했다. 그러나 그녀는 성서의 지식에 관한 한 성직자를 훨씬 능가했다. 폭스와 같은 작가조차 학식 있는 여자란 용어상 모순이라고 생각했다. 아무튼 폭스는 이와 같은 사례들을 제시하여 억압적인 남성 중심 사고에 빠진 가톨릭 교회를 비난했다.

그러나 이것은 에라스뮈스가 그의 신약성서에서 혹은 폭스가 『순교자들의 책』에서 주장한 것처럼 그렇게 단순하고 간단한 문제가 아니었다. 루터도 성서를 모든 사람의 손에 들어가게 하는 것은 위험한 일임을 알고 있었다. 물론 에라스뮈스도 자신의 소망 사항(모든 사람이 자국어 성서를 읽었으면 좋겠다는 말)을 라틴어로 썼다. 그러므로 유럽 각국의 언어를 해방하고 생기를 불어넣은 종교개혁이 가능했던 것이 순전히 라틴어로 이루어진 르네상스 인문주의의 덕분이라는 반#역설을 잊지 말아야 한다. 인문주의는 라틴어를 정화하여 탁월한 고전적 모범의 경지로 복구시키려는 희망 그 이상의 것이었다. 비록 결과적으로는 고전적 모범으로 그치고 말았지만 말이다. 르네상스 인문주의는 이런 확신을 가지고 있었다. 즉 진리와 미덕을 전달하는 데에는 능숙한 수사법이 삼단논법(스콜라주의 신학의 기초)보다 더 낫다는 것이다. 따라서 훌륭한 사람들은 훌륭한 문장으로 자신을 표현할 수 있다고 보았다. 이때의 훌륭한 문장은 물론 라틴어와 그리스어였다.

그리스어를 다시 받아들인 것은 르네상스의 위대한 성과 중 하나였다. 1516년에 출간된 그리스어판 신약성서[1]는 처음으로 에라스뮈스 자신의 라틴어 번역을 대면對面에 실었다. 이것이 출판되자 전통적이고 보수적인 성직자들이 경악했다. 교회의 권위에 도전하는 것 말고도 이 성서는 가톨릭 교회가 표준판으로 받아들인 성서, 다시 말해 1,000년 전 히에로니무스[2]가 라틴어로 번역한 이른바 불가타역과는 다른 번역본의 성서였다. 에라스뮈스는 자신이 『새로운 원전Novum Instrumentum』이라고 부른 이 라틴어역 신약성서를 교황 레오 10세에게 헌정했다. 이후에 발간된 판에 그는 교황

---

1 신약성서는 원래 코이네 그리스어라는 헬레니즘 시대 당시의 국제 언어로 집필되었다. 따라서 바울 서신도 4대 복음서도 모두 그리스어가 원어이다.

2 초대 기독교의 교부로서 로마에서 세례를 받았으며, 동방을 여행한 뒤 378년 로마로 돌아와 교황 다마수스 1세의 비서를 역임했다. 교황이 죽자 베들레헴으로 가서 수도원을 세우고 성서를 번역하고 해석했다. 그의 번역본을 불가타역이라 하며 가톨릭 교회가 성서의 표준판으로 받아들였다. 불가타Vulgate란 라틴어로는 vulgaris이며 '공통적으로 통용되는'이란 뜻이다.

의 추천서를 실을 수 있었다. '우리는 귀하의 노력의 산물에서 많은 즐거움을 얻노라…… 이것이 신학과 정통 신앙에 도움이 되기를 바란다. 신이 귀하에게 상을 줄 것이다.'

히브리어도 다시 발견되었다. 구약성서에 접근할 수 있는 이 열쇠를 얻기 위하여 그리스도인 학자들은 박식한 유대인들에게 의존했다. 1506년 요하네스 로이힐린J. Reuchlin은 참신한 문법서인 『히브리어의 기초De Rudimentis Hebraicis』를 출판했지만, 신학적 보수주의와 반유대인주의라는 독주毒酒와 격렬한 싸움에 휘말리게 되었다. 몇 년 동안 로이힐린의 사건은 루터의 투쟁보다 훨씬 더 크게 부각되었다. 사실 루터를 둘러싼 소동은 처음에는 단순히 로이힐린 사건의 곁가지에 지나지 않았다. 로이힐린의 적수들은 고금을 통해 가장 위대한 풍자문학의 하나인 『이름 없는 사람들의 편지Epistolae obscurorum virorum』에서 조롱을 받았다. 70편의 서신으로 된 이 책은 나중에 퀼른의 우스꽝스런 도미니크 수도사가 쓴 것으로 알려졌다. 그러자 에라스뮈스는 배가 아플 정도로 크게 웃었으나, 루터는 전혀 즐거워하지 않았다.

이제 언어와 의사소통의 부문에서 종교 혁명의 고위 지도자였던 에라스뮈스에 대해서 좀 더 자세히 알아보자. 그는 태어난 곳의 이름을 따서 통상 '로테르담의 에라스뮈스'라고 한다. 하지만 '기독교 세계의 에라스뮈스'라고 하는 것이 훨씬 더 좋은 표현이다. 실제로 그는 새로운 히에로니무스로 자처했다. 그는 1466년 혹은 1469년에 서자로 태어났다. 이 때문에 역사심리학자3들은 서출이라는 사실에 대목을 만났다는 듯이 활발한 연구를 벌였으며, 빅토리아 여왕 시대의 작가 찰스 리드는 그 이야기

---

3 심리 분석법을 이용한 역사적 인물과 사건을 분석하는 학문.

한스 홀바인 2세, 「로테르담의 에라스뮈스의 초상」, 1523년.

를 토대로 『수도원과 벽난로The Cloister and the Hearth』라는 소설을 썼다. 에라스뮈스는 그의 세례명이고, '로테르다무스'는 그가 즐겨 성으로 사용했던 이름이었다. 그는 '데시데리우스Desiderius'라는 히에로니무스의 서신 왕래자의 이름도 추가로 사용했다. 그가 1536년에 세상을 떠났을 때 세상은 이미 크게 변해 있었다.

에라스뮈스는 결코 첫 번째 혹은 가장 박식한 르네상스 인문주의자는 아니었다. 그는 선배격인 로렌초 발라L. Valla(1407~1457)[4]의 뜻을 이어받았으며 그의 철학적 기법 — 발라는 속세에 대한 교황의 주권을 표시한 일종의 권리증서인 '콘스탄티누스 대제의 기증서'[5]가 중세에 위조되었다는 사실을 밝혀냈다 — 을 성서와 그리스 및 라틴 교부들의 해석에 응용했다. 에라스뮈스는 동포인 네덜란드인 로돌프스 아그리콜라의 도움을 받았다. 아그리콜라는 에라스뮈스의 스승을 가르친 자로 말하자면, 에라스뮈스의 지적 할아버지인 셈이다. 르네상스 분야의 한 권위자는 아그리콜라를 '인문주의의 아버지', 에라스뮈스는 '인문주의의 왕자'라고 불렀다.

---

4 이탈리아 인문주의자 및 철학자.

5 콘스탄티누스 기증서는 후대에 서방에 널리 퍼진 소문으로, 대제가 로마 시와 로마제국의 서쪽 영토 절반을 이 기증서를 통해 로마의 감독, 즉 로마의 대주교(후대의 교황)에게 양도했다는 것인데 나중에 위조문서로 판명되었다.

에라스뮈스의 저술 능력은 놀라웠다. 교부들 작품의 방대한 편집만 하더라도 그가 저술 능력에 있어서 오늘날의 언론인을 훨씬 능가했음을 보여 준다. 하기사 그가 21세기에 환생한다면 언론에 종사했을 것이다. 그는 대단히 박식했으나 오늘날의 기준으로 보면 비판 정신이 결여되어 있었으며, 그가 편집한 그리스어판 신약성서는 『콤플루툼 학파 대역성서 Complutensian Polyglot』라고 하는 대역성서 중의 신약보다 열등했다. 이 대역성서는 스페인의 후원 아래 1514~1517년 사이에 준비되었고, 1522년에 가서 비로소 출판되었다. 이 대역성서의 제목에 나오는 콤플루툼은 스페인 알칼라의 대학 도시였다.

그렇지만 에라스뮈스가 당대의 가장 유명한 학자라는 사실은 의심할 나위가 없고, 그렇게 된 것은 부분적으로 개인 홍보에 뛰어난 재능을 지녔기 때문이다. 당대의 어떤 스위스 사람은 자신이 에라스뮈스한테서 편지를 받은 사실이 에라스뮈스의 편지에 공개적으로 언급되어 있다고 자랑하기까지 했다. 오늘날 앨런P. S. Allen이 12권으로 호화스럽게 편집한 에라스뮈스 서신 전집은 실제로 공적인 재산이었다. 그의 『대화집Colloquies』에 있는 한 편의 짧은 촌극 대본은 유럽 전역에서 학생용 라틴어 교본으로 사용되었다(이 교본은 그의 생전에 100판이 출간되었다). 이 촌극의 무대는 매춘굴이었다. 그래서 성생활을 거의 하지 않아 처녀 이모들의 후예인 듯싶은 에라스뮈스는 매춘부들의 이런 농담을 즐거워했다. "아, 사실이에요. 에라스뮈스는 여기 단골손님이죠."

에라스뮈스는 『격언집Adagiorum Collectanea』(1500)을 지어서 명성을 얻었다. 이 책은 818개의 격언을 망라하고 있으며 그의 생전에 27판이 출판되었는데, 그가 고전문학 전반에 통달했음을 보여 준다. 1508년에 『수천 개의 격언Adagiorum Chiliades』으로 책 제목이 바뀐 뒤 3,260개의 격언 이외에 그리스 격언은 그리스어로 실었다. 그 후 증보를 계속하여 마침내 4,251개의 격언 모음집이 되었고, 고대 세계의 정신을 들여다볼 수 있는 커다란 창이 되었다. 얼마 지나지 않아 이 책은 경구警句를 포함하는 체제로 확대되었다.

경구들의 사례를 들어보자. '전쟁을 모르는 자들은 그것을 신나는 일로 안다', '왕과 바보는 만들어지는 것이 아니라 태어난다', 후에 분량을 줄여 출간된 축약본 『격언집Adages』은 대문호들의 표준 참고서가 되었다. 프랑스의 라블레, 스페인의 세르반테스, 영국의 셰익스피어 등이 애용했다고 한다. 사람들은 아직도 셰익스피어의 작품에서 인용하면서도, 그것이 실은 에라스뮈스의 고전 지식에서 나온 것임을 모른다. 그 고전 속의 지혜는 본래 단순히 문서나 책에 기술된 대중의 속담에 들어 있던 것이기도 했다. '필요악', '돌에서 물을 짜내다', '컵을 입술에 가져가는 사이에도 실수는 얼마든지 있다', '훌륭한 구두 수선공은 끝까지 직업을 버리지 않는다(한 우물을 판다)'. 이런 속담과 기타 재담을 에라스뮈스의 격언집에서 얼마든지 찾아볼 수 있다.

그의 또 다른 베스트셀러는 『우신예찬Moriae encomium』이다. 원 제목은 그리스어인 『모어의 칭송Enconium Morae』으로서 '모라에Morae'는 토머스 모어T. More의 이름 모어에서 나온 것이다. 이것은 수사학적 거울의 방(房)으로 이 안에서 에라스뮈스는 인간의 약점을 조롱하기도 하고, 진지하게 생각하기 위하여 모든 규칙을 도치시키기도 한다.

가령 이런 것이다. 섹스보다 더 어리석은 짓이 무엇일까 싶지만 그래도 사랑만이 세계를 돌아가게 만든다. 여자가 설교단 위에 서서(들어보지도 못한 일) 자신을 칭찬하는(허용되지 않은 일) 것은 어리석은 일이다. 그런데 '어리석음愚神'이 우리를 위해 스스로 웃음거리가 된 예수를 조롱할 때, 우리는 그것을 어떻게 생각해야 할까? 이것은 '크레타인의 역설Cretan Paradox'6의 한 예이다. '한 크레타 사람이 "모든 크레타인들은 다 거짓말쟁이다"라고 말했다'.

에라스뮈스는 사람들에게 즐거움을 주는 작가였다. 실제로 그는 온 세상 사람들이 웃으면서 지켜보게 될 여러 사건이 발발하려던 시점에 저술 활동을 하고 있었다. 그러나 동시에 아주 진지한 작가이기도 하였다. 루터의 영주인 선제후 프리드리히 3세는 에라스뮈스가 키 작은 멋진 사람이라고 말했다. '그와 얘기를 하고 있노라면 어디로 얘기의 말머리를 잡고 나갈지 알 수가 없다.' 루터는 그가 뱀장어 같아서 오직 그리스도만이 잡을 수 있었다고 말했다. 그러나 '그리스도의 철학'을 잘 요약해 놓은 에라스뮈스의 저서 『그리스도교 병사의 필독서Enchiridion militis Christiani』는 전혀 미끄럽지도 않고 예측하기 어렵지도 않다. 토마스 아 켐피스의 『그리스도를 본받아』를 떠오르게 하는 이 유익하고 진지한 책은 유럽 전역에서 호평을 받았다.

에라스뮈스에 관련된 상투어는 그가 종교개혁의 알을 낳았고 루터가 그 알을 깠다는 것이다. 실제로 그가 죽은 뒤 20년이 지나면 그의 모든 저술은 반종교개혁 초기의 무자비한 교황 파울루스(바오로) 4세에 의해 금서 목록에 올려진다. 하지만 그런 조치에 무심한 사람도 많았다. 역사학자와 신학자들은 에라스뮈스를 두고 계속 논쟁을 하고 있다. 그는 자신의 저서를 거부한 가톨릭 교회의 동지였나 혹은 적이었나? 에라스뮈스는 — 잠시 루터

6 크레타인의 역설은 논리적 역설의 하나로서 어떤 명제가 다른 상황에서는 전혀 문제를 일으키지 않으나, 특정 상황에 적용하면 모순을 일으켜서 곤란하게 되는 경우를 가리킨다. 가장 유명한 것이 아리스토텔레스와 동시대 사람인 에우불리데스의 '거짓말쟁이의 역설'인데, 크레타인의 역설은 바로 여기에서 나왔다. 그 내용은 이렇다. 어떤 사람이 자기가 지금 거짓말을 하고 있다고 말한다. 이 경우 그 말은 거짓인가 혹은 거짓이 아닌가? 크레타인이 다 거짓말쟁이라는 명제가 설혹 다른 상황에서는 진정한 명제라 해도, 그것을 직접 말하는 어떤 크레타 사람에게 적용하면 그가 실은 진실을 말하고 있다는 뜻이므로 역설이 성립된다.

는 잊어버리고 ─ 다른 종류의 종교개혁을 지도했는가? 이런 질문이 주요 논쟁거리이다.

분명 에라스뮈스는 교회의 권력 남용뿐만 아니라 미신에 사로잡힌 동시대의 종교적 관행에 대해서 무자비하게 때로는 풍자적으로 비판했다. 『대화집』 가운데 '종교적 목적의 순례'라는 글에서 잉글랜드의 중요한 사원인 월싱엄과 캔터베리 이야기가 나온다. 월싱엄 사원에서 에라스뮈스는 신성한 집을 보았는데 소위 나사렛의 예수의 집을 그대로 복원한 것이라는 얘기에 경악했다. 사람들은 그 집이 십자군 원정에 참가했다가 귀환한 자들이 이탈리아의 로레토로 옮겨 놓았다고 믿었으며, 그 자체로 기적적인 구조물이라고 생각했다.

구석구석을 살펴본 후 나(에라스뮈스)는 사원 담당자에게 이 작은 집을 이곳에 갖다놓은 지 몇 해가 되었냐고 물었다.

그는 "꽤 오래 되었습니다"라고 답했다.

나는 "하지만 저 벽들은 그리 오래되어 보이지 않는데요"라고 말했다.

그는 부인하지 않았다.

"이 나무 기둥도 그리 오래된 것 같지 않은데요"라고 내가 말했다.

사원 담당자는 그것들이 최근에 갖다 놓은 것임을 부인하지 않았고, 그런 사실은 누가 봐도 알 수 있다고 말했다.

에라스뮈스의 이런 우상파괴적인 태도 때문에 영국의 수도원과 그 해체의 역사에 최고 권위자인 어떤 역사학자는 이렇게 믿고 있다. 에라스뮈스가 유해한 영향을 끼친 것도 수도원이 몰락하게 된 이유 중 하나였다.[7]

토머스 모어도 종교를 이용한 돈벌이를 비난했지만 아무도 그가 교회를 배신했다고 비난한 적이 없다. 그러나 일단 루터가 경고의 경적을 울리자 종교적 돈벌이는 전과 다르게 인식될 판이었다. 에라스뮈스는 철저히 루터의 편이라고 생각한 자들이 있었다. 종교계에서도 그런 취지로 에라스뮈스를 공격한 일이 있었다. 한편 어떤 자들은 에라스뮈스에게 루터에 반대하는 글을 써서 사실이 그렇지 않다는 것을 명확히 하라고 요청하기도 했다.

사태가 이렇게 돌아가자 이 두 거인의 충돌은 불가피했으나 그 싸움(글을 통한 싸움)은 1524~1525년으로 미루어졌다. 콜리지Coleridge(1772~ 1834, 영국의 시인)는 후일 이렇게 썼다.

서로 조금도 닮지 않으면 서로 혐오하는 것으로 끝날 수밖에 없다. 이것은 에라스뮈스와 루터의 경우에서도 증명되었다.

끝에 가서 에라스뮈스는 교회의 말을 듣지 않을 수 없었다. 그러나 그가 루터의 교리를 비난한 것에는 그 태도나 내용을 두고 볼 때 어떤 불성실함도 없었다. 그는 루터에게서 새로운 형태의 신학적 적의와 폭력을 발견했다. 바로 이런 것 때문에 에라스뮈스는 스콜라주의자와 탁발 수도자들을 공격했다. 너무 일방적으로 자신만 옳다고 믿는 태도를 배척했던 것이다. 나아가 그런 적의와 폭력이 진정한 기독교 신앙을 촉진하는 것이 아니라 퇴화한다고 믿었다.

---

7 영국의 수도원이 몰락하게 된 것은 1532년 영국 왕 헨리 8세가 로마교황청으로부터 완전 독립하면서 수장령을 내린 것이 계기였다. 이후 1536~1540년 동안 영국 수도원은 지속적으로 해산되었는데, 헨리 8세는 수도원을 해체하면서 그 귀속 재산을 모두 국유화했다. 수도원 해체는 왕권 주장과 국고 강화의 목적이었지, 에라스뮈스의 풍자적인 저서는 수도원 몰락과는 아무런 관계가 없다.

우리는 인쇄술을 빼놓고서는 에라스뮈스를 상상할 수 없다. 유물론적 환원주의자는 그를 요한 구텐베르크가 발명한, 이동 활자 인쇄술의 산물에 지나지 않는다고 생각할지 모른다. 인쇄술의 발명은 1450년대에 이루어졌으며 1500년이 되자 전 유럽에 걸쳐 2만 7천 여 종의 활자본이 출간되었다. 이 중 4분의 3이 라틴어로 인쇄되었다. 인쇄업자들은 팔릴 만한 저서를 원했고, 에라스뮈스와 루터도 그들의 요구에 따라 글을 썼다는 점에서 미디어는 메시지였다.**8**

이 문제에 대한 어떤 권위자는 세계를 변화시킨 것이 르네상스가 아니라 인쇄술이었다고 말했다. 그도 그럴 것이 우리는 다소 막연한 지식 이외에는 르네상스가 과연 무엇인지 잘 모르기 때문이다. 반면 학식이 있는 자나 없는 자나 인쇄물은 손으로 직접 다룰 수 있고 무게를 달 수 있다. 게다가 그들에게 큰 영향을 미치기까지 한다. 학식이 있는 자들은 이제 학구적이거나 논쟁의 대상인 주제를 넓은 서재에서 발품을 덜 팔고도 연구할 수 있게 되었다. 더불어 색인, 참고문헌, 각종 판본의 도움으로 그들은 비교하고 대조하며 편집할 수 있었다. 이는 쪽 번호가 붙은 코덱스codex가 두루마리를 대체한 이래로 학문의 세계에 일어난 가장 큰 변화였다. 학식이 없는 사람들도 그들이 문맹이건 아니건 일방통행의 구전보다는 인쇄물의 매혹에 더 사로잡히게 되었다. 곧이어 로빈 후드의 전설처럼 명백한 구전 이야기가 인쇄된 민요집을 통해 구화口話용 설화로 되살아났다. 인쇄술의 발명으로 인해 성서도 당시의 사람들에게 낯익은 물건이 되었는데, 그들은 대부분의 현대인보다 훨씬 더 성서를 잘 알고 있었다.

---

8 캐나다 학자 맥루안의 주장으로 메시지를 전하는 형식에 따라 그 내용의 성격이 좌우된다는 것으로, 이 경우는 인쇄술, 즉 책이 메시지의 내용에 영향을 준다는 것이지만, 텔레비전이 도래하면서 방송이 책보다 더 우위를 점하게 되었다.

16세기에 접어들자 유럽의 인쇄술과 각국 언어는 발전적 공생 관계를 갖게 되었다. 언어가 민족 정신을 포함하여 공통의 정체성을 도왔다면, 인쇄술은 수많은 지역 방언(지금도 일부 남아 있다) 대신에 공통적인 모국어를 정착시키는 데에 기여했다. 미래의 문어文語를 사실상 발명한 사람들, 예를 들어 독일어의 루터, 영어의 틴들, 프랑스어의 장 칼뱅 등은 어학 전문가였다. 이들은 자신들의 모국어 촉진 사업을 수행하는 데에 라틴어, 그리스어, 심지어 히브리어 실력을 총동원했다. 히브리어 성서를 영어로 번역할 때 틴들은 처음에는 낙관적이었다. '대부분의 경우에, 히브리어 단어를 그것에 대응되는 영어 단어로 번역하기만 하면 된다.'

그러나 번역이 잘 진척되지 않자 히브리어와 영어 사이의 완벽한 대응성에 대한 확신이 다소 약해졌다. 루터도 '하느님, 히브리어 작가들로 하여금 독일어를 말하게 하는 것이 이토록 어렵고 힘든 일입니까!'라고 썼다. 신약을 번역하는 데 11주밖에 걸리지 않았지만 루터와 조수들이 구약을 번역하는 데는 무려 12년이 걸렸다. 어쨌든 그는 신구약성서의 완역에 성공했다.

독일의 기사騎士이자 인문주의자 울리히 폰 후텐Urlich von Hutten(1488~1523)은 생의 어느 한 시점에서 앞으로 평생 동안 라틴어를 버리고 모국어로만 글을 쓰겠다고 결심했다. 이것은 르네상스의 애국주의의 발로였다. 한편, 그에 못지않게 애국적인 콘라드 켈티스C. Celtis(1459~1508)는 오직 라틴어로만 말하면서 독일인이 로마인보다 더 라틴어를 잘 다루고 또 교양 있는 민족이라고 주장했다. 루터를 포함하여 많은 사람들은 독일어를 적극적으로 사용하여 폰 후텐에게 많은 영향을 주었는데, 이들은 상황에 따라 독일어와 라틴어를 섞어 사용했다. 고대 언어와 근대 언어의 장막은 충분히 투과할 수 있었다.

영어의 경우, 대부분 라틴어에서 유래한 3만 개의 새로운 단어가 1570년부터 1630년 사이에 영어에 들어왔다. 이는 역사상 어떤 시기보다도 많은 숫자의 외래어가 들어온 것이다. 영어는 이런 다량의 언어 유입을 견디고 여전히 영어로 살아남았다. 오히려 그런 체질 강화를 통해 국제어로 성장한 영어는 이제 복잡한 정치학, 과학 그리고 종교 등 모든 영역의 지식을 담아낼 수 있는 능력을 갖추게 되었다.

어느 곳에서나 자국어 성서는 문화적 민족주의의 창달을 위해 무척 중요한 도구였으며, 특히 신교도에게는 더욱 그랬다. 성서가 웨일스어로 번역되었다는 것(1588년)이 아마도 웨일스 언어와 문학이 브리스틀과 리버풀 같은 영어 사용 도시와 얼마 떨어지지 않았음에도 살아남을 수 있었던 유일한 이유일 것이다. 스코틀랜드에서는 성서가 랠런어Lallans라는 저지 스코틀랜드어 방언으로 번역·인쇄되지 않았던 탓에 스코틀랜드 문어의 지위가 낮아졌다.

영국은 특별한 경우에 속했다. 독일에는 이미 루터 이전에 18개 판본(14개는 고지 독일어판, 4개는 저지 독일어판)의 독일어역 성서가 있었다. 네덜란드에는 에라스뮈스가 아직 젊었던 시절에 한 개 판본의 네덜란드어역 성서가 있었다. 체코에도 1481년에 한 개 판본의 체코어역 성서가 있었다. 그러나 영국에서는 틴들이 1526년 신약 전부를 출판할 때까지 성서의 어떤 부분도 국내에서 인쇄된 적이 없었다. 틴들이 출판을 한 것도 해외 망명지에서였는데 보름스에서 외국의 인쇄기를 사용해서 찍었다. 따라서 영국은 최초로 완전한 영어 성서가 출판된 것을 보려면 1535년까지 기다려야만 되었다. 이 무렵 틴들은 이미 이단자로 낙인 찍혀 브뤼셀에서 교살된 뒤 화형에 처해졌다. 영국이 이런 무자비한 처사를 단행한 까닭은 국내에 자생적인 위클리프파 이단이 존재했기 때문이다. 이들은 위클리프의 한 제자가

14세기 후반에 번역한 성서를 사용했으며, 그 단편들이 비밀 집회에 참석하는 사람들 사이에 몰래 보급되어 읽히고 있었다.

이런 사정 때문에 틴들은 영국 사람들이 자국어로 된 성서를 가질 권리를 집요하게 주장했다. 하느님은 이스라엘 자손들에게 그들의 언어로 율법과 예언을 말했다. 사도들 또한 모국어로 전도했다. '그렇다면 왜 우리는 안 되는가?' 헨리 8세가 당시 틴들을 영국으로 데려오려고 정부요원이 회유했을 때 틴들은 이렇게 답했다. "만약 왕이 백성들에게 다른 나라 국민처럼 자국어 성서를 허용한다면 다른 어떤 책도 외국에서 출판하지 않겠다." 그렇게만 해 준다면 죽은 사람처럼 지내겠다는 뜻이었다. 틴들은 결코 귀국하지 않았지만 정신적으로는 귀국했다고 볼 수 있다.

틴들이라는 사람은 얼마 가지 않아 거의 잊혀졌으나 그가 번역한 성서는 여러 종류의 영어 성서 속으로 흡수되어 오늘날까지 전해지고 있다. 그의 사후 100년 사이에 영어 성서가 다량으로 인쇄되었다. 이중 다수가 당국의 출판 허가를 받았다. 이른바 1611년에 나온 흠정판은 90퍼센트가 틴들이 비극적인 죽음을 맞기 전 시간을 내어 번역한 것을 그대로 갖다 썼다. 간단히 말해서 흠정판은 다소 품위 있는 모습을 한 틴들역 성서라고 할 수 있다.

영국인의 성서주의(scripturalism, 자국어 성서를 발간해야 한다는 주의)에 대한 관심은 영어가 처음으로 문학 언어가 된 14세기 초서 시대에 일어났다. 하지만 영국인은 상당 기간 성서주의에 대한 관심을 억압당해 왔다. 그러다가 이제 영어 성서는 유럽 어느 곳에서도 유사한 예가 없을 정도로 종교개혁의 최고의 텍스트가 되었다. 빅토리아 시대의 어떤 역사학자는 셰익스피어의 생전에 영국인은 하나의 책—성서—의 국민이 되었다고까지 말했다. 현대의 서지학은 그렇게 말한 역사학자가 J. R. 그린임을 밝혀냈다.

17세기 중반까지 인구 비례로 볼 때 유럽의 어떤 지역보다 영국에서 더 많은 성서가 인쇄되고 팔렸다. 존 던에서부터 존 밀턴에 이르는 17세기의 시에는 성서의 섬세한 수사법과 비유가 흠뻑 스며들어 있다. 일상의 말에도 에라스뮈스의 격언과 어깨를 견줄 수 있을 정도로 성서의 구절이 많이 가미되었다. '하루의 노고와 더위(the burden and heat of the day, 힘든 일)', '더러운 돈(filthy lucre, 부정한 소득)', '하느님이 금한다God forbid', '땅 위의 소금the salt of the earth', '당국(the powers that be, 當局)', '먹고 마시고 즐겨라eat, drink and be merry' 등, 모두 틴들이 만들어 낸 표현이다.

물론 이것은 성서라는 책자에만 해당되는 문제가 아니었다. '백성들이 알아들어야 한다'는 원칙에 따라서 1549년부터(1550년대 메리 여왕의 짧은 치세 기간에 중단된 적도 있다) 영국국교회의 예배는 완전히 영어로 행해졌다. 이것은 언어와 국민과 종교 의식意識 사이에 강한 연대를 형성하였다. 17세기 중반 영국 국민의 다수가 성서만큼이나 기도서Prayer Book에 강한 사랑을 느꼈다. 현대인에게는 이상하게 보일지 몰라도 이런 사랑 덕분에 찰스 1세가 청교도에 장악된 의회에 대항하여 왕당파 군대를 일으킬 수 있었다.

이처럼 영국이 특별하기는 했지만 그렇다고 해서 유일한 경우는 아니었다. 루터의 독일어 성서는 틴들의 영어 성서가 그렇듯이 독일어의 역사에서 커다란 사건이었다. 루터의 성서는 독일어 산문을 멋지게 구사한 최초의 예술품이었다. 틴들의 경우에도 그렇지만, 루터가 이룩한 성과도 구어에 가까운 문어에서 나타났다. 루터의 문어는 투박한 방언과 일반인에게는 지나치게 고상한 언어, 이렇게 둘 사이의 중간쯤에 위치했다. 그는 '가정의 주부와 거리의 아이들에게 말을 묻고, 그들의 대답을 들은 후 그들의 말투에 따라서 번역해야 한다'고 썼다.

루터의 성서 덕분에 중남부의 이른바 고지 독일어는 북부의 저지 독일

마르틴 루터의 초기 성경책

어와 기타의 방언을 누르고 훨씬 더 우세한 언어로 부상했다. 애국심의 열
정에 타올랐던 어떤 사람은 루터의 신약성서가 1522년에 출판된 것을 보
고 편지에서 이렇게 말했다. '하느님은 말씀을, 다른 나라 사람들이 아니라
우리 독일인들에게 주었다.' 그리하여 루터의 신약성서도 독일 사람들의
책이 되었다.

　그러나 독일 사람들만 자국어를 얻은 것은 아니었다! 16세기에 들어와
신생 유럽 국가의 국민들은 거의 모두 자국어 성서를 갖게 되었다. 그리고
거의 모든 경우에 있어서 자국어 성서의 출간은 방언의 퇴보와 표준어의
발달을 뜻했다. 이런 맥락에서 의미심장한 성서가 또 하나 있다. 바로 1579년
과 1593년 사이에 보헤미아의 크랄리스에서 출간되어 '체코 고어古語의 가
장 훌륭한 모범'이라고 칭찬을 받았던 체코 성서였다.

　그러나 어느 나라에서든 정부 당국과 고위 성직자들은 신경을 곤두세웠다. 무식하거나 반쯤 무식한 사람들이 잠재적으로 위험성이 있는 책(성서)을 쉽게 접하게 된 것은 골칫거리였다. 특히 번역 성서의 서문과 해설문을 통해 신교의 편향된 주장을 펼칠 때에는 심각한 문제였다. 영국 왕 헨리 8세는 이런 위험을 피하려고 성서를 왕 자신에 대한 복종의 지침서로 규정했다. 이와 유사한 사례가 스웨덴에서도 있었다. 스웨덴어로 신약성서가 번역된 때는 1526년이었으며, 신구약의 완역은 1541년에 이루어졌다.

프랑스에서는 국민의 성서로 합의된 번역 성서는 없었다. 그러나 샤를 5세 황제는 특별히 루터파적 요소가 들어가지 않는다는 조건을 붙여서 프랑스어와 플랑드르어 성서를 안트베르펜에서 출판하는 것을 허용했다. 신교의 스페인어 성서도 있었는데, 스페인의 중부 지방인 카스티야의 말로 된 판본으로 전직 수도자였던 카시오도레 데 레이나가 번역한 것이다. 이 성서는 당연히 스페인 내에서는 금지되었기 때문에 1569년 바젤에서 인쇄되었다.

16세기는 자국어 성서의 발간으로 각국의 사회적·문화적·사상적 정체성이 확립되던 시기였다. 이렇게 볼 때 '텍스트는 사람을 만들어 낼 수 있다'는 고인이 된 에이드리언 헤이스팅스의 주장은 정말 맞는 말이다. 텍스트 중의 텍스트인 성서는 '국가의 정체성이 상상되는 최상의 렌즈'이고, 더불어 '국가가 자신의 이미지를 정립하는 거울'이었다.

4
루터는 복음을 발견하고 교회에 도전하다

종교개혁에 대한 최초의 공식적 역사학자였던 요한 슬라이단J. Sleidan은 1555년에 이렇게 썼다.

이 책 속에서 내가 서술한 변화는 그것을 명확하게 이해하는 사람이라면, 최상의 감탄과 경이감을 느낄 것이다. 그것의 시작은 시시하고 거의 하찮은 정도였다. 한 개인이 혼자서 한동안 전세계의 증오와 폭력을 온몸으로 떠안았다.

이러한 설명은 엄청난 사건들이 별 볼일 없는 한 개인의 하찮은 도전에서부터 시작되었다는 신화를 퍼뜨렸다. 그 시시한 개인이 얼마 안 되어 독일의 영웅으로 찬미받게 되는 마르틴 루터였다. 루터의 인생은 인간의 허약함이 하느님의 힘으로 강건해진다는 성서적 신화의 복사판이었다. 가령 양치기 소년인 다윗이 돌팔매 끈과 돌 다섯 개를 가지고 골리앗을 대적하여 이긴 것과 비슷한 이야기다. 물론 여기서 골리앗은 쉽사리 교황으로 대체될 수 있다.

루터는 복음이라는 것을 찾아냈다고 또는 다시 찾아냈다고 주장했다. 그가 무엇을 발견했는가? 언제 발견했는가? 그의 새로운 시도는 얼마나 독창성이 있는가? 루터의 사상과 대학 강의는 교회의 관행을 비판하는 그의 공적인 역할과 어떻게 상호작용했는가? 또 그것이 교회의 부정적인 대응과 어떤 관련을 갖고 있는가?

이러한 질문들이 오랜 기간 루터에 관한 연구를 주도해 왔다. 이런 루터 산업産業의 열풍에 힘입어 어느 한 해에는 루터 관련 논문이 1,000편이 넘게 쏟아져 나왔다. 논문 속에 나타난 관심의 중심은 '탑의 체험Turmerlebnis'이라고 하여 루터가 수도원의 한 탑(monastery tower, 정확하게는 탑 속에 있는 방) 속에서 겪었던 체험이었다. 그 체험이 무엇이었고 언제 일어났는가? 이 작은 수수께끼는 좀 더 큰 질문을 낳는다. 루터가 말하는 복음이란 도대체 무엇인가? 신교의 본질은 한마디로 말해 무엇인가?

이런 질문에 대한 일부 대답은 루터에게 신학을 가르쳤던 사람들에게서 얻을 수 있을 것이다. 루터가 후에 그들에게 반기를 들긴 했지만 그래도 그의 사상이 형성되던 초창기에 받았던 스승들의 영향을 완전히 털어내지는 못했다. 루터의 스승들은 유명론Nominalism[1]을 지지하는 신학 교수들이었으

---

1 현대의 해체주의자들은 어떤 말과 그 말에 내포된 특질은 서로 일치하지 않는다는 입장을 취한다. 이 것을 유명론에 대입시키면 말은 그저 말일 뿐 그 안에 어떤 보편적 특질을 갖지 않는다. 가령 '책상'이라는 말은 그저 '책상'일 뿐이지, 그 안에 책상의 이데아 혹은 책상의 공통적 특징을 갖지 않는다는 것이다. 여기서 오로지 이름(말)뿐이라는 뜻의 유명唯名이라는 용어가 나왔다. 이것을 상대적 입장인 실재론자 realist의 입장에서 보면, 어떤 물체가 '책상'이라고 불리는 것은 그 물건이 책상의 초월적 특징 혹은 책상의 공통성을 갖고 있기 때문에 책상이라고 불린다는 것이다. 좀 더 구체적으로 '사회'라는 단어를 가지고 양론을 설명하면, 사회 속에 있는 개인들과는 상관없이 사회라는 개념이 존재한다고 보는 것이 실재론이고, 사회 속에서 그 사회를 구성하고 또 그 작용을 느끼는 개개인들 내에서만 사회가 존재할 뿐 그 밖의 사회는 단어에 지나지 않는다는 것이 유명론이다. 20세기의 해체론자들도 말의 의미는 상황에 따라 계속 달라진다고 주장하고 있어서 극단적인 유명론과 상통하는데, 이 때문에 저자는 위와 같이 논평하고 있는 것이다. 루터의 유명론이 문제가 되는 것은 그것이 곧 실재론에 바탕을 둔 기존의 스콜라 철학에 대한 도전이기 때문이다. 스콜라 철학이 사변철학이었다면 유명론은 개인의 경험, 즉 개인에게 나타난 신의 모습을 더 중시하는 것이었다. 유명론은 후에 경험론으로 이어져 자연과학과 신학의 발달에 큰 도움을 주었다. 관념을 경험에 종속시키려는 이러한 태도 덕분에 물리학은 형이상학의 영역에서 해방되었다.

며, 튀빙겐 대학의 창설자인 가브리엘 빌G. Biel(1420~1495)의 제자들이었다. 현대의 해체주의자들과 약간 닮은 구석이 있는 유명론자들은 '보편자' 또는 '종種'의 존재를 부인했다. 이런 개념은 그것들을 구성하기 위하여 우리가 사용하는 말 이상의 의미를 지니지 않는다는 것이다. 신이란 이성으로는 알 수 없으며 단지 신앙의 문제일 뿐이다. 이것은 성 토마스 아퀴나스 등의 스콜라 철학에 바탕을 둔 사변思辨 신학의 전 체계를 위협하는 사상이었다.

그렇다면 이런 스승들을 통해서 루터가 분별없고 비이성적인 교리의 신학을 터득했단 말인가? 하기는 루터에게 우호적인 현대의 '초교파주의' 가톨릭 교도 중에는 그렇다고 주장하는 사람들도 있었다. 그래야만 루터를 나쁜 신학의 죄 없는 희생자로 만들어 훨씬 포용하기가 쉽기 때문이다. 그러나 루터가 배웠던 신학은 전혀 나쁘지 않았을지도 모른다. 유명론자들은 이렇게 말한다. "신에 관한 한 우리 인간은 하느님이 우리에게 알려 주기로 선택한 것(계시)만을 알 수 있을 뿐이며, 그것을 조금도 의심하지 말고 받아들여야 한다. 또한 하느님은 진리를 말하고 언약을 지키는 일관성 있는 분이라고 기대할 수 있다." 유명론의 이런 주장을 지지했다는 점에서 루터는 분명 유명론자였다.

그러나 루터가 자신의 종교를 확립하게 된 것은 스승들 덕분이 아니었다. 그의 신앙이 시작되는 곳은 대학의 강의실이 아니었고, 굳이 말하자면 어머니의 품이었다. 루터의 어머니는 누구였는가? 가톨릭은 그녀가 공중목욕탕의 하녀(창녀와 같은 말)였으며 악마와 심심찮게 섹스를 했다고 믿었다.2 그런 중상은 일단 접어놓고 과연 그녀는 마르가레테(한나라고 불렸음)

---

2 이렇게 중상한 것은 루터가 인간의 자식이 아니라 사탄의 소생이라는 것을 강조하기 위한 것이다.

지글러였는가 아니면 한나 린데만이었는가? 그녀가 린데만 집안사람이라고 확인된 것은 의미가 깊다. 이 집안은 아이제나흐 지방에 있던 튀링겐 시의 존경받는 중산계급에 속했으며, 루터의 외사촌들이 직업으로 삼았던 법률가, 의사, 학자 등을 배출했다.

한나 린데만은 자신보다 낮은 계급이었던 한스 루터와 결혼하여 그의 아내가 되었다. 이 남자는 농부 집안 출신으로 남에게서 빌린 돈으로 사업을 하여 출세했으며 이판암에서 구리를 캐는 광산을 운영했다. 한나 린데만은 결혼하기 전 친정집에서 땔나무를 모으지 않아도 되었다. 그러나 이보다 더 중요한 사실은 그녀의 친정 집안이 아들 루터에게 많은 도움을 주었다는 것이다. 루터는 집에서 다녔던 만스펠트에서 훌륭한 교육을 받았다. 그 후에는 마그데부르크에서(공동생활형제회와 함께), 마지막으로는 아이제나흐에서 외가의 친척들과 어울려 교육을 받았다. 외가 친척들은 이 영리한 소년을 에르푸르트 대학에 보냈다.

루터의 종교적 감정이 처음으로 일어난 곳은 아마도 아이제나흐의 한 교회에서였을 것이다. 루터가 들었던 설교는 청중의 감정에 자극을 주기 위하여 준비된 것들이었다. 주제는 죄와 회개에 관한 것이었다. 구원은 오직 참회를 통해서만 가능했다. 당대에 활약했던 위대한 설교자로 가일러 폰 카이저베르크Geiler von Kaiserberg(1445~1510)가 있었다. 그를 위해 만든 설교단이 아직도 슈트라스부르크의 성당에 있다.

이 사람을 포함하여 당대의 위대한 설교자들은 구원을 위해서는 신의 무상無償의 용서만 있으면 된다는 것을 알았다. 하지만 그들은 당시와 같은 사악한 시대에서는 신의 용서를 너무 중시하지 않는 것이 최선의 길이라고 믿었다. 더불어 그들은 세례자 요한처럼 사람들에게 회개하고 앞으로 닥쳐올 진노를 피해 회개의 열매 맺을 것을 경고하는 것이 더 낫다고 생각했다. 그들이 볼 때, 삶은 죽음 전에 펼쳐지는 짧은 이야기에 지나지 않았다. 어떤 설교자가 말한 대로 '죄인은 죽음을 향하여 다가가고 있는 것이다.'

우리가 알고 있는 루터를 만든 것은 그를 법률학교에 보낸 아버지의 야망과 어머니의 깊은 신심이었다. 죽을 뻔했던 경험을 한 후('성 안나시여 저를 도와주소서! 수도자가 되겠나이다') 그는 어머니의 영향으로 법률 공부를 집어치우고 수도원으로 갔다. 루터의 내면 심리에 대하여 알려진 객관적 증거만을 놓고 볼 때, 프로이트식의 루터 심리 분석 ─ 가령, 독일계 미국 정신분석학자인 에릭 에릭슨E. Erikson3의 한때 유명한 저서 『청년 루터Young Man Luther』(존 오스번의 희곡 『루터』의 원작 논문) ─ 이 타당한지 의심스럽다.

물론 이렇게 말한다고 해서, 청년시절의 회심을 위한 루터의 투쟁이 오로지 신을 상대로 하여 벌어졌고, 부모(에릭슨은 루터에게 어머니가 있었다는 것을 몰랐다)와 무관하다고 주장한다면, 그것은 어처구니없는 전도된 환원론이 될 것이다. 무엇보다도 신학자였던 루터는 우리 인간이 격리된 정신적 영역에서가 아니라 육체적 요구와 사회적 관계 속에서 산다는 것을 알고 있었다.

수도원은 루터의 정신적 탐구의 시작이었지 끝이 아니었다. 그는 자신이 한때 추구했던 극단적인 금욕주의를 여러 번 언급했다. 하지만 만년에는 그것이 하느님을 즐겁게 하기는커녕 헛되고 비생산적인 시도였다고 보았다. 하느님은 결코 인간의 노력으로 달랠 수 있는 그런 존재가 아니었다.

---

3 에릭슨은 그의 저서 『청년 루터』에서 루터의 저돌적인 투쟁 정신이, 아무것도 없는 곳에서 금광을 캐내려 했던 광산 탐사자로서 의심이 많았던 아버지에게서 물려받은 것이라고 진단하면서, 루터의 성격을 아버지와의 갈등 관계라는 관점에서 해석하고 있다. '에릭슨은 루터에게 어머니가 있었다는 것을 몰랐다'라는 지적은 이런 부자 관계 일변도의 해석을 꼬집은 것이다.

루터는 설교를 듣고 신학을 배운 뒤 구원이 신의 은총과 관련된 것이지, 미덕의 삶을 통해 얻을 수 있는 어떤 것이 아니라고 깨닫게 되었다.

그러나 은총이 어떤 사람에게 미치기 위해서 그 사람은 자기가 할 수 있는 것을 모두 해야 할 필요가 있다. '네 안에 있는 모든 능력을 다 발휘하라 *facere quod in se est*.' 루터는 자신이 과연 얼마만큼 열심히 노력을 했는지 알 수가 없었다. 그는 이 문제에 거의 유아론唯我論4에 가까울 정도로 몰입했으며 은총을 받으려고 정말 애타게 분투했다. 그리하여 루터의 생생한 표현을 빌리면, 그의 영혼은 스스로의 내부를 향하여 치열하게 파고들었다. '자기 속을 향하여 파고들다*curvatus in se*.'

신을 위한 이 투쟁에 대하여 루터가 사용한 독일어5는 그에 상응하는 영어보다 훨씬 더 치열하다. 영어로 이것을 '유혹*temptation*이라고 하는 것은 적당하지 않다. 현대인은 하느님의 진노에 맡겨졌다는 것이 어떤 느낌인지 파악하기가 어렵다. 하느님이 한편에서 그의 양심을 맹공격했다면 악마는 다른 편에 서서 그를 괴롭혔다. 사탄과 싸움을 벌인 루터는 신에 다가가기가 더욱더 어려웠을 것이다. 그 싸움은 경멸에 차고 똥오줌같이 더러운 욕으로 표현되었다. '악마야, 그것으로 만족하지 못한다면 나는 또한 똥 누고 오줌도 누었다. 네 이놈 악마야, 네 입을 갖다 대고 내 똥을 한 입 꽉 물어라.'

설교에서 이런 종류의 언어를 구사했던 사람이 자기가 속한 수도회의 11개 수도원들을 관리하고 있었다니! 우리는 또한 루터가 잉크병을 악마에게 던졌다는 얘기도 듣고 있다. 그러나 그가 악마에게 똥을 누었다는 말

---

4 유아론은 이 세상의 모든 것을 인식하는 주체는 바로 '나'뿐이라는 입장으로, 여기서는 루터가 신의 은총을 받기 위해 치열하게 애쓴 노력을 알 수 있는 사람은 바로 자신뿐이라는 뜻으로 썼다.

5 Anfechtungen은 공격, 논란, 논박, 유혹, 시련 등의 의미이다.

은 대부분의 책 속에 나와 있지 않아 모르고 있다. 점잖은 16세기의 독일은 그런 말을 검열했던 것이다.

루터를 이런 정신적 곤경에서 구해 준 사람은 아우구스티누스 수도회의 선배이며 정신적 지도자였던 요한 슈타우피츠J. Staupitz였다. 그는 당대의 걸출했던 학자이자 인기 높은 설교자였다. 회개는 신의 사랑으로 끝나는 것이 아니라 바로 그곳에서 시작되는 것임을 깨닫도록 루터에게 일러준 사람이 바로 슈타우피츠였다. 중요한 것은 신으로 하여금 우리를 사랑하도록 만드는 것이 아니라 우리가 신을 사랑하는 것이다. 그리스도의 상처는 그분이 우리를 사랑한다는 충분한 증거이다.

이것은 신학계에서 벌어진 코페르니쿠스적 혁명의 시작이었다. 이런 통찰의 원천이 성 아우구스티누스였는지 여부는, 비록 그럴 것 같기는 하지만, 박식한 신학자들에게 넘겨줄 문제이다. 이보다 한결 확실한 사실은 슈타우피츠가 루터에게 박사 학위를 취득하고 신설된 비텐베르크 대학에 부임하여 신학을 가르치라고 고집스럽게 권유했다는 것이다. 슈타우피츠 자신이 비텐베르크 대학의 신학부 학장이자 성서신학 교수였다.

루터는 1508년부터 비텐베르크 대학의 인문학부에서 가르쳤다. 로마로 여행하는 동안은 잠시 학교를 휴직했다. 로마 여행은 그의 세계관을 부수었을 수도 있고 그렇지 않았을 수도 있다. 단지 그가 당대의 라스베이거스에 해당하고, 르네상스 시대의 교황들이 사는 로마에서 선량한 독일인 가톨릭 교도로서 방정한 행동을 했다고 말하는 것으로 충분하리라. 1512년 그는 신학박사가 되었으며 과로에 지친 슈타우피츠의 자리를 이어받았다. 슈타우피츠가 젊은 수도사의 정신적 침체를 치료할 수 있는 길은 열심히 일하는 것뿐이라고 권유했다는 것은 우리의 지나친 공상일까? 아주 드물게 자리를 비운 경우를 제외하고 루터는 차후 30여 년 동안 여러 세대의 학

페르디난드 파울러스, 마르틴 루
터가 95개 논제를 비텐베르크 교
회의 문에 못 박다, 1872년.

생들에게 주 2회 성서 강의를 했다. 종교개혁은 바로 이런 강의 중에 일어
났다.

루터는 스콜라주의 신학과 아리스토텔레스에 기반을 둔 스콜라주의의
철학적 기초를 공격하는 것으로 포문을 열었다. 루터의 강의는 학문적 수
정주의를 역설하는 여느 과목과 같은 정도로 대중의 관심을 끌었다. 성서
해석학에 관한 지속적인 강의를 통해서 이제 그는 성서 텍스트의 의미를
캐는 데 온 힘을 쏟았다. 이것은 그가 가르치는 학생들, 일요일마다 설교를
들으러오는 비텐베르크 주민들, 그리고 무엇보다도 루터 자신을 위한 연
구였다. 그의 강의는 제일 먼저 시편에서 시작하여 로마서, 갈라디아서, 히
브리서 그 다음에 다시 시편으로 되돌아왔다(1519년).

종교개혁에 관하여 좀 아는 사람들은 이러한 성서 읽기의 노정에서 획
기적인 구두점이 하나 찍혔다는 것을 알 것이다. 그것은 1517년 10월의 일
이었다. 루터는 바로 이 가을에 교황의 면죄부 판매에 항거하는 95개 논제
를 써서 비텐베르크 교회의 문 앞에 붙였다. 면죄부는 글자가 인쇄된 종잇
조각으로서, 살아 있는 자나 이미 죽은 자의 속죄를 위해 연옥에 있는 시간
을 단축해 준다고 했다. 이것은 또한 독일인 추기경의 빚을 갚고 로마의 성

베드로 성당의 대대적인 재건축 경비의 조달을 목적으로 판매되었다.

당시 이런 노래가 유행했다. '금고 속에 떨어진 동전 소리가 울리자마자/연옥의 혼이 벌떡 일어난다.' 작센에서 교황 레오 10세의 면죄부를 판매한 민완의 세일즈맨 요한 테첼J. Tetzel이 사람들에게 노래의 내용대로 될 것이라고 선전하고 다녔다. 그에게 들어오는 면죄부 판매수수료는 교수 봉급 20배에 세일즈 경비를 추가로 계산해 주는 것이었다.

성서 신학과의 투쟁이라는 다소 개인적인 일이 어떻게 하여 대중적인 사건과 연관되었을까? '탑의 체험'을 과정이라기보다는 하나의 사건으로 못 박을 수 있다면 그것이 언제 일어났을까? 그것은 면죄부 판매 이전이었을까 아니면 이후였을까? 이전이라는 대답은 루터가 기존의 종교 체제에 대항하는 반동자가 되었다는 사실에 근거한 것이다. 이후라면 루터 신학은 그(루터)의 공격이 불러일으킨 대중성에서 힘을 얻었을 것이고 또 그처럼 공격한 신학적 문제를 더 깊이 성찰해야 한다는 필요에 의해서 추진되었을 것이다.

초교파주의의 열망에 사로잡힌 가톨릭 교도들이 좋아하는 이야기에 따르면, 루터는 95개 논제를 비텐베르크 교회의 문에 결코 붙이지 않았다. 교회를 무시하는 마음에서 그런 짓을 한 것은 더더욱 아니었다. 그는 단지 자신의 교구를 관할하는 추기경에게 합법적인 우려 사항을 공시했을(현대적 의미로는 기둥에 붙임) 뿐이었다. 그 추기경은 마인츠의 알브레히트로서 면죄부는 바로 이 추기경의 빚을 갚기 위해 판매되었다. 그러나 놀랍게도, 정말 놀랍게도 추기경은 그 논제들을 전혀 알지 못했다. 루터의 항의는 완전 무시되었고, 그 다음의 이야기는 이제 누구나 다 아는 역사가 되었다.

루터는 큰 깨달음의 순간에 대하여 여러 번 언급했다. 그런 말은 대개 식사 시간에 이루어졌는데 이것은 그 이야기가 진실한 것이었음을 보여 준다. 우리 자신도 진실이라고 여기는 얘기는 여러 번 되풀이하는 경향이 있지 않은가. 루터의 그 진정한 순간은 항상 「로마서」 1장 17절과 관계가 있다. "복음은 하느님께서 인간을 당신과 올바른 관계에 놓아 주시는 길을 보여 주십니다. 인간은 오직 믿음을 통해서 하느님과 올바른 관계를 가지게 됩니다. 성서에도 '믿음을 통해서 하느님과 올바른 관계를 가지게 된 사람은 살 것이다'라고 하지 않았습니까?"

그는 말년에 이 깨달음을 좀 더 자세히 들려준 적이 있다. 루터에 따르면 1519년 그가 시편에 관한 강의를 두 번째로 시작했을 무렵, 그는 마침내 「로마서」 1장 17절의 깊은 뜻을 깨닫게 되었다. 그때야 비로소 그는 신의 의로움은 적극적으로 징벌을 하기 위한 것이 아니라, 신이 우리들의 믿음을 통하여 우리들을 의롭게(신과 올바른 관계를 맺게) 하는 것임을 이해했다. 그 순간 루터는 다시 태어난 느낌이었다.

그런데 여기서 루터 연구자들에게 곤란한 문제가 하나 발생한다. 루터는 이런 견해들을 1519년 이전에 갖고 있었음에 틀림없다. 아마도 그가 시편을 강의할 무렵(1513~1515년)이거나 1515년 로마서를 강의할 무렵이었을 것이다. 이에 대한 증거는 부족하지 않다. 강의록이 남아 있기 때문이다. 그러나 강의록은 대답 대신 더 많은 질문을 불러일으킨다. 한편 루터 비평가들은 루터가 옛날부터 있어 왔던 정통 교리를 중언부언 재탕한 것에 지나지 않는다고 불평한다. 그러면서 루터 자신도 그런 사실을 분명 알고 있었으리라고 추론한다.

하지만 여기에는 엄연한 사실이 하나 존재한다. 무엇인가 하면, 루터는 자신을 키워 낸 종교에서 새로운 구원의 길을 발견했다는 것이다. 중세 교회는 개인의 참회를 너무 강조한 나머지 구원은 곧 인간의 노력으로 힘들게 벌어들여야 하는 것이라고 주장하기에 이르렀다. 이런 상황에서 개인의 노력보다는 예수 그리스도를 통한 하느님의 은총을 강조한 것은 가히 코페르니쿠스적 전환이라고 할 수 있는 것이다.

우리를 구원하는 것이 우리가 아니라 하느님임을 발견하는 것은 하나의 깨달음이다. 그러나 신과 맺는 올바른 관계6에 대한 루터 교리의 핵심은 단순한 교리의 차원을 넘어서서 우리가 구원을 받는 수단으로까지 나아간다. 어떤 사람이 하느님에게 귀의하기 위하여 지닌 능력이 아무리 사소할지라도 하느님의 은총이 그 사람에게 작용할 것이다. 다시 말해 연약한 불꽃에 바람을 넣어서 활활 타오르게 할 것이다. 그리하여 마침내 그 사람은 신의 은총으로 본성이 점점 단계적으로 변화된 사람으로서(말하자면 아담으로서) 신 앞에 마주 설 것이다.

그러나 이것은 핵심에 있어서 아우구스티누스의 교리이다. 따라서 가장 진정한 의미에서 가톨릭 신앙의 정수이지, 결코 루터의 최종적이고 성숙한 입장이 아니었다. 무엇보다도 아우구스티누스의 신학은 신과 올바른 관계를 맺는 것justification과 거룩하게 하는 것sanctification을 융합7(루터가 볼 때는 혼동)하여 서로 구분하지 않았다.

그러나 루터는 그 둘을 별개의 것으로 파악했다. 루터는 사상이 성숙해

---

6 의로움, 의화義化, 의인義認, 득의得義, 칭의稱義 등과 같은 뜻이다. 이하 이런 용어들이 동일하게 같은 뜻으로 혼용된다.

7 아우구스티누스는 이미 은총에 의해 의인이 되는 것에 대하여 설파했다. 구원은 하느님의 은총으로 그저 주어지는 것, 다시 말해 아무 조건 없이 주어지는 것이라고 설명했다. 그러나 이 은총은 하느님께서 선택한 자들에게만 주어지는 것이다. 그러니까 하느님은 형벌을 받을 자와 구원받을 자를 미리 예정한 것이다. 아우구스티누스의 이 예정론은 훗날 장 칼뱅에 의해 더욱 강화되었다. 아우구스티누스가 말하는 은총은 가톨릭 교회의 성사를 거칠 때에만 비로소 얻을 수 있는 것이다. 위에서 아우구스티누스가 의인이 되는 것과 거룩하게 하는 것을 융합했다는 것은 바로 이런 뜻이다. 그러나 루터는 주교에 의한 축성과 의화를 서로 구분하는 입장이었고, 그 대신에 자신의 믿음·성서·은총의 '3으로만' 신학을 내놓게 된다.

한스 홀바인 2세, 「면죄부 판매」, 1529년.

짐에 따라 우리가 구원을 얻게 되는 것은 또 다른 의화를 통해, 즉 예수의 의화를 통해 가능하다고 가르치게 된다. 그래서 오직 믿음만이 ─ 이 믿음 자체도 예수 그리스도를 통해 신이 거저준 선물이지만 ─ 이 의화를 꼭 붙잡을 수 있는 유일한 길이다. 따라서 '오로지 믿음으로만$_{sola\ fide}$'이라는 루터 신학의 핵심**8**이 정립되었다. 이것은 갑자기$_{auf\ einmal}$ 일어나는 것이지 조금씩$_{stücklich}$ 일어나는 것이 아니다. 이것은 결혼과 같다. 신랑인 그리스도는 비참하고 사악한 창녀를 신부로 택한다. 갑자기 신부는 그의 풍요로움을 얻고 그는 그녀의 비참함을 얻는다. 물론 죄인이 죄인의 상태를 벗어났다는 뜻은 아니다. 그러나 실제로는 이제 죄인으로 여겨지지 않는다는 것이다. 여전히 죄인이지만 동시에 신과 올바른 관계를 맺은 자$_{simul\ justus\ ac\ peccator}$

---

8 루터 신학의 3대 핵심은 위에서 나온 '오로지 믿음으로만$_{sola\ fide}$'이고 나머지 둘은 '오로지 성서로만$_{sola\ scriptura}$'과 '오로지 은총으로만$_{sola\ gratia}$'으로서, 기독교의 모든 권위는 성서에서 나오고 구원은 은총에서 온다는 것이다. 이에 대한 가톨릭측 반박은 이러하다. 믿음만을 말한다면, 선행을 게을리 하게 되어 신자들이 태만해진다. 성서만으로 믿음을 따진다면, 누구나 자신의 주관적 견해에 따라 성서를 해석하게 되어 결국 중구난방이 된다. 은총만으로 구원을 얻게 된다고 말하면, 신자 개인의 자유로운 의지를 말살하게 된다. 여전히 죄인이지만 의화된 자는 법률 용어로 설명하면 이렇다. 피고(인간)가 유죄인데도 하느님이 그에게 무죄를 선언했다는 말인가? 아니다, 하느님은 인간의 죄를 그대로 둔 채 아예 고소 자체를 취하하기로 결정한 것이다.

가 되는 것이다.

이렇게 말한다고 해서 선행이 필요 없다는 뜻은 아니다. 그렇지만 선행은 구원을 얻기 위해 필수적인 것은 아니다. 만약 그렇다면 선행이란 이기적이고 노예적인 동기에 매인 것이 되고 말지 않겠는가. 선행을 통해 마음이 기쁘고 마음에 감사가 넘치며 일체의 거리낌이 없어진다. 영국의 루터파인 윌리엄 틴들은 이렇게 썼다.

신과 올바른 관계를 맺은 자(의롭게 된 자)가 선행을 반드시 해야 하는가 하는 문제를 제기해서는 안 된다. 왜냐하면 그는 이미 선행을 했으며 그의 본성이 의화되었기 때문에 앞으로도 영원히 선행을 할 것이기 때문이다.

이신득의(以信得義, 믿음을 통해서 신과 올바른 관계를 맺는다)라는 루터의 교리는 인류를 도덕으로부터 해방시켰다. 그러나 동시에 인류를 진정으로 해방시켜 더욱 도덕으로 나아가게 했다. 루터는 자신의 매우 호소력 있는 저서 「그리스도 교도의 자유에 대하여Von der Freiheit eines Christenmenschen」 (1520) 에서 이런 만고불변의 통찰을 간단히 요약하고 있다.

그리스도인은 삼라만상을 지배하는 완전히 자유로운 주인이며 그 누구의 지배도 받지 않는다. 동시에 그리스도인은 삼라만상에 대하여 완전히 책임을 지는 종이며 그 모든 것의 지배를 받는다.

어쩌면 현대의 기독교 신자들이 다 알고 있을지도 모르는 신학 사상을 이처럼 자세히 설명한 것에는 나름대로 이유가 있다. 왜냐하면 신교와 구교의 차이가 바로 거기에 있기 때문이다. 종교개혁으로 형태를 잡은 프로테스탄티즘과 트리엔트 공의회에 의해 재편성된 가톨릭주의는 그 후 서구 문명의 두 가지 양태로 자리 잡았다. 그 둘 사이의 간극은 본질적으로 인간을 어떻게 볼 것인가 하는 차이였다. 인간이란 무엇인가? 신의 형상을 한 인간의 창조가 계속하여 앞을 향해 진척되다가 그리스도의 인간 구원 — 반종교개혁 매너리스트 화가들의 회화와 화려한 바로크풍의 교회 건물이 우리에게 들려주는 '영광의 신학'의 메시지 — 속에서 영광스럽게 완성되는가?(가톨릭주의) 아니면 인간은 하느님의 말씀에 귀 기울이는 비천한 창조물로서, 신의 압도적인 은총 없이는 버러지에 불과한 존재인가?(프로테스탄티즘)

이러한 신교의 사상은 구원의 말씀에 귀 기울이며 그것을 담는 그릇에 지나지 않는 검박한 신교의 예배당 건물에 잘 반영되어 있다. 양자의 차이는 또한 화려한 루벤스와 수수한 렘브란트의 차이이다. 엘 그레코가 그린 「오르가스 백작의 장례식Burial of the Count de Orgaz」(톨레도의 예배당 소장)을 생각

엘 그레코, 「오르가스 백작의 장례식」, 1586년.

해 보자. 지상에서 경건한 귀족이 교회 병사들에 둘러싸여 죽어가고 있으며, 동시에 하늘나라에 올라간 그는 벌거벗었지만 영광스러운 인간의 모습으로 묘사되었다. 렘브란트의 검소한 가정의 내부를 그린 그림 하나를 생각해 보자. 한 그림은 영광스러운 교회, 다른 그림은 세속적이고 피동적이며 수용적인(귀 기울이는) 교회를 표현

하여 좋은 대조를 이룬다.

그러나 95개 논제를 '붙이던'(붙였건 아니건) 1517년 10월 31일 당시의 루터는 아직 이 지점에 도달하지 못했을 수도 있다. 이런 일차적 항의 이후에 루터에게 벌어진 일들의 결과로, 서구 기독교가 신학상의 사소하지만 아주 중요한 점을 중심으로 둘로 쪼개어진 것인지도 모른다. 1517년 10월 전에 시편과 로마서를 강의했던 루터는 그리스도의 구원 사업은 여전히 우리들의 노력 혹은 우리의 온유한 자기비하에 의해서 추진된다고 믿었을지도 모른다. 신자 개인이 몸을 낮추어(자신의 참회와 고행을 통하여) 그리스도와 함께 낮은 곳으로 내려가자는 것은 중세 후기 기독교의 강력한 주제였다. 구원은 '외부'에서 오는 것 혹은 '외부'로 돌릴 수 있는 그런 것이 아니라, 내적으로 체험하고 자신에게 귀속시키는 것이었다.

이런 치열한 개인적 고행의 강조는 루터가 '값싼 은총'의 거래라고 말했던 면죄부 판매에 대한 비난과도 일맥상통한다. 95개의 논제는 하나같이 이 주제를 반복한다. '그리스도인들은 배워야 한다', '평화롭지 않을 때 그리스도인들에게 "평화, 평화"라고 말하는 모든 예언자들을 멀리하라'(91항), '십자가가 없는데 그리스도인들에게 "십자가, 십자가"라고 말하는 예언자들을 모두 쫓아야 한다'(93항), '그리스도인들에게 고통과 죽음과 지옥에 처해서도 그들의 머리가 되는 그리스도를 쫓아가기를 갈망하도록 권유해야 한다'(94항).

'십자가의 신학theology of the cross'은 어떤 경험이나 통찰이 새롭게 들어서기 전이나 후에도 계속하여 루터 신학이라는 음악의 최저음부를 이루었다. 신은 숨어 있다Deus absconditus. 숨은 신은 가면을 썼으며 역설을 통해서만 모습을 드러낸다. 예를 들면 구유 속의 아기, 십자가에 매달린 사람, 성만찬의 현존(임재) 등이다. 신은 고단한 가정생활의 일상 중에, 국가가 범죄자에게 형벌을 가하는 가운데에, 그리고 전쟁 안에 있다. 루터가 만약 20세기에 환생했더라면 홀로코스트(나치 독일의 유대인 대학살)에서도 신을 찾았을 것이다. 신은 세계 밖에 있지 않으며, 단지 세상이 악마의 유혹에 빠지는 것(Teufelsreich, 악마의 통치)을 허용했을 뿐이다. 오로지 믿음이 있어야만 세상 안에서 신을 볼 수 있다. 이렇게 루터는 생각했다.

사람들이 그에 대해서 어떻게 말하든 또 근래의 전기 작가들이 그를 '서구 문명사의 비극'이라고 불렀든 말든, 루터는 신학의 천재였고 음악의 요한 제바스티안 바흐와 함께 루터교라는 동일한 주제의 두 변주곡이었다.

1517년 10월 31일에 일어난 사건은 어둠 속에서 교회의 탑으로 올라가는 길을 더듬어 찾고 있는 한 남자 — 그가 밧줄을 잡고 종을 치자 온 마을 사람들이 깨어난다 — 에 비유되었다. 루터가 95개의 논제를 작성한 것이 단지 학문적 논의를 일으키기 위한 의도였는지, 아니면 교회를 무시하는 표시로서 그것을 '붙였는지' 여부는 몇 달도 되지 않아 아무런 상관없는 일이 되어 버리고 말았다. 95개의 논제는 인쇄업자의 손으로 들어간 지 얼마 후 독일 전역의 대중에게 라틴어뿐만 아니라 독일어로 널리 읽혔다. 마치 인쇄술이 발명된 이래 60년 동안 이 순간을 바라며 제자리에 서서 기다리고 있었던 것 같았다.

독일의 인쇄물 양은 1518년과 1524년 사이에 여섯 배가 증가했다. 인쇄된 총량 중 놀라울 정도로 많은 부분이 루터의 저작이다. 약 30종의 저서로 발행 부수는 3만 권이었다. 1518년 3월, 한 친구에게 쓴 루터의 편지 구절은 때늦은 감이 있었다. '95개 논제에 대해서 말하건대 나 스스로도 의심이 가는 구석이 있다.'

1521년과 보름스 제국의회의 시점에서 뒤돌아볼 때 사건들이 냉혹한 논리에 따라 일련의 장면들로 이루어진 드라마처럼 전개되었다. 공평한 관찰자라면 그 사건(95개 논제를 교회 기둥에 붙인 것)은 당초에는 두 수도사 집단 사이의 다툼에 지나지 않는다고 생각했으리라. 그 두 집단은 루터가 속한 교단(아우구스티누스 수도회)과 도미니크 수도회를 가리킨다. 도미니크 수도회는 당연히 자신들의 교단에 속한 면죄부 발행자인 테첼 수도사를 방어하려고 반발했다. 그러나 곧 로마에서 이 소식을 듣게 되었으며 루터는 이단 용의자로서 해명하라는 요청을 받았다. 그는 쇠줄에 묶이어 로마로 끌려갈 수도 있었다. 그러나 로마 대신에 교회의 고위지도자인 도미니크 수도회의 총회장, 카예탄Cajetan 앞으로 출석하라는 소환 명령을 받았다. 이 사람은 교황의 전권대사로서 아우크스부르크 제국의회에 참석 중이었으며, 공동의 적 터키와 싸우기 위한 동맹을 지지해 달라고 두루 유세하는 중이었다. 당대의 뛰어난 신학자 카예탄은 일개 독일 수도사가 굴복은 하지 않고 자기 주장을 고수하며 논쟁을 제안하자 당황하며 분노했다. 루터는 재빨리 아우크스부르크를 탈출하여 비텐베르크로 돌아왔다.

루터가 카예탄과 면담 후 살아남아 보름스 제국의회에 출석했다는 사실은 신학과는 관계없고 오로지 정치적인 문제와 관련된다. 당시 신성로마 황제, 막시밀리안 1세는 죽음이 임박했다. 루터의 영주 작센의 현공 프리드리히 3세는 선제후였다. 로마교황청은 또 다른 합스부르크 가문의 출신이 황제에 오르는 것을 막기 위해서는 프리드리히의 협조를 얻어 내야 하는 형편이었다. 그러나 1519년 6월 막시밀리안 1세의 조카인 카를 5세가 황제로 적법하게 선출되었다. 곧 잊혀지고 종결되어 버린 유럽 정치의 미묘한 작용 덕분에 루터는 살아남아 교회를 파괴할 수 있는 기회를 잡았다. 또한 프리드리히는 자신이 건립한 대학에서 굉장히 유명했던 이 교수를 늑대들에게 던져 줄 마음이 없었다. 아마도 루터의 친구였던 비서 슈팔라

틴의 설득이 작용했을지도 모른다. 그러자 로마는 루터를 다루기 위해 새로운 사절을 보냈다. 새 사절은 학문적 깊이는 없지만 온화한 성품의 외교관 카를 폰 밀티츠로서, 이탈리아의 화려함에 물들어 천박해진 독일인이었다. 루터는 밀티츠의 속셈이 무엇인지 꿰뚫어 보았지만 대중 앞에서 말을 삼갈 것을 약속했다.

일련의 사건 중 그 다음에 오는 (그렇지만 아주 중요한) 장면이 1519년 7월 라이프치히에서 벌어졌다. 토론에 능숙한 잉골슈타트 대학의 총장 요한 에크 박사와 비텐베르크 사람들 간에 본격적인 논쟁이 벌어졌던 것이다. 이 자리를 주선한 사람은 또 다른 작센 영주인 게오르크 공작이었다. 루터는 직접 논쟁에 참여하지 않기로 되어 있었다. 그러나 논쟁이 시작된 지 며칠 후 그가 토론장에 나왔을 때 그 결과는 극적이었다. 에크는 좋은 기회를 잡았다면서 토론의 주제를 위험한 주제로 옮겨 갔다. 교황의 권위가 하늘에서 내려왔는가, 아니면 단순히 인간의 속성인가? 그러자 루터는 로마의 주교(교황)에게 복종하지 않는 동방 정교를 꺼내 들며 그리스 카드로 맞섰다.

그러나 이 논쟁에서 에크는 결정타를 한 방 날렸다. 루터를 얀 후스와 같은 부류로 몰아붙이는 데 성공했던 것이다. 이렇게 되자 루터는 보헤미아의 이단자들에게서 자신을 멀리하기는커녕 오히려 한 걸음 더 나아갔다. 후스와 그 추종자들이 유죄 판결을 받았던 교리들 중 "많은 것이 진정 그리스도교적이고 복음적이며 그것들을 보편(가톨릭) 교회가 비난할 수 없다"라고 선언했다.

이제 논쟁은 끝났고 인정사정없는 박해만 남았다. 에크는 공식 고발장을 작성하여 로마로 보냈으며, 1520년 6월 교황 레오 10세는 집행유예의 파문장을 교황 칙령인 '신의 부활Exsurge Domine'을 통해 발부했다. 이런 상황에서도 밀티츠는 일이 원만하게 풀릴지 모른다는 막연한 기대를 품고 있었다. 교황의 칙령이 독일에 도착하기 전 밀티츠는 루터를 설득하여 그의 논문 「그리스도 교도의 자유에 대하여」에 설명 편지를 동봉하여 교황에게 보내는 최소한의 외교적 조치를 취하도록 했다. '나는 교황 성하를 생각할 때마다 성하에 대하여 내가 아는 한의 선량하고 명예로운 말만을 했음을 자유롭게 맹세합니다.' 그러나 곧이어 그 가면은 미끄러져 내렸다. "나는 진정 교황 성하의 교구인 로마교황청을 경멸해 왔습니다. 성하께서나 그 누구도 그곳이 과거의 바빌론이나 소돔보다 더 타락했다는 것을 부인할 수 없습니다." 이쯤해서 루터는 결정타를 날렸다. '불행하고 가망 없으며 신을 모독하는 로마여 안녕!'

루터는 1520년에 두 편의 다른 선언문을 출판했다. 그것은 일종의 전쟁 선포였다. 그중 하나인 「독일 민족의 그리스도인 귀족들에게 그리스도인의 신분 개선에 관하여 보내는 글An Open Letter to the Christian Nobility of the German Nation Concerning the Reform of the Christian Estate」은 초판 닷새 만에 4,000부가 팔렸으며 곧바로 16판을 찍었다. 이 글은 황제에서 시작하여 독일의 세속 군주들에게 '로마파'를 위시하여 통치자의 권력 남용을 전체적으로 개선할 것을 요청했다.

이 서한은 불만 문학이라는 오래된 전통에 속하는 글이었으나, 청원의 신학적 기초는 새롭고 혁명적이었다. 당시에도 교황, 주교, 사제, 수도사, 수녀 등을 '종교적'이라고 하고 제후, 영주, 장인, 농부 등을 '세속적'이라고 구분했다. 루터는 이런 구별이 가짜라고 단정했다. '모든 그리스도인들은 누구든지 실제로 그리고 진정으로 단일한 종교적 계급에 속합니다. 그들이 각자 다른 일을 한다는 것 외에 그들 사이에는 그 어떤 차이도 없습니다.' 이런 주장에서부터 사제직priesthood이 아니라 목사직ministry을 강조하는 신교의 특징이 나타나게 되었다. 여기에 목사의 결혼, 종교적 사안에 대한 프로테스탄트 정부의 책임 등이 추가되었다.

　가톨릭 교회의 전반적 체제에 대하여 이보다 더 파괴적인 것은 또 다른 책, 「교회의 바빌론 유수에 관한 서곡」이었다. 이 책은 교회의 7성사聖事9를 '비참한 노예 상태'로 비하했다. 이러한 주장은 믿음을 통한 신과의 올바른 관계 맺기라는 최상의 원칙에서 논리적으로 연역된 것이었다. 특히 중세 가톨릭 교회의 신조와 관행의 정수인 미사 성례는 신앙의 실천이 아니라 흉내이며 그것을 신에 봉헌된 희생이라고 부르는 것은 완전한 착각이라고 선언했다. 고해성사도 독재의 한 형태였으며 회개의 제도는 '돈과 권력의 공장'이었다. 이 대담한 선언에 대항하여 영국 왕 헨리 8세는 『마르틴 루터에 대한 7성사의 옹호*Assertio septem sacramentorum adversus Martinum Lutherum*』를 썼다. 이것으로 그와 후대의 모든 영국 왕은 오늘날에 이르기까지 교황이 하사한 '신앙의 수호자'라는 칭호를 얻었다. 이것은 역사가 유머 감각이 없지 않음을 보여 주는 방증이다.

　이 두 책이 인쇄되자 교황의 칙령이 독일에서 공포되었고 루터의 책들은 불태워졌다. 1520년 12월 10일 오전 9시 비텐베르크에서는 이에 반대하는 시위가 있었다. 장작더미에 불을 붙인 후 교회법, 잡다한 교령집, 에크의 저서와 여타 루터 적대자들의 저서 더미를 불 속에 던져 넣었다. 끝으

---

9 7성사는 세례洗禮, 성만찬聖晚餐, 고해告解, 견신堅信, 임직任職, 결혼結婚, 종유終油를 말한다. 헨리 8세는 위의 문서를 1521년에 발간했는데, 이 당시만 해도 교황제의 열렬한 수호자였고 마르틴 루터를 깊이 경멸하고 있었다. 그러나 10년 후 후사 문제와 관련하여 캐서린 왕비와 이혼하려고 했을 때, 로마교황청이 허가를 해 주지 않자 로마 교회와 관계를 끊고 영국 왕을 영국국교회의 수장으로 하는 수장령을 1534년에 공포했다. 교황의 열렬한 지지자라고 공개적으로 선언했던 사람이 자신의 개인적 이익을 위해 교황을 배반하고 나섰으니 좀 우습게 된 것이다. 이것을 역사의 유머 감각이라고 완곡하게 표현하고 있다.

안톤 폰 베르너, 「보름스 제국회의에 선 루터」, 1877년.

로 루터가 앞으로 나와 활활 타오르는 불길 속으로 교황의 파문 칙서를 던졌다. 3주 후 교황 레오 10세는 루터를 결정적으로 파문하는 칙서를 하나 더 공포했다.

　그 후 4개월이 지나 1521년 4월 루터는 보름스에서 황제 카를 5세 앞에 섰다. 창문 벽감 위에는 수많은 그의 책들이 쌓여 있었다. 황제는 그 많은 책들을 모두 한 사람이 썼다는 사실을 좀처럼 믿으려 하지 않았다. 카를 5세와 교황의 대사인 알레안드로 사이에 맺어진 협상에 따르면, 루터는 토론을 벌이거나 자신을 변호할 기회가 없었다. 루터는 단지 자신의 이단을 철회하라는 일방적 명령만 받아들여야 했다. 놀랍게도 그는 이 문제를 하루 동안 생각할 수 있는 말미를 요청하여 허락을 얻어 냈다.

　다음 날인 4월 18일 저녁 6시, 사람들로 가득 찬 더운 방에서 오직 황제만 착석한 가운데 루터는 비타협의 위엄 있는 연설을 라틴어와 독일어로 했다. 의전관은 의심하지 말아야 할 것들을 토론하기 위해서 이곳에 나왔냐고 루터를 질책했다. '중세'가 말을 한 셈이다. 이에 '종교개혁'이 반박하고 나섰다. 하지만 루터는 저 유명한 말, '여기 내가 섰습니다Here I stand' — 이것

95

4. 루터는 복음을 발견하고 교회에 도전하다

은 아마 후대에 지어낸 말일 것이다 — 를 말하지는 않았지만, 그에 못지않은 인상적인 말로 대꾸했다.

성서의 가르침이나 명백한 이유에 의해서 내가 틀렸다고 증명되지 않는 한, 나는 내 양심을 저버리지 못하며 신의 말씀을 굳게 고수합니다. …… 그러므로 나는 그 어떤 것도 철회할 수 없으며 철회하지 않을 것입니다. 왜냐하면 양심에 반해서 행동하는 것은 안전하지도 그렇다고 유익하지도 않기 때문입니다. 신이시여 나를 도우소서. 아멘.

황제는 루터와 그 지지자와 사주자들을 모두 불법이라고 선포했다.

독일의 영주들이, 특히 루터의 영주가 황제의 포고를 실행에 옮기려고 했는지는 독일 정치의 특성을 감안할 때 별개의 문제였다. 황제는 루터의 확고한 태도를 존중했으며 비텐베르크로 돌아갈 수 있도록 조치했다. 그러나 루터가 그곳에서 안전하게 지낼 수 있다는 것을 보장하는 뜻은 아니었다. 비텐베르크로 돌아가기 전 며칠 동안 성과 없는 협상이 벌어졌다. 그 협상을 시작으로 하여, 크게 지적이지는 않을망정 아주 열정적인 적대자 요하네스 코클라이우스J.Cochlaeus와 루터 간에 평생에 걸친 논전論戰이 시작되었다. 그는 루터를 악마로 만드는 데에 앞장섰다. ('루터는 술과 여인을 갈망했다…… 그는 거짓말쟁이이며 위선자이고 겁쟁이에 싸움꾼이었다', 그리고 아주 놀랍게도 '그의 핏줄 속에는 독일인의 피가 한 방울도 없다.')

비텐베르크로 돌아오는 도중에 루터는 친구들에게 선의로 납치되어 실종자가 되었다. 친구들은 루터가 어린 시절 딸기를 땄고 아이제나흐를 바라볼 수 있는 바르트부르크의 한 성에 은신시켰다. 그곳에서 그는 우울증과 무서운 변비에 고생했고('나의 항문이 탈났다'), 수염이 텁수룩한 채로 신약성서를 번역했다. 그 밖에도 하도 많은 글을 썼기 때문에 그의 전기 작가 한 사람은 "루터가 한 해에 피라미드를 쌓기라도 한 것 같다"고 말했다.

이제 곧 기묘한 해로 기록될 1525년이 올 터였다. 그해에 농민전쟁이 일어났으며 루터가 결혼했고 에라스뮈스와 필전筆戰을 벌였다. 여기서 숲의 다른 곳에서는 어떤 일이 벌어지고 있는지 알아보기 위해 우리는 루터와 작별해야 한다. 우리가 루터에게 다시 돌아올 때에는 이런 질문을 던지게 될 것이다. 이제 우리는 루터가 말하고 있는 바를 안다(혹은 안다고 생각한다). 그런데 독일과 그 너머 땅에 사는 사람들은 그의 말을 어떻게 알아들었을까?

4.
루
터
는
복
음
을
발
견
하
고
교
회
에
도
전
하
다

5
종교개혁의
새로운 양상들

마르틴 루터가 없었다 해도 16세기에는 일련의 종교개혁을 위한 혼란스런 움직임들이 일어났을 것이다. 그리하여 거대한 일면암—面岩이었던 가톨릭 교회가 한 번 이상 분열을 겪었을 것이며 여기에 포괄적인 어구인 종교개혁이란 말이 덧붙여졌을 것이다. 그것은 역사상 실재했던 종교개혁과는 같지 않았을 것이다.

그렇지만 다시 역사의 장으로 돌아와서 볼 때 종교개혁이 곧 루터교는 아니었다. 루터는 하나의 대립교황이 아니었다. 이것은 루터가 1529년 슈트라스부르크에서 열린 신학 회담에서 직접 한 말이다.

나는 여러분의 군주도 아니고 재판관도 아닙니다. 슈트라스부르크에서 여러분이 가르치는 것은 내가 상관할 바가 아닙니다. 하지만 여러분이 나의 가르침을 받아들이지 않기로 고집하는 한 여러분을 나의 제자로 받아들일 수는 없습니다.

(루터에게 자기 주장과 자기 부정은 동전의 양면이었다.) 아무튼 루터 자신은 사건과 의견을 제한된 범위 내에서만 통제할 수 있었다. 1530년에 작성된

「아우크스부르크 신앙고백Augsburg Confession」1에서 교리상의 질서와 통일성의 원리를 도입한 사람은 루터이기보다는 필리프 멜란히톤P. Melanchthon이었다. 독일인의 교사praeceptor Germaniae라는 별명을 가진 멜란히톤은 비텐베르크 대학의 그리스어 교수였다. 「아우크스부르크 신앙고백」은 루터주의를 다듬고 규정했던 길고 혼란스런 과정의 시작이었다. 이 과정의 정점은 「합의서Book of Concord」(1580)이며 또 하나의 역사의 유머였다. 셰익스피어가 '고집센 루터파'라고 한 것도 결코 얼토당토한 말이 아니었다.2

종교개혁은 대체로 도시에서 일어난 사건이었다. 처음에 종교개혁은 스스로의 법칙을 제멋대로 규정했다. 설교자와 소책자 작성자는 모두 자신의 관점에 따라 하나의 개혁자로 자처했다. 다른 문화를 갖는 다른 지역들은 다른 양식의 개혁을 발명했다. 특히 스위스는 이 점에서 돋보였고, 슈트라스부르크를 포함하여 독일의 남서부 지방을 자신의 문화권으로 끌어넣었다. 소위 재세례파(재침례파)Anabaptists는 벌이 분봉하듯 여러 방면으로 흩어져 근거지를 일구고 법률과 정부의 속박을 떠나 자유를 누리려고 애썼다. 오늘날 광범위한 의미를 갖는 '급진주의자'라는 말이 그들에게 딱 어울릴 것 같다.

얼마 가지 않아 새로운 신학적 행성이 나타났다. 이것은 루터의 행성보다도 훨씬 더 강력한 중력으로 작용했다. 바로 프랑스인 장 칼뱅인데 그의

---

1 신앙고백서라는 문서를 말함.

2 멜란히톤은 카를 5세가 주최한 아우크스부르크 회의에서 각 교파의 서로 다른 교리에 대하여 절충과 화합을 시도했으나 결국 실패했다. 그러나 50년 후 맺어진 「합의서」는 루터파와 개혁파 사이의 타협을 이끌어 냈다. 루터파의 고집으로 안 될 것 같던 타협이 루터파의 양보로 이루어지자 그것을 역사의 유머라고 한 것이며, 이를 뒷받침하기 위해 셰익스피어의 '고집센 루터파'라는 어구를 인용했다. 이 어구는 셰익스피어의 드라마 『헨리 8세』 3막 2장에 나오는 말로 울지 추기경이 헨리 8세의 새 여자 앤 불린을 비난하면서 쓴 말이다.

강인한 지도력은 제네바를 휘어잡았다. 셰익스피어의 연극『햄릿』3에서 주인공 햄릿은 비텐베르크에서 유학하다가 학업을 중단하고 귀국했는데, 이 얘기가 말이 되는 것이, 햄릿의 조국인 덴마크(더불어 스칸디나비아 반도 전체)가 루터파로 돌아섰기 때문이다.

그러나 셰익스피어 시대에 칼뱅의 제네바는 매우 강력한 자석으로서, 19세기 말부터 20세기 초의 공산주의 운동에 비유해서 말해 보자면 종교적 코민테른의 중심지였다. 칼뱅파(다른 말로 개혁교)와 루터파(다른 말로 복음파) 사이에 깊은 골이 패여서 굳어졌다. 벌어진 틈이 워낙 커서 설령 나치 독일 치하에서 함께 수난을 당한 양쪽의 신교도들이라 할지라도 메울 엄두를 낼 수 없을 정도였다.

종교개혁 초기의 괴짜 개혁자는 안드레아스 보덴슈타인 폰 카를슈타트 A. Karlstadt(1486~1541)였다. 그는 비텐베르크의 대학과 교회에서 루터의 동료였으며 어떤 면에서는 선배이기도 했다. 그는 말을 마구 떠벌리는 경향이 있었다. 언제 변할지 모르는 새로운 아이디어로 가득 차 있었지만 루터의 상대가 되는 위인은 아니었고, 그것이 마음속에 한으로 남았다. 무려 405개나 되는 논제를 갖고 요한 에크에게 도전하여 라이프치히 신학논쟁을 일으켰던 장본인도 바로 카를슈타트였다. 하지만 그곳에서 루터에게 밀려 인기를 빼앗겼다.

루터가 바르트부르크에 없는 동안, 그는 비텐베르크에서 1521년에서

---

3 햄릿이 비텐베르크에서 유학하다가 귀국했다는 얘기는『햄릿』1막 2장에 나오는데 클로디어스 왕이 조카 햄릿에게 하는 다음 말에서 확인할 수 있다. '네가 비텐베르크 대학에 돌아가고 싶어하나, 그건 나의 뜻과는 아주 어그러지는 일. 제발 여기 이대로 머물러서, 나의 중신, 그리고 나의 조카요 아들로서 이 왕께 힘이 되고 위안이 되어 다오.' 그러나 비텐베르크 대학은 1502년에 설립된 반면, 햄릿 이야기의 역사적 모델인 덴마크의 왕자는 12세기 사람이기 때문에, 이 유학 이야기는 셰익스피어의 창작이다.

1522년에 걸쳐 (멜란히톤과 함께 했으니 모든 것이 카를슈타트의 잘못만은 아니었다) 행동에 들어갔다. 신자들에게 미사의 절차를 지극히 간소하게 만들고 평상복을 입고 지내게 했다. 다음에는 도시 개혁의 한 프로그램으로서 성상파괴 운동을 벌였다. 더불어 자기 자신은 열다섯 살 소녀에게 장가를 들었다. 그가 벌인 '비텐베르크 운동'은 경솔했으며 불법이었다. 그럼에도 카를슈타트는 장차 많은 도시에서 시행될 개혁 프로그램의 예고편이었다. 특이한 사실은 루터가 카를슈타트의 아이디어를 급진적인 행동으로 옮기기를 주저했다는 것이다. 루터는 1526년에 가서야 독일식 미사의 순서를 발표했다. 루터가 비텐베르크로 돌아오자 카를슈타트는 비난을 받고 수모를 겪었다. 그는 시골로 내려가서 농부의 옷을 입고 선술집을 기웃거리면서 자신을 '이웃사람 안드레아스'라 불러 달라고 말했다.

이어 진보적 급진주의가 뒤따라 나타났다. 루터는 그것을 노골적인 야망의 소치라고 비난했다. 카를슈타트는 가톨릭 교회의 미사 교리와 관행에 대하여 일련의 공격을 퍼부었다. 빵과 포도주 속에 그리스도의 몸과 피가 실제로 현존한다는 것(루터가 여전히 귀중하다고 생각하는 것)도 부인했다. 루터주의를 신봉하는 독일과 스칸디나비아 이외의 지역에 있는 비루터파 신교도들은 그(카를슈타트)와 견해를 같이 했다.

루터와 마찬가지로 카를슈타트도 인쇄기 없이는 상상할 수 없을 정도로 많은 책을 찍어 냈다. 93종의 책이 213판에 걸쳐 인쇄되었다. 그가 농민전쟁의 한복판에서 위태롭게 되었을 때 루터는 그를 구해서 자신의 집으로 데려왔다. 그렇지만 그는 절대로 한곳에 붙어살 사람이 아닌지라 후에 또 다시 방랑의 길에 올랐다. 곁에는 언제나 오랫동안 고생에 시달리며 상처를 받아온 아내 프리시아가 있었다. 바젤, 취리히, 다시 바젤로 돌아와서는 1541년 흑사병으로 죽었다. 그는 끝까지 철부지였다. 그러나 신교의 특징을 상당히 앞질러 지시한 사람은 루터라기보다는 카를슈타트였다.

카를슈타트가 거의 어릿광대 같은 인물이었다면 토마스 뮌처ᴛ. Müntzer (1489~1525)는 아주 비극적인 인물이었다. 그도 일종의 '마르틴주의자(루터 파의 초기 명칭)'로 출발했으며, 운명적인 1517년 가을4에 비텐베르크에 있었다. 물론 사람들을 흥분시키는 그의 종교사상은 여러 가지 원천에서 유래했다. 그중에는 루터의 경건주의와 '십자가의 신학'을 지원한 중세 후기의 신비주의도 있었다. 설설 끓는 도가니 같았던 뮌처의 지성과 영혼 속에서 이들 다양한 요소들(심지어 코란도 포함됐다)이 강렬한 정신적 정화 작용을 추구하는 종교와 결합했다. 이런 종교관 때문인지, 그는 루터를 고생 모르고 사는 손쉬운 교리의 행상인 '부드러운 삶의 형제Brother of Soft-Life'라고 판단했다. 이것은 불공정한 비난이었다. 뮌처는 루터의 치열한 정신적 고뇌를 하나도 알지 못했으며 그가 아는 루터의 모습은 라이프치히의 덥고 퀴퀴한 방에서 쿵쿵대며 카네이션의 냄새나 맡고 있는 한심한 자였는데, 이것은 사실과는 다른 것이다.

뮌처가 무엇 때문에 분노하는 젊은이가 되었는지 우리는 알 길이 없다. 그러나 1521년 루터가 어떤 일로 보름스에 머무르고 있는 동안 뮌처는 츠비카우라는 작은 산업도시에서 벌어진 소동의 선두에 서 있었다. 이 소동에 비하면 카를슈타트의 '비텐베르크 운동'은 사제관의 다과회茶菓會에 지나지 않았다. 뮌처는 모직공 니콜라우스 슈토르흐가 이끄는 독학으로 깨우친 '예언자' 무리와 어울렸다. 그가 예언자들에게 영향을 끼쳤는지 아니면 그 반대인지 전기 작가들조차 의견이 분분하다. 뮌처와 싸움을 한 적이 있던 츠비카우의 지도적 설교자는 뮌처를 '이단과 분열을 위해 태어난 사

105
—
5.
종교개혁의 새로운 양상들

---

4 루터가 95개의 논제를 비텐베르크의 슐로스 교회 문에 붙였던 1517년 10월 31일.

람'이라고 말했다. 뮌처는 프라하로 가서 입으로만 떠들어 대는 율법사와 바리새인 같은 신자들을 비난하는 선언서를 발표했다. 그는 '신의 말씀의 선택받은 친구들the Elect Friends of Word of God'을 지지하는 열변을 토하면서 이렇게 말했다. "신은 선택받은 자들을 통해 특별히 이 땅에서 놀라운 일들을 이루어 줄 것이다."

하지만 후스파의 과격한 사상의 근원지인 보헤미아에서 자신의 선언서가 별로 힘을 발휘하지 못하자, 그는 풀이 죽은 채 작센 지방으로 돌아왔다. 그리고 자신의 카리스마로 그곳의 한 작은 무법 도시인 알슈테트를 매료시켰다.

뮌처가 이 도시에서 이룩한 업적은 중요하고 선구적이었다. 찬송의 순서가 있고 독일어로 거행하는 예배의 형식은 진정으로 훌륭한 점이 있었다. '진실한' 그리스도인 측근의 추종자들은 계약에 의하여 연대를 결성했다. 이러한 업적은 화제를 일으킨 동시에 논란을 불러일으켰다. 이 때문에 뮌처는 지극히 삼엄한 감시를 받았다. 그러는 동안 그는 웅변적 설교의 시대에서 가장 주목할 만한 설교, '지도자들을 견책하는 설교Fürstenpredigt'를 했다. 청중 중에는 선제후국選帝侯國 작센의 영주도 끼어 있었으며, 그들은 뮌처의 말을 공평히 들어 주려는 진지한 태도를 보였다. 영주들은 자신들을 뱀장어로 비유하며 '부도덕한 무리를 이루어' 뱀들인 '사제들과 모든 사악한 성직자들'과 어울렸다고 책망하는 말을 들었으니 아마도 불쾌했을 것이다. 아울러 뮌처는 하느님이 영주들에게 의義의 칼을 쥐어 주었으나(「로마서」 13장) 그들이 의무를 소홀히 하면 그 칼은 도로 거두어들이게 된다고 역설했다.

얼마 못 가서 뮌처는 밤을 틈타 도시의 벽을 넘어서 도망쳤다. 아내와 아이들과 집필 원고는 뒤에 남겨두고 황황히 길을 떠나야 했다. 맥주로 유명한 자유로운 제국도시인 뮐하우젠에 가서는 폭동자들의 한가운데에 서서 설교했다. 뮌처의 사주를 받은 폭동의 무리는 도시의 수도원을 약탈했으며 시장과 시의회를 몰아냈다. 그는 '신의 영원한 연대the Eternal League of God'라는 서약자들의 단체를 설립했다. 이들의 깃발에는 무지개가 그려져 있었으며, '주의 말씀은 영원히 사라지지 않는다The Word of the Lord Abideth for Ever'라는 슬로건이 적혀 있었다.

이들 지방에서 발생한 소요는 훨씬 규모가 큰 농민전쟁과 힘을 합쳤고, 뮌처는 그 와중에서 비록 변방에 국한되었을망정 선동가로 활약했다. 그가 멋대로 말하는 복음은 적어도 언어의 표현에 있어서 격정에 불타올랐으며 천년지복설千年至福說을 담고 있었다. 또한 추수, 낫, 타작마당5 등을 많이 얘기했다.

뮌처의 현실 감각이 희미해질수록 그의 생각은 점점 더 확실하게 사회적 의미를 띠게 되었다. 그런 까닭에 현대에 들어 독일민주주의공화국6은 시대를 거슬러 뮌처를 노동자혁명의 지도자로서뿐만 아니라 사회혁명의 지도자라고 부르며 환호했다. 그의 글 속에는 전쟁의 함성이 메아리쳐 들려온다. '둥둥 북을 울려라! 둥둥 북을 울려라! 이제 때가 되었다!…… 니므롯7의 모루anvil of Nimrod를 강타하라.8 땡그랑 쳐라, 단결하라!'

---

5 추수, 낫, 타작마당은 모두 신의 준엄한 심판을 상징하는 용어이다. 구약성서(「사무엘 하」 24 : 15~16)에는 임박한 신의 심판을 보여 주는 이런 구절이 있다. '하느님께서 그날 아침부터 정해 놓은 시간까지 이스라엘에 전염병을 내리셨다. 그래서 단에서 브엘세바에 이르기까지 7만 명이나 죽었다. 하느님의 천사가 손을 뻗어 예루살렘을 치려고 하자 하느님께서 재앙을 내리려던 생각을 돌이키시고, 백성을 죽이는 천사에게 명령하셨다. "이제 그만하면 됐다. 손을 거두어라." 그때 하느님의 천사는 여부스 사람 아라우나의 타작마당에 서 있었다.'

6 독일 통일 이전의 동독의 명칭.

7 성서에 나오는 전설적인 인물로 힘센 사냥꾼으로 묘사됨.

8 반란의 함성을 높이 올려라.

알슈테트와 뮐하우젠에서 차출된 무리들을 포함하여 폭도의 무리는 프랑켄하우젠에 집결했다. 그곳은 요새가 아니라 죽음의 함정이었다. 그 후 몇 세기 동안 그곳은 '피의 오솔길'로 불렸다. 뮌처는 그가 지휘하는 300명의 기드온 병사들에게 결코 패하지 않을 것이라고 확신을 심어 주었다. 하지만 정작 그 자신은 오두막에 몸을 숨겼다. 8,000여 명의 농부 중 6,000명이 학살된 후 그는 결국 발각되었다. 붙잡힌 뒤 고문을 받고 뮐하우젠으로 압송된 뒤 참수를 당했다. 오랫동안 뮌처를 깊이 연구한 이미 고인이 된 고든 러프는 그에 대하여 기억할 만한 다음과 같은 평가를 내렸다. '그가 과거에 태어난 마르크스나 레닌은 아니지만 그를 통해서 우리는 그 어떤 개혁자의 모습 속에서보다도 더 가까이 중세의 고통과 부정의 숨막히는 저류를 만날 수 있다.'

한편, 루터의 종교개혁의 대안으로서 위의 사례와 전적으로 다르고 급진적인 운동이 스위스에서 일어나고 있었다. 농민연대공화국과 도시들이 독특하게 연합하여 이루어진 스위스연방은 16세기 유럽의 일반적 관행에서 좀 벗어나는 예외적인 곳이었다. 이 나라의 주요 산업은 당대의 힘센 국가에게 용병을 공급하는 것이었다.

울리히 츠빙글리H. Zwingli(1484~1531)는 장크트갈렌 자치구에 있는 알프스 산맥의 산골 마을 토겐부르크에서 출생했다. 그는 용병대대의 종군사제로서 마리냐노 전투(1515년)에 참전하여 스위스 용병 1만 명이 프랑스군의 포탄에 죽어가는 참상을 목격했다. 분개한 그는 애국자가 되어 용병제를 반대했다. 사제가 되기 전 그는 바젤, 베른, 빈, 다시 바젤 등지의 대학에서 교육을 받았으며, 이 과정에서 '훌륭한 문인'들과 교류를 통해 인문주의를 흠뻑 맛보았다. 용병제 반대 운동과 이러한 학식을 통해서 그는 나름대로 일가를 이룬 개혁자가 되었다. 처음에는 루터에 버금갈 만한, 강렬한 의미의

'종교적' 개혁자는 아니었다. 그의 경우에는 루터 스타일의 '탑의 체험'이
없었다.

어떻게 보면 종교개혁은 에라스뮈스가 알을 낳았고 츠빙글리가 그 알을
깠다. 츠빙글리는 첫 번째 직업으로 글라루스에서 교구사제직에 있을 때
(1506년) 밤을 새워가며 그리스어로 된 신약성서를 공부했다. '종교개혁'은
츠빙글리에게 있어 성서에 있는 하느님의 말씀과 완전히 합치하는 것이었
다. 유명한 순례지였던 아인지델른에서 새로운 형식의 훌륭한 설교자로서
이름을 얻었다(1516년). 이에 힘입어 2년 뒤 그는 취리히의 대성당 소속의
'교구사제'로 임명받았다.

취리히는 스위스의 수도에 해당하는 도시였으며 수시로 이야기를 나눌
수 있는 휴게소들이 즐비한 곳이었다(의회하고는 또 다르다). 이곳에서 1519년
1월 1일 서른다섯 번째 생일날 그는 설교단에 올라가 신약성서를 설교하
는 데 있어 전편을 통하여 기존의 전통적인 설교 방식을 버리겠다고 선언
했다. 그는 히브리어를 습득하자 구약성서에 대한 설교에도 그런 새로운
방식을 도입했다. 이로 인해 취리히의 새로운 교회 전례典禮의 중심에 '예언
하기'9가 자리잡게 되었다. 이것은 날마다 원어로 성서를 해설하는 한 가
지 예배 순서를 말하며 엘리자베스 시대의 영국국교회가 이를 모방했다.

이제 성서가 취리히에서 장차 발생할 모든 사건의 배후 추진력이 되었
다. 대성당과 대학 성당의 교구사제라는 지위는 상대적으로 낮았으며 부
유한 참사회원의 지휘를 받았다. 신의 말씀은 이 모든 것을 바꾸었다. 그리
하여 교구사제는 예언자와 준감독의 권위를 지닌 역할을 맡게 되었다. 그
런데 츠빙글리는 하마터면 서른여섯 번째 생일을 맞을 수 없을 뻔했다. 그

---

9 성서 해설에 히브리어를 쓰기 때문에 마치 구약 시대의 예언자들이 말을 하는 것과 같다는 뜻으
로 '예언하기'라고 한 것이다.

는 전염병 때문에 죽음의 문턱에까지 갔다. 다행히 위기에서 벗어나 회복하는 가운데 살아오면서 겪어보지 못했던 종교적 체험을 했다. '나는 당신의 그릇이니 쓰든지 깨든지 마음대로 하소서.' 그가 지은 '흑사병 찬송' 속에 있는 가사처럼 그는 병중에서 이 말을 신에게 수만 번 되풀이했다.

이제 종교적 관행에서 루터가 생각했던 어떤 것보다 더 격렬한 변화의 프로그램이 시행되었다. 프로그램의 시작은 매우 온건하게도 사순절10에 약간의 소시지를 일부러 먹는 것이었다. 그러나 이것은 그리스도인이 성서의 명령을 따르는 자유를 상징하는 것에 지나지 않았다. 순전히 인간적인 전통은 폐기되었다. 얼마 후 그는 결혼했고 자신의 주교에게 정식으로 자신이 결혼한 사실은 물론, 그의 아내는 첩이나 대부분의 스위스 성직자가 뒷방에 두는 '가정부'가 아님을 분명히 통보했다. 이제 면죄부, 고해성사, 순례, 성인숭배, 수도원 생활 등 '로마의 전통'에 따르는 모든 것은 의심의 대상이 되었다.

이것은 비텐베르크에서 수입한 프로그램이 아니었으며, 츠빙글리의 행동 계획에는 망설임이나 터무니없는 것은 들어 있지 않았다. 다른 한편 카를슈타트와 뮌처의 영웅적 행위와 대조적으로 당시 잘 돌아가고 있었던 시 당국을 제대로 존중하는 가운데 모든 계획이 순조롭게 시행되었다. 시의 행정 당국자 주재하에 열린 토론을 통해서 프로그램의 추진이 이루어졌다. 1525년 4월에 이르러 로마 전통에 따른 미사예배는 철폐되었다. 부활절 성찬식을 제단에서가 아니라 단출한 나무 탁자 위에서 나무 그릇들을 써서 치렀다. 성찬식에서 쓰인 말들은 성서의 최후의 만찬 장면에서 나온 성구成句였다. 신도들도 그들이 앉은자리에서 포도주는 물론 빵도 받아

---

10 수난절에서 부활절 전날까지의 일요일을 제외한 40일간의 단식 참회 기간.

먹었다.

취리히에는 이제 세례와 성만찬의 두 가지 성사만 남았다. 목사직이 성직과 감독직을 대체했다. 결혼식은 민간 의식이 되었다. 북부 독일부터 신교를 신봉하는 스위스까지 교회 순례를 해 보면, 앞서 말한 초기의 개신교 전통과 루터파 사이의 차이가 교회 내부 장식의 설계와 심미관에 있어서 조차 분명하다는 것을 알 것이다. 다만 원래의 츠빙글리 양식은 오늘날보다 더욱 검소했다. 흰색의 벽, 투명한 창문, 수수한 가구, 오르간이 없는 교회 등이 대표적이다.

츠빙글리의 신학 사상을 규정하는 본질적 특징은 발생하는 것what happens과 발생하지 않는 것what does not happen에 대한 그의 신념에 있다. 더불어 그리스도인들이 성찬식Eucharist, 미사예배Mass, 성만찬Holy Communion, 주의 만찬Lord's Supper 등 다양한 명칭으로 불렀던 성사聖事에 대한 그의 독특한 신념이 있었다. 츠빙글리에게 성찬식은 단지 그리스도가 그 자신을 내어 주는 것을 기념하는 의식으로, 그러한 기념 행위는 모두 신자의 마음속에서 이루어지는 것이었다.

그렇다 하더라도 마음과 정신을 돕는 구체적 표현 같은 것은 있을 수가 있다. 가령 예수가 최후의 만찬 때에 나누어 주었던 '빵과 포도주'11를 먹고 마시는 행위는 마음속의 기념 행위를 간접적으로 돕는 것이다. 따라서 성찬식에서 먹는 빵과 마시는 포도주는 그대로 빵과 포도주일 뿐, 그 안에 신성이 깃들여 있지는 않다. 빵과 포도주가 곧 그리스도의 몸과 피로 '변한

---

11 츠빙글리는 자신의 논리를 뒷받침하는 전거로 「요한복음」 6 : 62~63에 나오는 예수의 말씀을 인용한다. '사람의 아들이 전에 있던 곳으로 올라가는 것을 보게 되면 어떻게 하겠느냐? 육적인 것은 아무 쓸모가 없지만 영적인 것은 생명을 준다. 내가 너희에게 한 말은 영적인 것이며 생명이다.' 츠빙글리에 따르면 빵과 포도주는 육적인 것으로 영적인 것은 아니라는 해석이다.

루카스 크라나흐 1세, 「필리프 멜란히톤」, 1532년.

다'라고 주장하는 것은 불필요하고 어색한 것이다. 그리스도는 인성을 갖고 하늘로 올라가 아버지 하느님의 오른쪽에 앉았다. 그리스도는 빵과 포도주 속에 들어 있을 수 없다. 그 안에 실제로 들어 있다고 생각하는 것은 신의 본성을 오해하는 것이다. 신은 '성령과 진리' 안에서만 섬겨야 한다. 제자들에게 그리스도가 '이것이 나의 몸이다'라고 한 말은 '나는 참 포도나무다(「요한복음」 15 : 1)'라는 다른 말과 마찬가지로 말 그대로 이해해서는 안 된다. 그 말들은 하나의 해석이지 무엇은 무엇이라는 등식이 아니다.

'이것은 ~이다'는 '이것은 ~을 의미한다'라는 말로 이해해야 한다는 견해는 네덜란드의 일부 신헌신주의자들New Devotionists을 통해서 스위스에 퍼졌다. '이것은 나의 몸이다Hoc est corpus meum'라는 간단한 구절에 들어 있는 수많은 의미에 대하여 기다란 목록을 만든 사람도 있었다. 그 목록 작성자는 요하네스 후스겐으로, 스스로를 오이콜람파디우스Oecolampadius (1482~1531)라고 불렀다. 그는 에라스뮈스와 같은 유형의 신교도였으며 바젤의 개혁자였다. 성찬식과 관련된 이런 문제에 대한 그의 견해는 영향력이 있었으며, 츠빙글리의 견해 쪽으로 기울어졌다.

그러나 그는 '이것은 ~이다'가 '~을 의미한다signfies'라기보다는 '이것은 ~의 의미이다is a signification of'라는 주장을 선호했다. 이것은 빵과 포도주의 물질성에 주의를 환기하고, 빵과 포도주가 그것을 받아먹는 사람에게 구체적으로 어떤 것을 해 줄 수 있다는 해석의 길을 열어 놓기 때문이다. 이것은 성찬식과 관련하여 츠빙글리의 사상이 양보할 수 있는 최후의 눈금이었다.

　루터가 볼 때 이러한 견해들은 혐오스러운 것이었다. 그것들은 자신의 성서 읽기, 그의 그리스도론, '육'과 '영'에 대한 이해, 그리고 무엇보다도 객관적 확실성에 대한 갈망 등에 정면으로 배치되었다. 그리스도에 대하여 아무리 훌륭한 생각을 갖고 있다 하더라도 그 생각이 그의 현존(임재)을 좌우하도록 만들 수는 없었다. 일찍이 1520년 「교회의 바빌론 유수에 관한 서곡」을 저술했을 때, 루터는 화체설transubstantiation12을 부정했다. 그러나 루터는 성만찬에서 신의 실제적인 현존(임재)을 믿었다. 그것은 '공체설 consubstantiation'13 ─ 그는 이 말을 결코 사용한 적이 없다 ─ 이라는 어떤 철학적 견해 때문이 아니었다. 루터가 내세우는 이유는 아주 단순했다. 그리스도가 '이것은 나의 몸'이라고 말했으니까 그 말 그대로 믿어야 한다는 것이다. 이것 말고 유사한 문제를 지닌 어구가 몇몇 더 있다. 제단 위의 몸과 피, 구유의 아기, 십자가에 달린 사람 등이 있는데 여기서 제단은 신이 우리를 만나는 거의 유일한 장소이고, 우리가 그의 몸과 피를 입으로 받아서 씹고 삼키는 곳이다.

　이 문제를 두고 종교개혁 시대에서 소책자를 통한 가장 신랄한 싸움이 일어났다. 츠빙글리는 루터가 「하늘의 예언자들을 반대하여Against the Heavenly Prophets」(1525)라는 제목의 소책자에서 자기(츠빙글리)를 카를슈타트와 같은 부류로 비난한 것에 화가 치밀어 올라서 반발하고 나섰다. 실제로 루터는 이 문제를 두고 츠빙글리와 오이콜람파디우스가 교황파보다 더 나쁜 악마

12　가톨릭 교리의 하나로서, 사제가 축성함으로써 성만찬의 빵과 포도주의 '본질'에 변화가 일어나지만 빵과 포도주가 지닌 겉모양의 '우연적 성질'은 그대로 남는다는 것.

13　성찬의 빵과 그리스도의 몸, 포도주와 그의 피가 서로 동질이라는 설.

에 붙잡혔다고 계속해서 소문을 퍼뜨렸고 이들을 광신자Schwarmgeister라고 불렀다.

그러나 1529년 정치적 상황으로 선도적 개혁자들 모두가 마르부르크 북부에 위치한 헤센의 관대왕 필리프Phillip der Großmütige의 성으로 모였다. 그해 일찍이 슈파이어 제국의회는 신교를 금지하는 내용의 보름스 칙명을 다시 법률로 제정했다. 그러자 그곳에 모였던 여섯 명의 복음주의파 영주와 14개의 자유시는 이에 항의하여 항의서Protestation von Speyer에 서명했다. 이 프로테스테이션Protestation이라는 말에서 '프로테스탄트Protestant'라는 말이 유래했다.

복음주의파는 적대자들에게 에워싸인 소수파들이었으며, 행동파인 헤센의 필리프는 방어적인 군사동맹의 결성을 간절히 원했다. 모든 참석자들은 그러한 동맹을 구성하기 위해서는 그 전제 조건으로서 교리를 통합해야 한다고 입을 모았다. 츠빙글리 또한 군사적인 합의가 필요했다. 스위스는 구교와 신교로 나뉘어 양극화가 벌어지고 있었다. 그러나 루터는 마지못해 마르부르크 종교회담[14]에 참석했다. 그는 문제되는 주요 사항에 대하여 이미 결심이 섰을 뿐만 아니라 복음을 무력으로 방어한다는 주장은 자신의 기질에 맞지 않았다.

잘 알려진 대로 회담에서 루터는 자신이 말할 차례가 되자 탁자 위에 분필로 썼다. '이것은 내 몸이다', 거기에 덧붙였다. '신은 모든 수학을 초월하여 존재한다.' 이후로 그는 자신의 입장을 좀체 양보하려 들지 않았다. 끝에 가서 츠빙글리가 눈물을 글썽이며 우정을 청하자 루터는 "당신에 대한 나의 이해를 신에게 구하시오"라고 답했다. 이것을 듣고 오이콜람파디우

---

14 필리프가 츠빙글리와 루터 사이에 생긴 교리상의 불화를 해소시키기 위해 주선한 회담.

스는 되받았다. "당신이나 그러시오. 우리와 마찬가지로 당신 역시 신에게 이해를 구해야 할 겁니다."

이렇게 대화의 골자만 적어 놓으면 몸짓 언어에 의한 농담의 뜻은 전해지지 않는데, 이 대화는 실제로 그렇게 신랄한 것은 아니었다.

신학자들은 14개 조항에 대하여 합의했다. 그러나 성만찬의 문제만큼은 합의에 도달하지 못했다. 그 뒤 수년 동안 견해의 차이는 더욱 벌어졌다. 루터파는 인성을 지닌 그리스도의 편재론遍在論15을 역설하였으며, 따라서 예수는 모든 제단에 현존(임재)한다고 생각했다. 이러한 차이를 보여 주는 사건을 두 가지만 들어보겠다. 하나는 1550년대에 독일로 망명한 일단의 영국인 신교도들이 유력한 개신교 신학자 한 사람에게 루터파 교회로 아기들을 데려가 세례를 받게 할 수 있는지를 물은 사건이다. 신학자는 그렇게 할 수 없다면서 세례는 신앙의 증표인데 루터파와 영국인의 신앙이 서로 다르다고 답했다.

다른 하나는 종교개혁 원년으로부터 300년 뒤에 벌어진 일이다. 독일의 일부 루터파는 프로이센의 프리드리히 빌헬름 3세가 만들어 가입하도록 강요한 통합교회Union Church16에 가입하기 싫어서 아예 오스트레일리아 남부로 이민을 갔다. 이들은 오늘날까지 바로사 계곡에서 훌륭한 포도주를 생산하고 있다. 그곳에도 루터파의 유산에 유난히 충실한 신학교가 있다.

1530년 아우크스부르크 제국의회에서 루터파와 츠빙글리파(슈트라스부르크 대표를 포함)는 각기 다른 신앙고백을 제출했다. 신교도들은 자신들의 정상외교에서도 혼란에 빠졌다. 스위스에서는 비록 작은 규모이기는 하지

───

15 그리스도는 언제 어디에서나 존재한다는 설.

16 종교개혁 300주년을 계기로 하여 루터파와 개혁파를 통합하기 위해서 프리드리히 빌헬름 3세가 칙령으로 모든 신교도들에게 두 교파의 통합체인 통합교회에 가입할 것을 강요했다.

5. 종교개혁의 새로운 양상들

카펠 전투에서 츠빙글리의 죽음

만 도시의 신교도와 내륙의 산림지대 자치구의 가톨릭교도 간에 전쟁이
일어났다. 츠빙글리는 취리히의 부름을 받고 갑옷을 입고 전투용 큰 도끼
를 든 채 말을 몰고 전장으로 나갔다. 그는 전사했고 시체는 전장인 카펠에
서 발견되었다. 그의 시체를 바라보며 어떤 사람이 말했다. "어쨌든 그는
훌륭한 동지였어." 루터는 성서를 인용했다. '칼을 든 자는 칼로 망한다.'

그러나 츠빙글리의 후계자 하인리히 불링거H. Bullinger(1504~1575)는 정치
인다운 지도력을 갖추고 개신교를 오랫동안 이끌었다. 그의 지도 아래 취
리히는 계속해서 유럽의 개신교를 선도했다. 이를 증명할 수 있는 것으로
불링거가 주고받은 수천 통의 국제 서간이 남아 있으며 오늘날 학계에서
이것들을 공들여 출판하고 있다.

도시의 종교개혁의 본보기인 취리히 모델을 스위스의 다른 지방과 남부
독일의 도시들이 모방했다. 대개의 경우 안티스테스(antistes, 기존의 주교를
대신하는 새로운 형태의 주교)의 예언적 사목 활동을 통해 그렇게 널리 퍼져나
갔다. 구식 주교들은 이들 도시에 발을 들여놓지 못했으며 체셔 고양이처

럼 사라졌다.17 취리히 모델을 자기의 도시에 적용한 사람들로는 바젤의 오이콜람파디우스와, 위대한 지도자는 아니지만 인기를 끌었던 땅딸보인 베른의 베르히톨트 할러 등이 있었다.

개혁 운동은 항상 각 지방의 정치적 행정장관이 허용하는 보조에 맞추어 추진되었다. 단 때때로 대중의 압력으로 개혁 도중에 논쟁이 벌어지곤 했다. 하지만 논쟁은 형식적 절차에 지나지 않았다. 그것은 진리에 도달하기 위한 것이 아니라 이미 결정된 사항의 요건을 충족시키기 위한 요식 행위였다. 슈트라스부르크는 신성로마제국의 매우 중요한 도시 중 하나로 라인 강변에 자리 잡은 유럽의 교통의 중심지였다. 이곳에 마르틴 부처 M. Bucer(1491~1551)가 있었다. 그는 개혁자 상위 그룹에서 루터, 츠빙글리, 칼뱅 다음인 네 번째 자리를 차지한다.

부처는 가난한 교외의 교구에서 발탁되어 대성당의 교구사제가 되었다. 가일러가 사용했던 대성당의 설교단에서, 그는 자신이 지은 책의 내용과 비슷하지만 매우 따분하고 장황스런 설교를 했으며 진지한 도덕주의를 열렬히 주장했다. 그는 제1인자는 아니었지만 유능한 개혁자였고, 공동의 선이라는 강력한 메시지를 종교개혁에 제공했다. 그것은 일부 자신의 신학에서 그리고 일부는 인문주의에서 형성된 것이기는 하나 시민의 세속적 가치에 속한 것이었다. 그가 지은 첫 책은 제목에 있는 바와 같이 인간은 자신을 위해서가 아니라 남을 위해서 살아야 된다고 소리 높여 외쳤다. 그에 따르면, 교회란 이런 삶의 목표를 지원할 수 있도록 질서가 잘 잡힌 구조이어야 했다. 교회 조직론에 관한 부처의 아이디어를 후에 칼뱅이 받아

---

17 체셔 고양이는 루이스 캐럴의 『이상한 나라의 앨리스』에 나오는 등장인물로, 매우 빠르게 나타나고 사라지는 능력이 있다. 앨리스가 그런 짓을 그만두라고 요청하자 체셔 고양이는 웃음만 남을 때까지 천천히 사라진다. 여기서는 주교들이 쓴웃음을 지으며 서서히 사라지는 모습을 비유했다.

들여 제네바에서 구체적으로 실천했다. 부처와 달리 칼뱅은 장광설을 펴는 법이 없었다.

부처는 종교개혁의 와중에서 처음으로 초교파주의를 주장했으며 성만찬 논쟁의 일치된 의견을 구하기 위하여 수백 마일을 여행했다. 1536년 그와 멜란히톤은 남부 독일의 도시와 작센 지방의 도시들을 중재하여 '비텐베르크 협약Wittenberg Concord'을 작성했다. 그러나 이 협상에 참여했던 루터조차 후일 그것을 완전히 부정했다. 다만 취리히와 제네바를 축으로 하는 스위스의 도시는 자기들 나름대로 노력하여 1549년 '공동신앙고백Consensus Tigurinus'을 얻어 냈다. 칼뱅에 가까운 부처의 입장은 츠빙글리 사상의 한 변형이었다. 슈말칼덴 전쟁 뒤 슈트라스부르크의 시 당국이 루터파를 옹호하고 자신에게 속박을 가하자 부처는 영국으로 망명길을 떠났다. 영국에 가서 영국의 종교개혁을 위해 창조적인 역할을 수행하던 중 세상을 떠났다.

도시의 종교개혁의 모델과 대조적으로 당파심이 강하고 관행에 복종하지 않는 종파가 생겨나 퍼졌다. 이들은 정치적 지도자와 심지어 국가까지도 진정한 기독교 안에서는 존재할 이유가 없다고 생각하여 부정했다. 사람들은 이들을 두려워하고 핍박했으며 재세례파[18]라고 이름 붙였다. 이런 명칭은 말하자면 그들에게 찍혀진 낙인이었으니, 나치 치하에서 유대인들이 달고 다녀야 했던 노란색 별 표시와 같았다. 그들은 유아세례를 부인하고 자신의 의지 아래 세례를 다시 받아야 한다고 주장했는데, 그런 주장은

118
—
종교개혁

---

18 재세례파는 유아세례를 부정하는 교파이다. 이들은 '오로지 믿음으로만'이라는 신학 사상에 입각하여 유아들이 아직 믿음도 없는 상황에서 세례를 받았으므로 그것이 거짓이고 무익하다고 생각했다. 그들의 이상은 원시 그리스도교적 성인들의 공동체의 완전한 복구였는데, 재세례파 가입은 '오로지 믿음으로만'의 자발적 수락을 통해서만 가능했다. 이들은 처음에는 자신들의 자녀에게만 세례를 주지 않았으나, 마침내 기존의 유아세례를 받은 모든 신자에게 세례의 은총을 인정하지 않고 재세례를 요구했다.

기독교 로마제국의 법률에 의하면 사형으로 다스려야 할 엄중한 위법 사항이었기 때문에, 그런 낙인찍기는 불가피한 일이었다. 이들의 신조에는 세례에 대한 문제 이외에도 더 많은 것이 개재되어 있다.

그러나 그들이 행하는 종교 의례는 기존의 기독교 세계와의 단절을 상징적으로 보여 주었다. 이른바 자치단체의 행정관을 겸했던 개혁자들은 그들의 이런 과격한 점을 꺼려했다. 재세례파는 콘스탄티누스 대제 이전의 원시 교회가 유지했던 상태로 되돌아가고 싶어했다. 오늘날의 세상이 재세례파에 대하여 무지한 것은 그들의 역사학자들이 잘못한 탓이 아니다. 그들은 자신들의 종파에 관하여 수백 권의 책과 백과사전까지 출간했다. 무지의 진짜 이유는 그들이 수십 년 혹은 수세기 동안의 핍박을 피하여 북아메리카로 이주했기 때문이다. 그곳에서 침례교는 신교 중 가장 큰 교파 중의 하나며 마틴 루터 킹도 여기에 속했다. 1988년 침례교의 등록 교인 수는 3,500만 명이다.

침례교도가 아닌 역사학자들, 특히 루터파 역사학자들은 뮌처를 언제나 과격한 행동을 저지를 위험이 있으며 종교적 신비주의에 젖은 운동의 창시자로 내세운다. 이 역사학자들은 단지 부분적으로만 틀렸다. 한편 침례교도들은 자신들의 기원을 츠빙글리의 제자들이었던 온화하고 정치에 무관심한 스위스형제회Swiss Brethren에 둔다(그러나 츠빙글리는 어떤 근거에 따라 유아세례를 지지하여 자신이 그렇게 과격하게 나가지는 않았다고 생각했다).

이러한 주장도 일부만 옳다. 재세례파에 대한 첫 번째 처형이 취리히에서 이루어졌는데, 물에 전신을 담근 뒤 세례받는 것을 주장하는 사람들에게 어울리게 리마트 강에 빠뜨려 죽였다. 1530년에 이르러 남부 독일, 오스트리아, 스위스 등지에서 처형당한 사람들이 수백 명에 달했다. 순교자와 순교자 전기의 시대에, 재세례파의 역사 기록은 신교와 가톨릭교 수량을 훨씬 앞지르는 것이다.

　재세례파 공동체는 통상적인 의미의 교회가 전혀 아니었다.[19] 1527년 샤프하우젠 근처의 슐라이트하임에서 지도자들의 영도 아래 모임이 있었다. 지도자의 상당수는 그 후 죽음을 맞이했다. 그들의 다소 호전적 경향은 일곱 개의 슐라이트하임 약정 중 시민의 의무를 다룬 마지막 두 개 조항에 드러나 있었다. 이에 따르면 진정한 신도는 군대나 행정관으로 근무할 수 없었다. 선서도 할 수 없었다. 따라서 재세례파는 특히 스위스에서 실질적인 시민권을 얻을 수 없었다. 그러나 초기의 뛰어난 재세례파 신학자였던 지도자 발타사르 후프마이어B. Hübmaier(1480/85~1528)는 '공권력'과 타협했다. 하지만 그가 시민사회와 타협하여 공존할 수 있었던 것은 단지 현재의 체코공화국의 일부인 모라비아에 국한되었다. 재세례파 중에서 과격파와 온건파 사이의 분열이 존속했다.

　16세기 유럽의 어디에서나 종파적 분리주의자들은 주류 사회 속에 편입하기가 쉽지 않았다. 때때로 이웃과 타협을 통해 온건한 재세례파는 특히 네덜란드에서 다소 정상적인 삶을 영위할 수 있었다. 그러나 이런 특별한 경우를 제외한다면 그들이 택할 수 있는 길은 두 가지밖에 없었다.

　그 하나는 '분노의 포도'이다. 상대적으로 황량한 동부 유럽의 땅에서 그들을 오라고 손짓했다. 1930년대에 오클라호마의 절박한 빈농들을 캘리포니아의 넓은 땅에서 오라고 손짓한 것처럼 말이다. 모라비아의 귀족들은 소작농이 필요했으며 처음에는 스타인벡[20]의 소설에 등장하는 캘리포

---

19 신구교의 모든 관행을 부정했음.

20 미국 소설가로 1939년에 사회 소설인 『분노의 포도』를 발표함. 오클라호마의 빈농인 조드가의 사람들이 캘리포니아로 이주하여 온갖 고생을 겪는 과정을 묘사하면서 민중의 끈질긴 힘을 찬양한 장편소설.

니아 과일 농장주보다 더 열린 마음을 지녔었다.

야코프 후터J. Hutter(1500?~1536)가 건설한 정착촌은 공산주의를 실험하여 재산과 생산물을 공유했다. 현대의 몇몇 일시적 유행에서 보듯이 이들 공동체가 언제나 지상의 낙원은 아니었다. 장로들이나 '말씀의 종들'의 도움을 받아 주교들이 이어가며 이들을 이끌었다. 지도자에게 반대하는 자들은 지도자가 특권을 누렸고, 마차를 타고 다니며 최고 포도주를 마셨다고 비난했다. 더군다나 합스부르크 세력권에서 멀리 떨어진 적이 없었기에 이 사람들은 지속적으로 번영하는 도시를 건설할 수 없었다. 후터는 1536년 인스브루크에서 화형을 당했다. 그럼에도 후터의 추종자들은 여기저기 흩어져 오늘날에도 존속한다. 그들의 부락이 멀리는 파라과이와 슈롭셔(Shropshire, 잉글랜드 서부의 웨일스와 접한 주)에도 있다.

다른 하나는 도래할 천년왕국에 대한 묵시적 열망을 품고 시 당국을 접수하여 교파들 사이의 세력 판도를 뒤집어 놓는 것이었다. 이런 일이 베스트팔렌 지방의 수도인 뮌스터에서 벌어졌다. 이곳의 개혁자들은 멜키오르 호프만M. Hoffmann(1495?~1543)의 매혹적인 목소리에 귀를 기울였다. 떠돌이 모피 상인이자 평신도 설교자였던 그는 슈트라스부르크의 감옥에서 세계의 임박한 종말을 예언했다. 얀 마티스와 레이덴의 얀이라고 알려진 정육점 주인 얀 뵈켈손 등 호프만의 네덜란드 제자들은 슈트라스부르크가 아니라, 뮌스터가 새 예루살렘이라고 선포하고 마침내 그 도시를 접수하기 위해 떠났다. 수백 명의 재세례파들이 뮌스터로 몰려들었으며, 재세례를 거부하는 시민들을 모두 처형하거나 추방하겠다고 위협했다. 1534년과 1535년에 이르러 재세례파의 주교는 도시를 장악했다. 그러나 일처리가 썩 유능하지는 못했다. 묵시적 열광이 가득 찬 이 드라마의 종말은 불가피하게 유혈 사태로 끝을 맺었다.

레이덴의 얀은 세계 제국을 상징하는 금 사과를 손에 들고 다윗 왕좌에 앉아서 오페라 무대같이 호화롭게 일부다처제의 왕국을 다스렸다. 누가 가장 많은 처를 거느릴 수 있는지 경쟁이 벌어지기까지 했다. 왕은 16명의 아내(어떤 이는 22명이라고 함) 중 하나를 건방지다고 처형하고 그 시체를 짓 밟았다. 어느 때에는 성당의 광장에서 찬송가가 연주되는 가운데 왕과 왕비 가 접대를 하는 메시아의 잔치가 벌어졌다. 결국 헤센의 필리프의 도움으로 도시는 수복되었다. 왕 안과 다른 지도자들은 불에 달군 부젓가락으로 고문 을 받고 처형당했다. 시 당국은 그들의 시체를 우리 속에 담아서 교회 탑 위 에 달아매었다. 그들의 뼈는 계몽주의 시대가 한참 진행되던 시점에 가서야 완전히 삭아 버렸다. 하지만 그 우리는 아직도 그곳에 그대로 남아 있다.

뮌스터의 전율은 16세기가 끝날 때까지 이어졌다. 영국의 작가 토머스 내시T. Nashe는 『불행한 나그네The Unfortunate Traveller』(1593)라는 작품을 통해 그 이야기를 재론하면서 종파주의sectarianism의 위험을 역설했다.

재세례파, 청교도, 악당 등이 된다는 것이 무엇인지를 들어라. 한동안은 정육 점 주인 주제에 예지를 갖추었다고 칭송받을지 모른다. 하지만 곧 불행한 종말이 닥쳐오리라. 그때에는 '선한 사람들이여 우리를 위해서 기도해 주시오'라고 기도 하며 죽어야 할 것이다.

재세례파의 와해를 구한 사람은 사제에서 재세례파 신자가 된 네덜란드 사람 메노 시몬스M. Simons(1496~1561)였다. 그는 희망에 사로잡힌 혹은 절망 속에 괴로워하는 잔존한 사람들을 끈질기게 지도하여 조합교회21의 특성

---

21 각 교회가 독립하여 자치적으로 운영하며 위로부터의 지배를 거부하는 신교 교회.

을 갖는 교회로 바꾸어 놓았다. 이 교회의 신도들은 재세례파식 세례를 받았고, 공직을 멀리했으며, 무저항주의를 실천했다. 오늘날에도 100만 명 이상의 메노파Mennonite가 있다.

6

칼뱅과 칼뱅주의

외진 곳에서 일어나는 종교개혁의 신화는 장
칼뱅과 제네바의 경우 또 다른 형태를 취했다. 1536년 칼뱅이 찾아왔을 때
제네바는 아마 인구 1만 명 정도로 취리히나 베른보다 큰 도시이기는 했으
나 16세기의 큰 도시 축에는 끼지 못했다. 언덕 위에 자리 잡은 동네에서는
유명인사들이 살았고 언덕 아래에서는 서민들이 살았다. 이런 도시 구조
는 영국의 링컨 시와 흡사했다. 당시 이 도시는 인근의 사보이 공국에서 막
독립한 상태였다.

독립의 과정은 매우 쉽게 잊혀지는 복잡한 정치와 군사적 개입 등으로
뒤얽혀 있었다. 이 과정에 제네바의 군주이자 주교, 제네바가 자기의 소유
라고 생각하는 사보이 공작 가문, 그리고 베른 시가 작용을 했다. 베른 시는
제네바의 1536년 성공적인 혁명을 지원한 뒤 사이가 벌어진 후원자이었으
며, 주위에 시골을 갖지 않았던 제네바 시의 배후 지역 대부분을 통제하고
있었다. 독립 과정에서 제네바 사람들은 베른 사람들을 모델로 하여 외관
상 신교도가 되었으나, 그 결과로 어떤 일이 벌어질 것인지에 대해서는 깨
닫지 못했다. 제네바는 프랑스에 속한 것도 아니고, 그렇다고 전적으로 스
위스에 포함된 것도 아니었으며, 고아孤兒같이 좀 이례적인 도시였다. 또한

르네 부아뱅, 「53세 무렵의 장 칼뱅의 초상」, 1526년.

유럽의 도시국가로서는 유일하게 16세기에 독립되어 1798년까지 유지됐다. 이 도시의 정치는 혼란스러웠고 파벌 사이의 내분은 끊일 새가 없었다.

외국인으로 제네바에 온 칼뱅은 이곳의 어떤 유력한 가문과도 연줄이 없었다. 누군가 그를 '저 프랑스 사람ille Gallus'이라고 말했는데 아마도 그의 이름을 잊어버렸거나 아니면 대수롭지 않게 보았기 때문이리라. 그러나 이 프랑스 뻐꾸기가 둥지를 틀자 사정은 매우 달랐다. 대를 이어오던 중산계급들은 강제로 떠밀려 떠나야 했으며, 그들의 집을 대신 차지한 사람들은 프랑스나 유럽의 다른 지역에서 피해 온 종교적 난민이었다. 이런 난민 중 한 사람이었던 스코틀랜드의 존 녹스J. Knox(1514~1572)는 제네바가 사도들의 시대 이후 지상에 있었던 그리스도의 학교 중 가장 완벽한 곳이라고 말했다.

과연 제네바에서 좋은 것이 나올 수 있었을까? 지상의 모든 곳을 제치고 하필이면 제네바가 상징과 신비로 가득한 장소, 새로운 예루살렘, 혹은 오늘날로 치자면 모스크바가 된 것일까? 이곳에서는 종교개혁이 중요했을까? 제네바에서는 정말 그런 개혁이 중요했다. 피난민인 칼뱅이 이룩한 종교개혁으로 제네바는 루소의 도시, 국제연맹의 도시, 현대에 와서는 유익한 국제기구의 유치 도시가 되었기 때문이다.

칼뱅의 배경에 대한 의문은 제네바 이전의 그의 삶과 관련된 증거들이 부족하여 더욱 확대되었다(증거가 부족한 까닭은 그 자신이 피난민이었기 때문이다). 바로 이 점에 있어서 칼뱅은 루터와 커다란 대조를 이룬다. 칼뱅은 천성이 과묵했기 때문에 루터의 수다스러운 식탁 대화 같은 것이 없었다. 그가 복음주의 신앙에 입교한 것과 관련해서 루터의 '탑의 체험'에 견줄 수 있는 것으로는 오직 두 마디만 할 수 있을 뿐이다. '돌연한 회심*subita conversio*.' 우리는 이런 것이 그리 결정적인 증거가 되지 못한다는 것을 안다. 실제로 칼뱅 자신이 "우리는 신을 향해 조금씩 단계를 밟아서 회심한다"라고 말했다.

장 코뱅(Jean Cauvin, '칼뱅'은 코뱅의 라틴어 형태)은 피카르디(프랑스 북부 노르망디 옆의 지방) 출신이었다. 이것은 그의 명예를 깎아 내리려는 자들이 그의 성마른 성격을 들춰 내기에 딱 알맞은 재료였다. 그의 할아버지는 와즈 강의 거룻배 사공이었으며 아버지는 법률가로서 그가 태어난 노와용의 성직대표자를 섬기다가 사이가 틀어진 적이 있었다.

이런 것으로 보아 가문의 신분이 낮은 곳에서 높은 곳으로 다소 상승한 듯하고, 그의 아버지는 불끈하는 성미의 인물이었던 것 같다. 부모는 칼뱅에게 성직을 밟게 할 의도로 파리에 유학 보냈다. 처음에는 콜레주 드 라 마르슈에서, 다음에는 콜레주 드 몬테귀의 엄격한 분위기 속에서 공부했다. 대학 동창생인 라블레가 '끔찍한 대학'이라고 불렀던 이곳에서 칼뱅은 예리한 신학적 지성을 연마했다. 그의 첫 번째 모교가 더 중요할지도 모르겠다. 왜냐하면 그곳에서 마튀랭 코르디에에게서 언어를 배웠기 때문이다. 루터가 독일을 위해서 한 일, 틴들이 영국을 위해서 한 일을 프랑스를 위해 할 운명을 지고 태어난 사람에게 코르디에가 완벽한 언어의 기술을 전수했다.

집안 사정으로 그는 부르주 대학으로 옮겨 법학을 공부했다. 그곳에서 눈부신 재능을 지녔던 이탈리아 사람 알치아토의 가르침을 받았다. 부르주 대학은 바로 이 알치아토를 위해 설립된 왕실의 대학이었다. 다른 계기로 인해1 그는 법학을 포기하고 파리로 돌아와 그리스어와 히브리어 등 인문학에 몰두할 수 있었다. 1532년 스물세 살 때에 첫 번째 저서를 출판했다. 그것은 스토아 철학자 세네카가 네로 황제의 포악한 행위를 견제하기 위하여 지었던 『관용론De clementia』을 논평한 저서였는데 칼뱅에게 명성을 가져다주지는 못했다.

칼뱅에게 엄청난 추진력을 안겨 준 힘은 젊은 학자의 남다른 야망 말고 무엇이 있었을까? 파리에서 그는 프랑스 혁명사가들이 말하는 '예비 혁명'의 지도자들과 어울렸다. 이들이 벌이는 운동은 관념적인 만큼 안전하기도 했다. 그러나 세상은 변하고 있었으며 이단에 대한 고발이 빈번해졌고 몇 사람이 화형을 당했다. 짚을 충분히 넣지 않은 채 벽돌을 만드는 식으로 대충 분석해 보자면, 우리는 점점 커가던 이 위기와 어떤 종류의 종교적 회심 사이에 그럴듯한 상관관계를 짚어 볼 수 있다. 대학 학장이자 연줄이 좋았던 그의 친구 니콜라스 콥이 루터파를 옹호하는 설교를 한 뒤 어쩔 수 없이 변장하여 파리에서 도망치자, 칼뱅도 한시 바삐 짐을 싸서 떠나는 것이 좋겠다고 판단했다. 1534년 10월 미사성례를 비난하는 벽보가 파리 시내에 나붙은 것을 문제삼아 광범위한 억압이 시작되었다. 그때 칼뱅은 이제 프랑스도 탄압이 심하여 머무를 수 없다고 생각하고 먼저 슈트라스부르크로 간 다음에 바젤로 발걸음을 옮겼다. 그곳에서 그는 차후 세계를 변화시킨 『기독교 강요Institutio Christiane Religionis』의 초판을 출간했다. 이것은 칼뱅 사상의 '강요'이기도 했다.

그는 여행길에 우연히 제네바에서 하룻밤을 머물렀다. 이때가 1536년 7월로 그 도시가 '신성한 계율인 복음에 따라' 살기로 서약한 지 두 달이 지

종교개혁

---

1 부친의 사망.

난 시점이었다. 당시 제네바의 설교자 중에는 기욤 파렐G. Farel이 있었다. 다정다감했던 파렐은 새로운 것을 건설하기보다는 구교회의 상징들을 부수는 데에 더 큰 수완이 있었다. 그가 역사에 이바지한 바는 자신에게는 부족한 재능을 칼뱅에게서 보았다는 것이다. 그가 칼뱅을 찾아 나섰는지 혹은 칼뱅이 만나러 갔는지는 알 수 없으나, 파렐은 칼뱅이 개인적인 학자의 삶을 추구한다면 신의 심판이 내릴 것이라고 위협했다. 한적한 학자의 삶보다는 제네바에 남아 실천의 삶을 사는 것이 칼뱅에게 더 어울린다고 역설했다.

활동적인 삶과 사색적인 삶 사이의 선택은 모든 인문주의자들이 학생시절 고민하는 상투적인 주제였다. 후일의 칼뱅은 당시를 회고하며 이렇게 말했다. "나는 신이 하늘로부터 힘센 손을 뻗어 나를 붙잡은 듯한 느낌을 받았다." 천성적으로 남의 통제를 싫어하는 칼뱅이 두 번씩이나 남의 통제를 받았다고 고백한 것이다. 1564년 임종의 자리에서 칼뱅은 옛날을 회고했다. '내가 처음 이 교회에 왔을 때 거의 아무것도 없었다. 성직자들이 설교하는 것이 전부였다. 그들은 우상을 찾아 불태우는 일에 능숙했지만 정작 제대로 된 개혁은 하지 못했다. 모든 것이 혼란스러웠다.'

그가 시민 대표들에게 개혁의 의미를 말하면서 혼돈스러운 개혁 운동의 중심 인물로 부상했다. 1537년 1월 칼뱅과 파렐은 행정관들에게 '질서가 잡히고 규율이 바른 교회'를 만들기 위해 마련된 계획들을 제시했다. 이 계획의 요지는 교리문답의 교육, 월례 성찬식, 반발하는 자들의 출교黜敎, 계율을 실행하기 위한 교회 내의 법정 등이었다.

한편 당시에 하이델베르크의 의사醫師 토마스 에라스투스T. Erastus가 내놓은 에라스투스주의Erastianism라는 사상이 있었다. 이것은 기독교 신자 겸 위정자인 사람은 어디서든지 민간의 사건은 물론 교회의 사건에 대해서도 재판 관할권과 행정권을 보유할 수 있다는 사상이다. 이 에라스투스주의에 대하여 칼뱅 이전의 신교도들은 거의 관심을 보이지 않았으나 칼뱅은 그것을 교회에 유리하게 수용하여 적절한 대안을 제시했다. 칼뱅의 대안에 의하면, 16세기 후반의 교회 정치에 있어서 완곡하게 쓰였던 어구인 '규율discipline'은 단순히 징계뿐만 아니라 성직자와 교회의 행정 책임자들에 대한 별도의 '교도권magisterium'[2]을 의미했다. 교직자의 이러한 권리 주장은 제네바의 정치 지도자들은 물론이고 그 누구에게도 인기가 없는 제안이었다. 도시가 독립을 쟁취한 것은 겨우 칼뱅 같은 설교자에게서 어떻게 행동하라고 지시받기 위한 것은 아니었다. 1538년 칼뱅과 파렐은 도시를 떠나라는 통보를 받았다. 칼뱅의 교리문답을 반대하는 돌연한 조치였다.

그 후 3년 동안 칼뱅은 슈트라스부르크에서 머물렀으며 아이들이 딸린 재세례파(였다가 이탈한) 과부와 결혼했고, 피난민들이 다수인 소규모 프랑스인 모임에서 설교했다. 더불어 라틴어판 『기독교 강요』 제2판을 출간하고 프랑스어판을 준비했다. 1541년에 출판된 프랑스어판 『기독교 강요 Institution de la Religion』는 문학에 있어서 근대 프랑스어의 등장을 의미한다. 첫 문장을 한번 살펴보자.

> 우리가 소유하고 있는 참되고 건전한 모든 지식은 두 부분으로 되어 있으니 하나는 신에 대한 지식이요 다른 하나는 우리 자신에 대한 지식이다Toute la somme de nostre saigesse, laquelle mérite d'estre appellée vraie et certaine saigesse, est… a scavoir la congnoissance de Dieu, et de nousmesmes.

---

2 참된 교리를 가르칠 수 있는 권위, 권력, 직책 등을 말함.

칼뱅의 문장은 고전적 당당함 이외에도 윌리엄 틴들의 박진감 넘치는 문장력을 갖추고 있다. '정부의 통제 없이 산다는 것은 지푸라기 더미 속의 쥐처럼 혼란스럽게 사는 것이다pesle mesle, comme rats en paille.'

슈트라스부르크에 사는 동안 칼뱅은 그곳의 뛰어난 정신적 인물인 마르틴 부처와 가깝게 지냈다. 인간 상호간의 영향은 지적인 역사학자들조차도 다루기가 까다로운 문제이다. 부처를 열광적으로 숭배하는 사람들은 칼뱅의 창조적 사상의 대부분을 알자스 지방 출신의 이 개혁자의 공(부처)으로 돌리고 싶어한다. 마치 칼뱅은 부처 사상의 '강력하고 위대한 집행인' 정도밖에 안 된다는 식이다. 그러나 의심할 여지없이 부처는 칼뱅과 함께 교회의 사회성 짙은 교리를 공유했고, '규율'이 필수적이라는 확신을 가졌다. 이것은 바로 칼뱅 사상의 본질적 특징의 하나였다. 부처의 입장은 규율이 없으면 공동체도 없다는 것이었다. 칼뱅은 이를 다르게 말했다. 규율이 없으면 신을 공경할 수 없다. 여기에 두 사상가 사이의 차이점이 있다. 부처의 사상이 공동체를 우선적으로 내세운 것이라면 칼뱅의 사상은 신을 우위에 두었다.

1541년 칼뱅은 제네바로부터 돌아와 달라는 요청을 받았다. 그는 답신했다. '하늘 아래 그토록 내가 무서워하는 데가 없습니다.' 그 말은 일리가 있었다. 왜냐하면 '그리스도의 학교'라는 그 도시의 비전을 실현하기 위해서 그 후 15년 동안 심하게 싸워야 할 터였기 때문이다.3 그때까지 수 년 동안 칼뱅은 제네바의 시민이 아니라 단지 시의회의 고용인으로 지냈다. 칼뱅은 어떤 개인적 이익이 아니라 도덕적 확신 때문에 자신의 맡은 역할을 열심히 수행했다. 역사상 이런 치열한 도덕적 확신의 사례로서 칼뱅 같은

---

3 15년 뒤인 1555년에 가서야 페랭 가문 등 칼뱅 반대파들을 제네바에서 축출할 수 있었다.

경우는 별로 없을 것이다.

칼뱅은 제네바에 돌아오자마자 당일로 제네바의 행정관들에게 교회에 '질서를 세워야 한다'라고 말했다. 그 후 몇 달 동안 협상한 결과가 '교회 법령Ordonnances Ecclésiastiques'이라는 종교적 헌법이었다. 이 독창적인 문서는 차후 유럽의 칼뱅파 교회가 따른 본보기가 되었다는 점에서 중요하다. 이것은 목사, 박사, 장로, 집사 등의 표준 업무와 그들의 기능을 규정하고 있다. 또한 목사들의 주례週例 회의를 마련했다. 차후에 제네바 아카데미가 될 교육기관을 세울 것을 요청하기도 했다. 더불어 성직자와 장로들이 모여 교회 출석자들과 도덕적인 사항들을 감독하는 콘시스토리Consistory제도4를 두었다.

정치 지도자들이 칼뱅의 규정안에 쉽사리 굴복하진 않았다. 그가 가장 열망하는 것 중에는 성만찬을 자주 거행하는 것이 있었으나, 그가 얻어 낸 것은 고작 1년에 네 번의 성만찬뿐이었다. 이런 점에서 볼 때 모든 유럽이 낡은 관행에 집착하고 있었다. 이렇게 된 것은 성사에 대한 두려움(미신이 아닐는지?)이 있는 데다가, 그리스도인들은 항상 주님과 함께 그의 식탁 둘레에서 만나야 한다는 가르침을 외면했기 때문이다.

칼뱅의 집사제도는 무산되었다. 사회복지는 민간의 문제로 남았다. 제네바의 아카데미는 1559년까지 기다려야만 했다. '교회 법령'이 제정되었다 하더라도 교회의 콘시스토리는 출교의 권리를 갖지 못했다. 콘시스토리를 주재하는 장로는 언제나 현직의 행정장관이 임명되었다. 행정장관들

---

4 교회 회의 혹은 교회 법원으로 번역되는 용어. 여기에서는 번역 용어가 마땅치 않아 원어를 그대로 사용했다. 한국 장로교단에서는 당회(교회), 노회consistory, 총회general assembly라고 하는데 콘시스토리는 노회에 해당한다. 칼뱅은 1542년에 이 제도를 도입했는데 12명의 민간인 장로와 목사회 소속 전원(1542년 9명, 1564년 19명으로 늘어남)으로 구성되었다. 12명의 민간인 장로는 행정관들이 해마다 선출했다. 콘시스토리는 종교적인 문제와 교회 규율에 관련된 문제만을 다루었으며, 민간 법원의 권위를 대체하지 않았다.

의 관점에서 볼 때 그는 전혀 장로가 아니었고 당연직으로 참석하는 민간 행정관일 뿐이었다. 1555년 이후에 비로소 콘시스토리는 성사聖事에서 누군가를 제외할 수 있는 권리를 얻었다. 1560년까지 콘시스토리에 참여하는 행정장관이 장로 자격으로 이 기구를 주재했다. 또한 콘시스토리의 권위는 민간인 정치 지도자와 판사의 권위를 축소시킬 수 없었다.

칼뱅은 교회법에 관한 자신의 지식을 단지 조언자의 자격으로만 발휘해야 했다. 그는 영향력이 좀 큰 사람에 지나지 않았다. 또한 공화국을 위한 민간 헌법을 기초하기도 했다. 이렇게 볼 때 칼뱅이 일종의 독단적 지도자로서 신권정치를 펴듯 제네바 교회를 이끌고 나갔다는 생각은 잘못된 것이다.

이어 제네바라는 찻잔 속에 일련의 오페라 같은 폭풍이 불었다. 흡사 타블로이드판의 가극 대본에 따라 전개되는 그러한 소규모 오페라였다. 한 에피소드는 세례명과 관련이 있었다. 칼뱅과 그의 동료들은 성서적인 이름을 선호해서 클로드Claude라는 이름을 못 쓰게 했다. 비록 이 이름이 근처의 가톨릭 사원을 연상시키기는 했지만 당시 제네바에서 소년소녀들의 이름으로 인기가 높았다. 당연히 거센 반발이 터져 나왔다. 몇몇 시민 지도자와 가문들은 칼뱅파의 계율을 업신여기는 것이 애국적이라고 생각하며 그들의 집에서 무도회를 열었다. 그것은 처벌받을 만한 위법 행위였다.

역사는 이들을 '난봉꾼libertines'이라고 말한다. 그러나 이들은 스스로를 '제네바의 자녀들'이라고 불렀으며 프랑스 출신의 이민자들을 비난했다. 5,000명에 달하는 이민자들이 그들의 일자리를 빼앗고 임대료를 올렸다는 것이다. 반발 세력의 지도자는 서로 통혼通婚한 파브르 가문과 페랭 가문이었다. 칼뱅은 아미 페랭A. Perrin을 '우리 시대의 우스운 시저'라고 조롱했다. 그러나 페랭은 당시 수석 행정관이었다.

이러한 반발 세력은 격파되어야만 했다. 난봉꾼 중 한 사람이 칼뱅의 설

교단에 익명으로 암살하겠다고 위협하는 쪽지를 갖다 놓았다. 그 익명의
난봉꾼은 발각되어 고문을 받고 참수당했다. 그러나 뱀은 아주 죽지 않았
으며 단지 심한 상처를 입었을 뿐이다. 1555년에 페랭 추종자들은 자기들
의 역량을 과신하고 폭동을 일으켰다. 이것은 반란으로 간주되어 진압되
었고, 반란자들은 처형되거나 망명했다. 그들에게서 차압한 재산은 상징
적이게도 제네바 아카데미를 건립하는 데에 사용되었다.

종교개혁의 파격적 인물들이 제네바에서 이념적 반항을 벌인 사례도
있었다. 세바스티앙 카스텔요S.Castellio(1515~1563)는 칼뱅이 힘을 써준 덕분
에 제네바 대학의 초대 총장이 된 사람이다. 그는 구약성서 중 관능적인 아
가雅歌의 정경성正經性을 부인함으로써 반체제적 성향을 드러냈다. 후에 제
네바를 떠난 뒤 그는 그 도시의 교회를 공개적으로 비판했고 종교적 관용
을 적극 변호했으며, 이단의 추종자들을 죽이는 것은 잘못이라는 의견으
로도 유명했다. 제롬 볼세크는 변절한 가톨릭 사제로서 칼뱅의 예정설을
비난했다. 그는 추방되어 로마로 돌아온 뒤 칼뱅을 중상모략하는 전기를
썼다.

누구보다도 유명했던 반항아는 미겔 세르베투스M. Servetus(1511~1553)였
다. 그는 당대의 가장 영향력이 컸던 이단 지도자였으며 반反삼위일체설을
포함하여 절충적인 견해를 지닌 인물이었다. 그가 지은 『기독교의 회복
Christianismi Restitutio』은 제목부터가 도발적이었다. 더구나 칼뱅의 반대파에 기
대어 자신의 뜻을 펴보려고 제네바를 찾아온 것은 광적인 도전의 태도였
다. 그는 이미 프랑스 법정에서 사형이 선고된 상태였다. 종교적 정통성을
과시하고자 했던 제네바 시의회는 그를 법정에 세우고 기소하기 위하여
칼뱅을 첫 증인으로 세웠다. 스위스의 다른 도시와 광범위한 논의를 거친
뒤 그는 화형을 당했다.

신교 정부가 이단을 불태워 죽인 일이 결코 이 경우만은 아니었다. 영국의 엘리자베스 여왕은 소수의 네덜란드 재세례파들을 화형에 처했다. 1612년 제임스 1세는 세르베투스와 유사한 견해를 가졌던 두 사람을 화형대로 보냈다. 그럼에도 관대하지 못한 후세 사람들은 세르베투스 사건과 관련하여 칼뱅이 반反인류의 범죄를 저질렀다고 규탄했다. 만약 칼뱅의 변호인단이 존재했더라면 그가 시의회에 세르베투스를 화형하지 말고 참수형에 처하라고 호소했다는 사실을 기록에 넣어 달라고 요구했을 것이다.5

칼뱅은 어떻게 개혁 사업을 추진했는가? 어째서 1553년 민간인 정치 지도자들이 칼뱅 자신보다 더 열렬히 '복음에 따라 살겠다'고 결심했을까? 대답은 단순하다. 칼뱅이 설교단the pulpit을 장악한 데에 있다. 그는 제네바 사람들에게 신의 뜻에 복종하라고 설교했다. 그의 설교는 시민들의 귀를 강타했다. 날마다 설교가 있었으며 일요일에는 세 번의 설교가 있었다. 칼뱅은 1년에 260회의 설교를 했다. 침대 속에 누워서 구상한 것을 노트 없이 전달하는 식이었다. 어쩌면 이것은 변형된 형태의 신권정치였는지도 모른다. 무슬림 성직자일지라도 금요일 예배에 그 정도로 설교하지는 않는다.

칼뱅은 자신의 설교를 출판하기 꺼려했지만(속기사들이 소수의 프랑스인 신자들을 위해 그 설교들을 받아 적었다) 그 설교를 단행본으로 출판해 보니 실제로는 방대한 규모였다. 취리히의 불링거와 마찬가지로 그는 쉴새없이 편

---

5 칼뱅은 파리에 살던 시절 동료 신학자들이 화형에 처해지면서 무척 고통스러워했다는 것을 기억하고 있었다. 그래서 세르베투스에게 화형 대신 참수형을 내려줄 것을 시의회에 호소했으나 거부당했다. 제네바는 당시 유능한 화형 집행인을 보유하고 있지 못했다. 집행인이 아마추어였기 때문에 화형은 매끄럽게 진행되지 못해 세르베투스는 숨이 끊어질 때까지 심한 고통을 당했다.

지를 썼다. 루터가 비텐베르크 인쇄업자들을 부자로 만들었다면 칼뱅은 제네바를 신교 출판의 주요 중심지로 만들었다. 이 도시는 종이 제조를 새로운 산업으로 발전시키기까지 했다. 1550년과 1560년 사이에 130명의 피난민 인쇄업자와 서적 상인들이 제네바에서 활동했다. 그중 대표적인 업자가 장 크레스펭과, 서적 거래의 왕자인 파리 사람 로베르 에티엔이었다. 출판물의 총량은 1540년대의 137종에서 1551년과 1564년 사이에는 527종으로 부쩍 늘어났다.

칼뱅은 라틴어 못지않게 프랑스어로도 저술했다. 왜냐하면 그는 항상 자신의 조국에서 종교개혁이 성취되는 데에 관심이 있었기 때문이다. 일부 라틴어 저서에서 그는 자기 자신을 좀 더 일반적인 의미에서 개혁의 의의를 대변하는 사람이라고 자처했다. 그러나 칼뱅의 가장 중요한 저서는 아무래도 『기독교 강요』라고 해야 할 것이다.

자 이제 이 책이 어떤 구조와 내용을 갖고 있는지 살펴보기로 하자. '강요'란 '수업'을 뜻했으며 1536년에 나온 초판은 원래 교리문답의 하나였고 소규모의 6장으로 되어 있었다. 이 책은 또한 선언문이기도 했다. 이 책에는 프랑수아 1세에게 '이 책은 우리의 주요 관심사를 담고 있다'라고 말하는 헌정사를 싣고 있다. 1539년판은 이보다 더 길어져서 17장으로 늘어났다. 프랑스어판에서 칼뱅은 속내를 털어놓는다. 그리하여 반대자를 가리키는, 단순한 형태의 라틴어 '이들illi'은 '이 악당들ces canailles', '이 아침의 개들ces chiens matins', '이 고집센 자들ces opiniâtres' 등으로 바뀌었다. 최종판(라틴어는 1559년, 프랑스어판은 1560년)에서 『기독교 강요』는 진정한 의미의 대전大典이 되어서 4권 80장으로 늘어났으며 사도신경의 구조에 맞추어서 편집되었다.

『기독교 강요』의 가장 중요한 특징은 균형이다. 이 책이 '칼뱅주의'를 가

르친다거나 '칼뱅주의'가 예정설6과
동일한 교리를 담고 있다고 생각하
는 것은 매우 잘못된 것이다. 하느님
은 당신이 구하고자 의도한 사람들
을 '선택'했다고 칼뱅이 믿은 것은 맞
다. 성 토마스 아퀴나스도 그렇게 믿
었다. 칼뱅이 목사 및 설교자로서 이
교리를 유익하다고 생각하여 널리
가르치고 적용해야 한다고 믿은 것
도 사실이다. 그러나 예정설은 조직
신학자 칼뱅의 업적에서 중심적인
위치에 있는 것은 아니다.

카를로 크리벨리, 「성 토마스 아퀴나스」, 1476년.

『기독교 강요』 제1권은 '신에 대한 지식'이라 하여 신으로 시작한다. 제2권
은 그리스도의 신성에 대한 지식을 다룬다. 제3권은 우리가 구원을 얻는
방법을 다룬다. 이 3권의 21장(전체로 보아서는 56장에 해당)에 와서야 비로소
'영원 전의 선택, 하느님은 어떤 사람들을 구원받도록 택정^{擇定}하셨고 또 어
떤 사람들을 멸망받도록 택정하셨다'가 나온다. 이 장은 비교적 짧은 장에
속하며 약 5,000단어로 되어 있다. 제4권에 가면 이른바 응용 신학을 만난

---

6 칼뱅의 예정설은 성 아우구스티누스의 교리를 확대·부연한 것이다. 칼뱅이 볼 때 하느님의 예정
에 대하여 따져 묻는 것은 불합리한 일이었다. 예정설은 언제나 신자를 안심시키는 교리라는 것이
다. 하느님께서 인간에 대하여 개인적으로 파멸과 구원을 예정하셨다는 것은 스스로 구원받을 수
없다고 자인한 사람이나 적대 세력에 둘러싸인 사람에게도 흔들리지 않는 바위와 같이 굳은 확신
이 된다고 보았다. 그것은 사람으로 하여금 하느님의 뜻을 성취하는 하느님의 동역자가 되게 하는
교리였다. 칼뱅의 예정설은 훗날 막스 베버가 『프로테스탄트 윤리와 자본주의 정신』이라는 책에서
이 교리를 자본주의의 발흥의 핵심 추진력으로 해석하여 더욱 널리 알려지게 되었다.

다. 칼뱅은 이 권에서 교회, 성사, 규율 그리고 마지막으로 나오지만 상당히 중요한 정치적 정부 등을 1만 4천 단어로 다루고 있다. 군주를 포함한 정치적 통치자는 '신'이었다. 따라서 제임스 1세가 '왕권신수설'을 주장했을 때 그는 칼뱅주의와 잇닿아 있는 것이다.

칼뱅은 1564년에 죽었다. 그 무렵까지도 종교적 난민의 흐름이 초만원의 과밀한 제네바로 유입되고 있었다. 그러나 반대 방향의 흐름도 시작되었다. 목사들과 서적 행상(반쯤 글을 깨친 자들을 위한 제네바의 작은 서적 소매상을 일컬음)이 집으로 돌아가기 시작했다. 특히 프랑스는 들판의 곡식은 이미 익어 추수할 때가 되었는데(「요한복음」 4 : 35) 일꾼이 적었다(「마태복음」 9 : 37). 1555년과 1563년 사이에 88명의 목사가 프랑스로 파견되었다. 이 숫자는 제법 많아 보일지 모른다. 하지만 개신교는 신속한 발전 덕분에 제도화된 교회(églises dressées, 합법적이지는 않아도 이미 잘 확립되어 있는 교회)의 단계에 도달했다. 그리하여 1570년까지 파견된 목사의 수가 1,750명에 이르렀다. 1560년에 프랑스의 신교도들은 200만 명이었고 이는 전 인구의 10퍼센트로 최고 수준이었다. 프랑스 역사상 그 숫자를 초과하는 비율은 나오지 않았다. 특히 프랑스 남부에서 인구만을 놓고 볼 때 신교도의 비율이 다른 지역보다 훨씬 더 높았다.

제네바에서 교육받은 목사들이 없을 경우, 신도 모임은 프랑스 국내에서 지도자를 마련해야만 했다. 칼뱅은 이 점을 우려했다. 그는 복음주의만큼이나 신도들의 통제에 대해서도 관심이 높았다. 1559년 첫 프랑스 개혁교회 전국대회가 파리에서 은밀히 열렸다. 이 대회는 제네바에서 처음 만들어진 신앙고백과 규율 형식을 채택했다. 칼뱅은 이 대회에 참석하지 않았으나 원격 조종했다. 본래 작은 도시국가를 위해서 고안된 사역과 교회 행정의 구조를 채택하여 국가 규모로 조직된 교회들에 적용한 것이다.

비록 칼뱅은 제네바공화국에서 살고 일했지만 프랑스의 군주제 전체가 진정한 종교(개신교)로 개종하기를 잠시도 희망하지 않은 적이 없었다. 그는 프랑스 신교도들이 지푸라기 속의 쥐처럼 엉망진창으로 살기를 원치 않았다. 하지만 신교도에 대한 억압이 가혹해졌을 때조차 그는 무장을 갖춘 저항을 허용하지 않았다. 당시 탄압을 받는 당사자들은 절박한 절망 속에 빠져 기도와 눈물이 아닌 그 이상의 것을 고대했었다. 칼뱅은 요지부동이었다. 그는 종교인이나 종교 건물 혹은 물건을 상대로 우발적인 폭력이나 불법 행위를 저지르는 것조차도 묵인하지 않았다.

그러나 프랑스는 구조적 약점으로 사회가 양극화되고 악화되어감에 따라 폭력과 불법이 횡행하게 되었다. 압도적으로 종교개혁을 도시의 운동이라고 볼 때 이것은 예상보다 많은 귀족(영국어로 젠트리)을 그 운동 속에 끌어모았다. 귀족들은 주로 아내의 권유로 개혁 운동에 참여했다. 이런 귀족 출신 신교도들은 묵인된 반대파 모임으로서 뒷골목의 비밀 집회에서 몰래 만나는 그런 조용한 미래를 원하지 않았다. 그들의 비밀단체는 기존 교회를 침략하여 접수할 준비가 되어 있었다. 제네바풍의 구성진 찬송가를 시끄럽게 노래 부르는 것은 공격적인 자기 주장이었으며, 주님에 대한 찬송이라기보다는 다분히 '저항의 노래'였다.

1558년 여름철 엿새 밤 동안 3,000명 내지 4,000명의 시위대가 찬송가를 부르면서 파리 센 강 왼쪽 강변에 있는 쾌적한 프레오클레르 공원을 점거했다. 귀족 신도들은 자연히 예배 참석 때 무장을 했다. 당시 귀족에게 칼은 우산과 같았다. 그리고 때때로 비(칼을 사용해야 할 기회)가 왔다. 1561~1562년의 겨울에 파리의 거리에서 폭력이 많이 발생했다. 거리 양쪽 가장자리에서 극악한 행위들이 저질러졌다.

그중에서 눈에 띄게 다른 사건이 하나 있었는데, 1562년 3월 1일 샹파뉴의 바시에서 벌어졌다. 가톨릭 영주인 프랑수아 드 기즈François de Guise가 헛간에서 예배를 보던 신교도들을 공격해서 약 50명을 살해했다. 이들은 관용의 법령에 따라 합법적으로 모임을 갖던 중이었다. 한 달 뒤 콩데의 영주이며 신교도의 지도자였던 루이가 저항의 선언서를 발표했다. 이로써 장차 40년 동안 여러 번에 걸친 단속적인 종교전쟁이 시작되었는데 수리역사학자들에 따르면 전부 여덟 번이었다고 한다.

이 책의 부피가 컸더라면 스코틀랜드, 네덜란드, 헝가리, 독일의 팔츠 공국 등 칼뱅주의를 신봉하는 유럽 신교의 발달 과정을 자세히 해부할 수 있었을 것이나 여기서는 간략하게 살펴보기로 한다. 칼뱅주의가 이들 지역에 미친 영향은 지역의 다양한 환경에 따라 제각기 달랐다. 스코틀랜드에서는 스코틀랜드식의 혼란스러운 혁명이 귀족의 주도로 발생했다. 네덜란드에서는 네덜란드식 혁명이 일어났으며 도시의 대중들이 그 중심에 있었다. 당시 민주 선거를 치렀다면 이 운동은 결코 10퍼센트 이상의 지지를 얻지 못했을 것이다. 그러나 16세기 말에 이르러서는 네덜란드가 네덜란드 공화국이라는 유럽적 단계에 들어서자 이 운동은 새로운 지도자를 형성하는 데 없어서는 안 될 중추적 역할을 담당했다.

헝가리의 개혁교회는 오늘날까지 유럽 전체에서 볼 때 가장 단단한 네개 종파의 교회 중 하나로 우뚝 서 있다. 제네바와 무관하게 자생한 헝가리 칼뱅주의는, 주변국에 호시탐탐 위협을 당했던 헝가리 민족국가를 떠받치는 매우 독특한 역할을 맡았다. 독일 칼뱅주의는 루터파와 마찬가지로 영주들의 일('궁성 칼뱅주의')이었으며, 따라서 통치자들의 선호와 변덕에 전적으로 의존했다. 라인 팔츠에서는 선제후 프리드리히 3세가 칼뱅주의를 도입했다. 1576년에서 1583년까지 짧은 기간 루터파가 득세한 것을 제외하고, 팔츠에서는 칼뱅주의가 1620년대까지 국가의 종교로 인정받았다. 팔츠의 수도인 하이델베르크는 칼뱅파의 학문 연구와 신학의 중심지가 되었으며, 제네바 다음으로 중요한 위치를 차지했다. 칼뱅파 신앙고백 중에서 높은 권위를 자랑하는 하이델베르크 교리문답도 여기서 만들어졌다.

위의 모든 경우에서 볼 수 있는 칼뱅주의의 대표적 특징은 내면 세계에서 유래되는 종교적 능동성religious activism이라고 할 수 있으며, 이것은 루터파의 수동성passivity과 좋은 대조를 이루었다. 이런 특성은 팔츠 지방 — 독일 공국 중에서는 당대의 프로이센이라고 할 수 있을 만큼 가장 호전적인 공국 — 의 영주가 주도한 개혁에도 그대로 해당되며, 반종교개혁의 열풍이 이곳을 휩쓸 때까지 막강한 힘을 발휘했다.

이렇게 볼 때 칼뱅주의는 국제적 운동이었다. 그것을 어떤 국가 내의 특정한 역사로 다루게 되면 이런 국제적인 면들을 놓치기 쉽다. 칼뱅파 신교도들은 국경을 가로지르는 하나의 신경信經과 하나의 대의를 가졌다. 그 신경과 대의를 단지 정치적 동정으로만 표시하는 것이 아니라, 주머니와 지갑과 무기 등 현실적인 것들을 통하여 구체적으로 표출했다.

영국의 칼뱅파들은 스코틀랜드에 군사적으로 개입했고, 프랑스의 첫 번째 종교전쟁과 네덜란드의 반란에도 군대를 보내 개입했다. 뿐만 아니라 피난 온 프랑스 및 네덜란드의 칼뱅파 신자들이 런던과 여타 지역에서 머무를 수 있도록 힘껏 도왔다. 또한 1580년대에는 제네바를 사보이 공국으로부터 방어하기 위하여 성금을 마련했고, 1620년대에는 30년 전쟁으로 황폐해진 팔츠를 원조하기 위해 적극적으로 모금 운동에 나섰다. 이런 식으로 해외의 칼뱅파를 돕는 군인(지원병과 용병)과 자본가들이 한두 명이 아니었다.

이제 우리는 칼뱅주의를 다루는 장의 거의 끝에 와 있다. 나머지 부분에서는 칼뱅주의가 무엇인지 규정하기로 하자. 종교적인 뜻을 나타내는 말들이 다 그렇듯이 칼뱅주의도 처음에는 욕설의 일종으로 1550년대 후반에 생겨났다. 이 시기에 함부르크 등 북부 독일의 루터주의 강경파와 남부 독일의 도시 사이에 치열한 신학논쟁이 벌어지고 있었다. 이 논쟁은 특히 본거지를 잃고 유랑하는 신교 난민들이 정착한 남부 독일의 작은 교회들에서 치열하게 벌어졌다. 성찬식도 뜨거운 논쟁거리였지만 문제가 된 사항은 그것뿐만이 아니었다. 그리하여 정작 칼뱅 자신은 칼뱅파가 아니라는 주장까지 나오게 되었다. '칼뱅파에게 반대하는 칼뱅'이라는 주제를 다룬 책도 여러 권 나왔다.

이 주제를 두고 지나치게 많은 논의가 있다. 칼뱅주의가 성장해 간 모습은 장 칼뱅이 설교하고 저술하고 실천한 것의 논리적 귀결이었다. 칼뱅주의를 사상과 실천의 체제로 완성한 것은 다음 세대들, 특히 베자라고 흔히 알려진 테오도르 드 베즈Théodore de Bèze(1519~1605)였다. 그는 제네바 아카데미의 초대 교수로서 약 40년을 그곳에서 가르쳤고, 칼뱅의 진정한 후계자가 되었다. 그는 목회자 중 서열 1위였으며 여러 교회와 시민 정부 등의 고문이었고 국제적 명성을 누렸다. 그는 후계자로 활동하는 동안 처참한 분열로부터 칼뱅주의를 구했다. 이에 반해 루터파는 루터 사후 내부 분열이 심각해져서 산산조각이 났다. 베자의 스타일은 기존의 교리를 더욱 투명하게 만들어 단단하게 굳히는 것이었다.

예정설은 보다 견고하게 되어 거의 신성한 교리 수준으로 떠받들어졌다. 예정설은 이제 아담의 타락과 창조 자체보다 앞서는 이른바 '타락' 이전의 교리supralapsarian predestination가 되었다. 칼뱅파의 교회 조직이 이제 보편적으로 통하는 하나의 규범으로 인정받았다. 심지어 군주제를 실시하는 나라에서도 그 조직을 인정했다. 베자가 주교에 관한 문제로 보낸 편지가 영국과 스코틀랜드의 장로교 창립에 기여했다(하지만 무소불위의 베자도 영국의 엘리자베스 여왕에게 편지를 쓸 때에는 문구를 부드럽게 사용했다).**7** 칼뱅주의의 정치학은 이제 강경한 저항 노선을 지향하게 되었고, 그리하여 베자는 '하급 행정관들'이 독재 군주에게 저항하는 권리를 인정했다. 아마도 칼뱅이라면 절대로 그렇게 하지 않았을 것이다.

이런 사항은 부수적인 것이다. 좀 더 근본적인 것으로는, 베자와 하이델베르크 신학자들이 칼뱅파 교리를 새로운 종류의 스콜라 철학으로 전환시킨 업적을 들어야 할 것이다. 그 교리는 일종의 명제 체제로 변증법의 무기를 사용하여 그 체제를 주장했고 또 공격당하면 방어했다. 그 과정에서 명제를 증명하는 텍스트를 유효 적절하게 인용하기도 했다. 이런 방식은 장로교의 교리를 증명하는 데 원용되기도 했다. 이것은 칼뱅이 개발한 기독교 인문주의에 입각한 신학적 방법에서 벗어나는 방식이었다. 이 때문에 차후에 유럽의 대학과 학계에서 격론이 벌어졌다. 이런 갈등이 극심했던 곳은 네덜란드였다. 이곳에서 야코부스 아르미니우스J. Arminius(1560~1609)는 반反예정설을 들고 나와 네덜란드공화국에 심각한 분열을 가져왔고, 그리하여 위대한 정치가 요한 반 올덴바르네벨트Johan van Oldenbarnevelt의 실각과 뒤이은 처형을 가져왔다.

칼뱅주의의 시초와 초창기의 발전 상황을 이렇게 간략히 끝낸다면, 그것은 칼뱅주의를 너무 부정적으로 소개하는 것이 되리라. 사실 칼뱅주의는 후대에 좋은 영향을 남겼다. 세계 여러 곳의 정치적·사회적 생활에 때로는 분열적으로 때로는 아주 창조적으로 영향을 미쳤다. 언뜻 스코틀랜드, 17세기 영국, 그리고 대표적으로 북아메리카의 뉴잉글랜드 지방 등이

---

7 피의 메리 시절 잉글랜드와 스코틀랜드의 개혁교회 지도자들은 박해를 피하여 제네바에 망명하여 베자의 영향을 받았고, 그 후 엘리자베스의 즉위로 귀국한 이후에도 계속해서 베자의 지도를 받았다.

생각난다. 하지만 칼뱅주의의 긍정적 영향은 그 정도에 그치지 않는다. 일부 역사학자와 사회이론가들은 칼뱅주의가 근대의 정치8를 만들어 냈고, 자본주의 자체는 아닐망정 '자본주의 정신'을 발명했다고 말하기까지 한다. 우리는 이런 거대한 주장에 대해서 마지막 장에서 다시 살펴보게 될 것이다.

---

8 근대의 정치를 만들어 냈다는 것은, 칼뱅주의가 독재 군주 혹은 통치자에 대한 하급자의 저항을 인정함으로써 이데올로기의 정치 형태를 만들어 내는 데 기여했다는 것이다.

7
반종교개혁

이 장의 제목에 대하여 어떤 독일 역사학자가 펴낸 책은 『가톨릭 개혁인가 아니면 반종교개혁인가?*Katholische Reformation oder Gegenreformation?*』라는 제목이었다. '반종교개혁'은 보수반동의 뜻을 내포하는 듯하고, '가톨릭 개혁'은 교회의 반석에서 자발적으로 새롭게 용솟음치는 샘을 연상시킨다. 한 영국 역사학자는 이 난제를 멋지게 풀었다. '확실히 둘 다가 아니겠는가?'

그러나 위의 독일 역사학자가 던진 질문이 결코 무의미하지 않다. 1543년 작은 책자 하나가 베네치아에서 출판되었다. 책 이름은 「그리스도인들을 위해 십자가에 매달린 예수 그리스도의 은총에 대한 매우 유익한 논문 Trattato utilissimo del beneficio di Giesù Christo crocifisso icristiani」이다. 저자는 베네딕트(베네딕투스) 수도회 수도사인 베네토 다 만토바라고 하는데, 생몰 연대는 미상이나 세속의 성은 폰타니노인 듯하다. 그는 이 책을 인문주의자·시인인 마르칸토니오 플라미니오M. Flaminio(1498~1550)의 도움을 받아 썼다고 한다. 기독교적 경건함을 다룬 책으로, 인기가 있어서 크로아티아어를 포함하여 여러 나라의 언어로 번역되었다.

언뜻 보면 이 책은 이탈리아 자생의 그리스도 중심주의Christocentrism를 말

149

7.
반
종
교
개
혁

하는 것 같다. 이 사상은 바울와 아우구스티누스의 사상을 재발견한 것으로서 스페인의 인문학자·성서학자인 후안 데 발데스Juan de Valdés(1500~1541)가 발전시킨 것이었다. 발데스가 나폴리에서 이끄는 경건파 모임에는 앞에서 언급한 플라미니오가 들어 있었다. 그러나 「그리스도인들을 위해 십자가에 매달린 예수 그리스도의 은총에 대한 매우 유익한 논문」은 한 가지 이상의 관점에서 읽을 수 있다. 뿐만 아니라 알프스 너머에서 출판되었던 신교 텍스트 몇 권을 짜깁기하여 만들어진 것으로 판명되었다. 특히 칼뱅의 1539년판 『기독교 강요』를 많이 참조했다. 베네데토가 에트나 산자락에 있던 자신의 수도원에서 칼뱅을 만났을 법하지는 않지만 어찌됐든 플라미니오만큼은 『기독교 강요』를 알고 있었다.

이 책에서 신학과 프로테스탄티즘(신교의 교리)을 서로 구별하기는 어렵다. "믿음을 통하여 하느님과 올바른 관계를 맺었음을 확신하지 못하면 사람은 선업善業을 쌓을 수 없다"라고 말하고 있으니 말이다. 하지만 다른 학자들은 이렇게 주장한다. 이 책은 신교와 상관없는 복음주의Evangelism 운동의 한 표현이므로 신교와 뚜렷이 구별되어야 한다. 그런데 한 가지 확실한 사항이 있다. 이 책이 로마 가톨릭 교회가 정한 금서 목록에 올라 있으며, 로마 종교재판소가 이 책의 유포를 성공적으로 억압했다는 점이다. 그리하여 한때 이탈리아어로 출판된 이 책이 수천 권 유포되었으나 오직 한 권만이 남아 19세기에 케임브리지 대학의 한 도서관에서 발견되었다. 그와 같은 성공적인 억압이 바로 반종교개혁이었다.

이와 같이 광대하고 다루기 까다로운 주제를 담아내고 통제하는 데에는 두 가지 방법이 있다. 한 가지 방법은 반종교개혁이라는 거대한 건물의 블록을 일일이 열거하는 것이다. 스페인 및 이탈리아의 최초의 개혁자들, 새로운 종교 교단, 특히 예수회, 로마 종교재판소의 설립(1542년)과 금서 목록 작성(1559년), 트리엔트 공의회, 반종교개혁 교황들, 독일에서 가톨릭 교회를 위해 펼친 기독교 회복 운동, 영국 엘리자베스 여왕 시대에 영웅답게 자신을 버린 순교자 사제들을 통한 기독교 회복 운동, 아메리카와 일본과 중국에서 종교를 새로운 정복을 수단으로 삼아 가톨릭교를 확장하려는 선교활동, 반종교개혁의 정치(가령, 스페인의 길을 따라 네덜란드에 보내어진 군대, 스페인 아르마다, 보헤미아와 슐레지엔과 팔츠 등지의 개혁에 대한 억압 조치), 반종교개혁의 미학1, 반종교개혁 시기에 살았던 성인聖人(아빌라의 성 테레사, 십자가의 성 요한), 때늦은 17세기 프랑스의 장대한 반종교개혁, 이와 관련된 수많은 수도회, 이들 간의 논쟁, 이 시기의 가톨릭 작가(파스칼, 보쉬에, 페넬롱). 여기까지 오면 목록이 너무나 길어져서 독자들은 필자와 마찬가지로 좀 쉬고 싶어질 것이다.

다른 방법은 반종교개혁의 '정신'을 파악하고 그 본질을 추출하는 것이다. 첫 번째 방법이 지루하고 수많은 이름의 목록 작성에 그칠 위험이 있다면, 두 번째는 매우 매력적이긴 하지만 사실의 뒷받침이 불충분할 수가 있다. 우리는 먼저 목록을 대충 살펴본 후 두 번째 방법으로 옮겨 갈 것이다.

반종교개혁은 스페인과 이탈리아에서는 일차적 관심사였으며 알프스 이북 지방에서는 부차적인 사건이었다. 어떤 사람들, 특히 독일의 신교도 역사학자들에 따르면 반종교개혁은 전적으로 스페인에서 시작되었다. 당시 스페인은 회교 도시 그라나다를 정복하고 개종 중인 무어인과 유대인을 자국민으로 흡수하고 있었다. 또한 종교에 있어서 당대의 가장 포괄적인 개혁자였던 히메네스 데 시스네로스Jiménez de Cisneros(1436~1517)가 교회

151

7.
반종교개혁

---

1 루벤스 등 매너리스트 화가들의 그림, 이탈리아 르네상스 시대의 작곡가인 팔레스트리나와 플랑드르의 작곡가로 르네상스 시대의 유럽 음악을 지배한 프랑코-네덜란드 형식의 최고 권위자인 라수스의 음악.

를 장악하고 있었다. 이곳에서는 억압과 개혁이 서로 어우러졌다.

이러한 흐름 속에서 성 이그나티우스 로욜라가 나왔다. 바스크족 출신의 병사였다가 개종한 그는 예수회를 창건했다. 하지만 그의 정신은 순전히 스페인으로부터 물려받은 것이 아니라 북해 연안의 저지대2의 새 헌신운동New Devotion의 전통에 많은 빚을 졌다. 신비주의적이고 천년왕국설과 유사하며 때로는 관능적인 알룸브라도파Alumbrados3에도 네덜란드풍의 요소가 들어 있었다. 스페인 종교재판소는 이 운동의 추종자들 수백 명을 기소했으며 그리하여 이 사람들을 유명하게 만들었다. 스페인의 '정통' 프로테스탄티즘은 태어나자마자 죽음을 당했기 때문에 별로 알 만한 것이 없다. 이단의 근절에 전념했던 정치적 반종교개혁은 파리, 레이덴, 런던, 멀리는 버지니아의 제임스타운 등의 관점에서 볼 때, 전적으로 스페인적인 사태였다.

이탈리아에서는 먼저 가톨릭 종교개혁이 있었다. 이 때문에 스페인보다는 좀 더 호의적인 정치적 정황에서 다양한 형태의 프로테스탄티즘 개혁으로 성장했을 수도 있었으나 결국 그렇게 되지 못했다. 자치공화국인 루카가 마치 스위스나 남부 독일의 도시이기라도 되는 듯 앞장서서 비밀 개신교도인 피에트로 마르티레 베르미글리P. M. Vermigli(1499~1562)의 감동적인 복음주의에 반응했다. 그러나 로마 종교재판소는 활동을 개시한 첫해에 순교자 피에트로를 강요하여 그 가면을 벗겼다. 피에트로는 이런 로마의 압박을 못 이겨서 여타의 실패한 개혁 지도자들과 함께 알프스 너머 북쪽 지방으로 유배를 떠났다.

---

2 현재의 네덜란드, 벨기에, 룩셈부르크 지역.

3 라틴어로는 광명을 뜻하는 일루미나티Illuminati이며, 스페인어로 각성한 사람들을 뜻한다. 16~17세기 스페인 신비주의 운동의 추종자들로서 이 운동은 부분적으로 예수회에서 유래되었다.

이런 형세 속에서 이탈리아 프로테스탄티즘은 절충적 성향을 발전시켰다. 엔지니어였던 야코부스 아콘티우스는 엘리자베스 시대의 영국에 정착하였으며 이곳에서 당대의 제일가는 종교적 관용론자가 되었다. 한편 시에나 출신의 라일리우스 소키누스와 그의 조카 파우스투스는 멀리 폴란드까지 여행하였으며 그곳에서 그의 선구적 반삼위일체설(Socinianism, 소치니파)이 다소 환영을 받았다.

이탈리아의 종교개혁은 르네상스의 아들이다. 다시 말해 대담하게 성서를 비판한 인문주의자 로렌초 발라의 영향을 많이 받았다. 발라 덕분에 피렌체 사람들인 마르실리오 피치노M. Ficino(1433~1499)와 피코 델라 미란돌라Pico della Mirandola(1463~1494)가 신플라톤주의에 기울었고, 이탈리아에 살았던 영국인 존 콜렛J. Colet(1467~1519)은 자신의 사상적 토대를 발견했다. 파도바 대학은 지적 관념론의 도가니였으며 수많은 개혁자들을 배출했다. 그런 개혁자 중에는 트리엔트 공의회에서 눈부신 역할을 맡았던 또 다른 영국인 레저널드 폴R. Pole(1500~1558)도 있다.

그러나 반종교개혁은 '허영'의 박멸이라는 반反르네상스 운동에서도 발원했다. 엄격한 성품의 도미니크 수도사 지롤라모 사보나롤라G. Savonarola(1452~1498)가 피렌체에 건립한 천년왕국은 바로 이 반르네상스 운동의 결과였다. 사보나롤라는 후대에 깊은 인상을 남겼다. 성 필리포 네리St. P. Neri(1515~1595)는 사보나롤라가 화형을 당한 지 17년이 지나서 피렌체에서 태어났지만 그의 제자나 마찬가지였다. 네리는 반종교개혁 성인 중 가장 매력적인 인물이었으며 '로마의 사도'라고 불렸지만 평사제로 남은 진정한 사도였다. 베네치아의 귀족 가스파로 콘타리니G. Contarini(1483~1542)도 이에 못지않게 인상적이었다. 1511년 성 토요일(또 하나의 회심의 계기 '크나큰 공포와 고통에서 벗어나 행복을 찾았다'), 콘타리니는 그리스도인은 공로가 아니라 믿음에 의해서 신과 올바른 관계를 맺는다는 것을 확신했다. 이것은 루터의 이신득의 사상보다 시기적으로 약간 앞선 것이었다.

그러나 정치가이자 교회 지도자였던 콘타리니는 이 교리를 충분히 연구하지 않았으므로 루터주의가 표방하는 그러한 함의를 도출해 내지 못했다. 그가 '정신계'에 영향을 미치고 또 레저널드 폴 같은 동지들과 어울리는 동안, 상호 교감으로 이신득의의 단계에 도달할 수도 있었을 텐데 그렇게 하지 못한 것이다. 1541년 신교 종파들의 정상회담이었던 레겐스부르크 종교회담에서 멜란히톤, 마르틴 부처, 그 밖의 신교도 신학자들 사이에 합의가 이루어졌다. '죄인이 효과적이고 생생한 믿음을 통하여 하느님과 올바른 관계를 맺는다는 것은 확고하고 건전한 가르침이다.'

그러나 교황과 트리엔트 공의회는 레겐스부르크 종교회담의 결과를 거부했다. 이로부터 1년 후인 1542년에 콘타리니는 세상을 떴다. 이때 종교재판소가 설립되었으며 이탈리아의 개혁 지지자들은 추방당했다. 바로 이 시기를 기준으로 가톨릭 종교개혁은 반종교개혁으로 바뀌었다.

1527년에는 2001년 9월 11일에 일어난 것과 같은 충격적 사건이 일어났다. 그해에 이탈리아 전쟁에서 프랑스를 지원하던 로마가 신성로마황제의 군대에 의해 약탈당했다(약탈이라는 말로는 극악무도했던 사태를 연상시키기가 불가능하다). 독일 민족의 불만Gravamina이 되살아났던 것이다. 세상은 이제 예전과 같을 수 없었다. 지안 마테오 지베르티G. M. Giberti(1495~1543)는 로마 약탈이 벌어지기 전 교황청에서 가장 강력한 권한을 가진 주교였으나 그의 엉성한 외교술은 이 참사에 큰 책임이 있었다. 정치에 실패한 그는 로마를 떠나 베로나에 있는 자신의 교구로 돌아왔다. 그곳에서 일련의 주교 시찰episcopal visitations을 통해 교회의 개혁에 착수했다. 이것은 획기적인 사건이었으며 모든 사람의 예상을 뒤엎고 주교들에 의한 교회 개혁을 알리는 예고

편이었다. 지베르티의 모범을 따른 자들 중 가장 유명한 사람이 밀라노의 대주교(1565년부터 역임)였던 카를로 보로메오C. Borromeo(1538~1584)였다. 그가 이룩한 개혁의 주된 내용 및 대상은 종교회의, 공의회, 시찰, 장례식부터 성직자들의 복장과 교회 기물 등 다양하다.

새롭게 각성된 종교적 진지함을 실천에 옮긴 것은 새로운 교단들이었다. 테아티노 수도회는 로마의 신애단Roman Oratory of Divine Love 출신들이 세운 교단으로 그 창립자 중 한 사람인 나폴리의 지안 피에트로 카라파G. P. Carafa(1476~1559)의 교구 이름을 따서 명명한 교단이었다. 이 교단은 1500년경부터 이탈리아 도시들에서 생겨나기 시작한 몇몇 가톨릭 신도회 중의 하나였다. 카라파는 종교개혁에 대한 반동으로서 1542년의 로마교황청 산하의 종교재판소 설립을 주도했으며, 1555년에 교황(파울루스 4세)으로 선출되어 반종교개혁 시기의 교황 중 가장 무서운 정치를 펼쳤다.

수도공동체에 살면서도 세속에서 활발한 활동을 벌였던 테아티노 수도회는 가난하고 병든 자들을 돌보았다. 특히 당대의 에이즈AIDS라고 할 수 있는 매독 환자들을 보살폈다. 이 교단을 계승한 직계가 1540년 교황의 칙령 '신전교회神戰教會의 지도자들Regimini militantis ecclesiae'로 1540년에 창건된 예수회이다. 그들의 설립 목적은 '그리스도인의 삶과 교리를 받드는 영혼의 발전과 믿음의 전파에 전념하기 위함'이라는 다소 애매모호한 것이었다. 예수회 다음으로 중요한 조직은 소위 카푸친 수도회로 알려진 프란체스코 수도회의 개혁파였다. 카푸친 수도회는 1528년에 창시된 뒤 100년 안에 42개 지역에 1,260개의 지부를 두었으며 소속 회원수는 거의 2만 명이나 되었다. 그보다 약간 뒤에는 성 필리포 네리의 오라토리오 수도회St. Philip Neri's Congregation of the Oratory가 생겨났다.

1530년대에 들어 교황도 교회의 위기 상황을 깨달았다. 하지만 파울루스(바오로) 3세(재위 1534~1549)는 도저히 개혁자가 될 성싶은 사람이 아니었다. 그는 구식의 족벌주의자였으며 추기경 시절에 첩을 두어 자녀를 네 명이나 낳았고 호화로운 파르네세 궁을 지었다. 때때로 불꽃놀이와 자극적인 카니발을 열어서 로마 시민들을 즐겁게 했다.

그러나 예상을 뒤엎고 파울루스 3세는 1536년 '교회 개혁에 관한 추기경 및 고위성직자 위원회'를 설치했다. 이 위원회에는 영적 지도자인 콘타리니, 카라파, 지베르티, 폴 등이 참가했다. 이들은 또한 교황 자신이 임명한 가톨릭 최고 자문기관인 추기경회의 위원이었다는 점에서 교황의 진지한 개혁 의지를 읽게 해 준다. 그들이 작성한 보고서「교회 개선에 대한 의견 Consilium de emendanda ecclesia」(1537)은 개혁 전반의 전통으로 자리 잡았으며 그 어떤 개혁안보다도 급진적이었다. 예를 들어, 이 보고서는 교단 중 가장 엄격한 것만 빼고 모두 다 해체할 것을 제안했다. '로마를 정화하면 세계가 정화된다purga Romam, purgator mundus'라는 원칙에 따라 로마를 우선 개혁해야 한다는 중심적 제안은 독일 사람들의 '불만Gravamina'을 그대로 반영한 것이었다. 이러한 보고서는 상당히 평가할 만하다. 왜냐하면 의사들은 좀체 "의사 양반, 그대 자신을 고치시오"라고 말하지 않기 때문이다.

하지만 건의와 실천은 서로 별개의 문제이다. 어용 위원회에서 나온 보고서가 늘 그렇듯이 상기의 보고서도 무시를 당했다. 위원회에 어떤 대표자도 보내지 않았던 교황청은 보고서가 무시당하도록 배후 조종했다. 하지만 보고서는 인쇄업자에게 유출되어 독일어 번역판이 출간되었다. 거기에 그려진 만화는 여우들이 자기들의 꼬리를 사용하여 방을 쓸고 있는 모습을 보여 주었다. 하지만 보고서의 작성은 개혁의 시작이었으며 위기에 빠진 교회가 오랫동안 바랐던 공의회의 개최를 준비하려는 의도를 담고 있었다. 이것은 교황 파울루스 3세가 즉위하면서 곧바로 손을 댄 일이었다.

선량한 의도와 구체적 성과는 서로 다른 일이었다. 공의회가 신뢰를 얻으려면 합스부르크가와 프랑스의 참여가 필요했다. 그러나 이 둘은 늘 전쟁을 벌이고 있었다. 또한 공의회가 분열을 치유할 수 있으려면 독일의 신교도들을 참여시켜야 했다. 신성로마제국의 황제 카를 5세와 그의 동생, 지명된 후계자, 헝가리와 보헤미아의 왕 페르디난트는 공의회에 눈곱만큼도 관심이 없었다. 만토바와 비첸차에서 1537년과 1539년에 각각 열렸던 예비 회합은 결렬되었다. 1541년에는 레겐스부르크 종교회담에서 불가능한 일을 성사시키기 위해 절박한 노력이 시도되었으나 큰 성과가 없었다. 이어서 1542년 카라파가 주모한 반동적 사태(종교재판소의 설치)가 뒤따랐다. 이것은 공의회 없이 억압적으로 가톨릭개혁에 착수하려는 계획이었다. 그리고 트리엔트에서 벌어진 한 차례 만남도 수포로 돌아갔다(1543년).

이런 와중에 마침내 제19차 공의회가 열린 것은 힘겨운 외교의 승리였으나, 그 시점(1545년)은 이미 한 세대(30년) 뒤늦은 것이었다. 현대 역사학자들은 트리엔트 공의회를 '비참한 상황의 연쇄적 집중'으로 얻어진 것이라고 평했다. 회의가 열린 장소는 알프스의 작은 도시 트리엔트였다. 이곳은 독일풍의 도시로 지역의 주교는 항상 독일인이 맡고 있었다. 브레너 고개에서 남쪽 길을 타고 이탈리아로 들어갈 때 만나게 되는 아디제 계곡 깊숙이 자리 잡고 있었다.

회의가 열린다는 것은 트리엔트 건물 주인들에게 여간 좋은 소식이 아닐 수 없었다. 이들은 자기들이 원하는 만큼 숙박비를 올릴 수 있었다. 신교도 역사학자였던 슬라이단은 말하자면 회의 취재 기자단의 일원으로 참가했다가 방 두 개에 하루 두 끼 식사 값으로 주당 12플로린을 지불해야 된다는 것을 알고 깜짝 놀랐다.

막상 개최된 공의회는 당시의 상황을 반영하는 그런 치열한 것이 되지 못했다. 트리엔트에는 신교도가 한 사람도 참석하지 않았다. 이뿐만 아니라 독일인 주교는 딱 한 사람 나왔고 나머지는 대부분(전부 25명 중) 이탈리아인이었다. 첫 만남은 1545년 12월에 이루어졌다. 교황 사절단이 회의를 개최하기 위하여 트리엔트에 처음으로 온 지 9개월이 지난 때였다. 정치적 우여곡절 때문에 아홉 달이 허송되었던 것이다. 공의회의 1차 시기는 1547년 3월까지로 끊을 수 있다. 이때 파울루스 3세가 회의 장소를 교황령인 볼로냐로 옮기는 바람에 회의는 완전히 끝나 버렸다. 이렇게 되자 신성로마황제 카를 5세는 슈말칼덴 전쟁에서 신교 영주들을 패배시켰으나 그 패배자들의 처참한 모습을 공의회 참석자들에게 보여 줄 수가 없었다. 회의는 1551년 5월에 트리엔트에서 재소집되었다. 그러나 기대를 모았던 신교도들의 참석은 실현되지 않았으며 프랑스인들은 왕이 참석을 금지하는 바람에 오지 못했다.

1550년부터 1555년까지 교황은 율리우스 3세였다. 구역질나게 웃기는 사람으로 자기의 어린 '조카'를 추기경으로 임명했다. 이어서 22일 동안 마르켈루스 2세가 재임한 뒤(팔레스트리나가 그의 장례식을 위해 작곡한 미사곡 이외에는 기억할 만한 것이 없는 교황), 카라파가 교황 파울루스 4세(재위 1555~1559)로 선출되었다. 그가 살아 있는 한 트리엔트 공의회는 물 건너간 얘기였다. 그의 사후인 1561년에 공의회는 다시 소집되었으며, 그때가 전체 회의 기간 중 그 어느 때보다 가장 훌륭한 사람들이 참석하여 가장 좋은 성과를 올렸다. 당시 종교전쟁을 치르던 프랑스가 이번에는 공의회를 어떻게 이용할 수 없을까 하여 큰 관심을 보였다.

1563년 공의회가 마침내 해산했을 때 차후 4세기 동안 통용하게 될 가톨릭 교리를 규정하는 몇 가지 굵직한 교령敎令을 남겼다. 이것들은 이전의 18회에 걸쳐 열렸던 기독교 전체 공의회에서 만들어진 법령보다 더 많았다. 한

무리의 쥐들이 산고産苦 끝에 산山을 하나 낳은 셈이었다.

우선, 공의회는 교리상 분열된 양측이 상대방에게 자신의 의도를 설명하는 기회가 되었을 텐데 그렇지 못했다. 현대적 의미로는 초교파적인 회의라고 할 수 있다. 그런데 트리엔트 공의회가 한 일은 신교의 교리를 배척하는 언어를 써서 가톨릭 교회가 옳다고 믿는 것을 재천명한 것뿐이었다. 음화陰畵를 현상하면 뚜렷한 인화印畵가 나오듯이, 공의회는 가톨릭의 대對프로테스탄티즘 속셈을 명확히 드러내는 계기로 그치고 말았다. 1547년 1월 31일 공의회는 고심 끝에 이신득의에 대한 견해를 표명했다. 16장으로 이루어졌으며 33개의 조항이 첨부된 교령이었다. 제9조는 이렇다. '신에게 불경하는 자가 믿음만으로도 신과 올바른 관계를 맺는다고 말하는 자가 있다면…… 그를 파문해야 한다.'

가톨릭교 하면 이 교리(이신득의)를 반대하는 종교라고 규정하기에 이른 것은 순전히 루터 때문이었다! 트리엔트 공의회에서 교회는 스스로를 그리스도인의 형성과 목회적 관심의 유일한 도구로 천명했을 뿐만 아니라, 일종의 포위당한 심리에 빠져 신교를 철저히 무시하는 배타적 교회가 되고 말았다.

두 번째로, 공의회는 르네상스 시대의 방만했던 교황제도를 정비하여 교회를 협의체 조직으로 재구축할 것으로 기대를 모았다. 이것은 콘스탄츠 공의회 및 바젤 공의회의 약속(혹은 위협)이었다. 이 때문에 로마교황청이 공의회를 개최하는 데 그토록 오랜 세월이 걸린 것이고, 또 전체 교회는 시간이 걸리긴 하겠지만 결국은 교황이 그 이름에 걸맞게 공의회를 소집하리라고 확신했다.

그러나 결국 트리엔트 공의회는 교황의 권력을 강화하는 도구가 되고 말았다. 교황청에서 볼 때, 「교회 개선에 대한 의견」(1537)에 있는 과격한 개혁안을 실시한다면 그것은 상명하달식의 형태가 되어야 했다. 다시 말해 로마교황청의 주도 아래 교황청에서 시작하여 순차적으로 주교와 교황청 대사들에게 내려가는 하향식 개혁 방법이었다. 이것은 그런대로 실시되었다고 할 수 있다. 몇 가지 사례를 들어보자. 첫째, 공의회가 이탈리아 내에서 개최되었다. 둘째, 가톨릭 교회의 지리적 분포를 볼 때, 주로 주교로 구성되고 주교만이 투표권을 갖는 종교회의에서 이탈리아인이 압도적으로 많았다. 셋째, 교황의 사절단은 복잡한 방법으로 공의회를 진행하는 수완이 능숙했다.

트리엔트에서 가장 기대했던 것은 상호간의 타협이었다. 황제를 포함하여 일부 사람들은 공의회가 권리 남용의 시정, 오래된 독일의 불만 해소, '이단자들'을 다시 교회라는 큰집으로 되돌아오게 만들 수 있는 개혁 등에 관심 가져 주기를 바랐다. 특히 성직자의 독신제와 성만찬에서 평신도의 포도주 마시기 금지 등을 해제하는 개혁이 포함되었더라면 더욱 호평을 받았을 것이다. 그러나 교황청의 주된 관심은 교리를 내세워 교회의 권리에 울타리를 치는 데에 있었다. 그렇게 노골적으로 표출되지는 않았지만 결국 공의회는 교회 개혁과 교리 규정의 논쟁을 같은 범주로 묶어서 진행했다.

트리엔트 공의회의 초기 회기에서는 논란이 분분한 교리 문제에 대하여 전체적으로 보수적인 결론을 도출했다. 다시 말해 공의회는 가톨릭 개혁이 반종교개혁의 노선을 취한다는 것을 확인했다. 트리엔트 공의회가 교리에 있어서 결정한 대표적 사항인 의화에 대해서도 요지부동이었다. 교령은 루터주의뿐만 아니라 의화와 성화聖化가 한 짝을 이룬다는 이른바 '이중 의화double justification'라는 중재안도 배척했다. 이 중재안은 레겐스부르크 종교회담에서 인정을 받았던 것으로 이것을 트리엔트 공의회에 제출한 사

람은 아우구스티누스 수도회의 총회장이자 추기경이었던 지랄로모 세리
판도G. Seripando(1493~1563)였다.

트리엔트 공의회의 제4차 회기는 구원의 진리는 성서에만 있는 것이 아
니라(신교에서 말하는 '오직 성서만으로sola scriptura') 불문의 교회 전통에도 있다
고 결정했다. 또한 옛 라틴어 번역본 불가타역을 '정경authentic'이라고 선언
했다. 가톨릭 주교들은 이제부터 성서와 주석의 출판을 통제하게 되었다.
공의회는 스콜라주의4에 의거한 성서의 주석을 성서 인문학으로 대체하
고 싶었던 사람들을 외면했다. 반종교개혁 신학교들은 더욱 강화된 스콜
라주의의 요새가 될 터였다. 성 토마스 아퀴나스는 결국 판매유효 기간보
다 더 오래 살게 되었다.

트리엔트 개혁의 핵심인 가톨릭교의 관행과 그 하부 구조를 재조정하는
일에 가장 힘을 쏟은 것은 제3차 회기에서였다. 앞으로 주교들은 개혁의
도구가 되어야 했다. 현대의 비즈니스 세계에서 볼 때 그들은 중간 관리자
에 해당하는 직무를 맡았다. 그들의 임명 절차가 엄격히 규제를 받게 되었
다. 그들은 해마다 한 번씩 종교회의synod를 열고 교구 시찰을 해야 했다. 이
를 통해서 교구 내의 잘못된 사항을 밝혀내고 또 목회자로서 이상적인 주
교상像을 정립해야 되었다. 이를 가장 잘 구현한 이가 밀라노의 추기경 보

---

4 스콜라 철학은 토마스 아퀴나스로 대표되는데 토마스는 존재의 유비를 통해 자연에서 초자연
(신)의 결론(신이 존재한다는 것을 자연에 의해 증명)을 제시했고, 창조된 세계에는 신에 도달하는 내
적 질서가 있다고 가르쳤다. 또한 인간의 이성으로 신을 이해할 수 있다고 보았다. 이러한 토마스의
스콜라 철학에 대하여 대표적 유명론자인 오컴은 구방법Via antiqua이라고 비판하면서 신방법Via
moderna을 내놓았다. 오컴은 인간의 능력으로는 신을 알 수가 없으며 신이 인간에게 자신을 드러
낼 때(계시) 비로소 그 분을 알 수 있다고 가르쳤다. 스콜라 철학은 성서에 대한 어떤 절대적 혹은 단
일한 이해가 가능하다고 본 반면, 오컴주의, '새로운 헌신', 성서 인문학 등은 과학적 방법과 구체적
증거에 의한 성서 해석을 주장했다. 이처럼 여러 운동이 스콜라 철학의 절대적 권위를 상대화시키면
서 스콜라주의는 서서히 힘이 약해졌다.

로메오였다.

그런데 주교란 무엇일까? 자신(주교)의 신성한 권리를 가진 그리스도의 지상 대표자인가? 아니면 단순히 그리스도의 유일한 지상 대리자인 교황의 하급자인가? 제3차 회기에서는 이 문제에 대하여 격론이 일어났다. 강력한 스페인 파견단원 한 사람이 첫 번째 안을 주장했다. 만약 이것이 채택되었다면 교황은 교구의 총감독자인 주교를 교황청 업무에 데려다 쓸 수가 없었을 것이다. 그러나 트리엔트 공의회는 교황을 정점으로 하는 기존의 감독 제도를 그대로 유지할 계획이었으므로 이러한 토론은 학술적인 것에 지나지 않았고 역사의 한 에피소드에 불과했다. 거의 정확히 4세기 뒤에 거행된 제2차 바티칸 공의회5에서 다시 한 번 주교들의 협동단결(episcopal collegiality, 교황이 일방적으로 재가하는 것이 아니라 주교들이 교황과 함께 교회 행정에 참여하는 것)을 교회의 기둥으로 재확인했다. 그러나 요한네스 파울루스 2세는 이 문제에 그리 큰 의미를 부여하지 않았다.

트리엔트 공의회는 최고위 교황의 명령을 받은 주교들로 하여금 교회를 감독하게 만들었다. 이것은 중요한 사항이지만 이보다 더 중요한 것도 있었다. 트리엔트 공의회는 사제들이 기초적인 면에서부터 교회를 운영하는 형식을 창시했다. 사제들은 이제 트리엔트 공의회가 마련한 틀에 따라서 양성되거나 쉽게 말해 거의 제조될 터였다. 이 사항은 제23차 회기에서 마

---

5 제2차 바티칸 공의회에서 주교들은 교황청의 법률주의, 성직자주의, 패권주의를 성토했다. 그러나 요한네스 파울루스 2세는 제2차 바티칸 공의회의 의도와는 반대로 교황, 교황청, 교황대사의 권력을 강화했다. 공의회의 위치를 격하시키고 주교단 회의를 단지 고문단 위치로 축소시켰다. 또한 교황의 주교 임명권을 강화했다. 요한네스 파울루스 2세는 여성 사제 서품 거부, 산아제한 및 낙태 거부 등의 입장을 취하고 있어서 여성 차별적인 보수적 교황이라는 비난을 받고 있다. 이에 대하여 교황청은 어떤 지역적인 문제를 가지고 세계적 관점을 유지하고 있는 교황청 정책을 재단할 수 없으며, 교회의 일치를 위하여 교황을 정점으로 하는 현 체제의 유지는 불가피하다는 입장을 취하고 있다.

련한 다음과 같은 취지의 교령에 암시되어 있다. 모든 교구는 자체의 신학 교를 두어야 하고 통일된 규칙을 따라야 한다. 신학교 학생들은 삭발을 하고 성직자의 옷을 입으며 성사의 절차에 대하여 교육을 받아야 한다. '특히 고해성사를 집전하는 능력을 갖추는 데 적합한 사항을 교육받아야 한다.'

이것이 앞으로 4세기 동안 지속될 교회의 배아적胚芽的 모습이었고, 겸손 한 성직자 장 바티스트 마리 비앙니Jean-Baptiste Marie Vianney(1786~1859)의 이상 적 교회였다. 아르의 사제Curé d'Ars라고 널리 알려진 비앙니는 1925년 시성 諡聖되었고 모든 교구사제의 수호성인이 되었다. 중세의 교회가 이 정도로 사제 중심이었던 적은 없었다.

개혁으로 원기를 회복한 교황제도의 시대가 왔다. 트리엔트 공의회를 재소집했던 피우스 4세(재위 1559~1565)가 선두에 섰다. 그러나 교황이 무 엇을 할 수 있다는 것을 보여 준 이는 피우스 5세(재위 1566~1572)였다. 그는 최초로 시성諡聖된 교황이라는 영예를 누린 인물로 목동 출신의 이단 심문 관으로 일했었다. 그는 만능 공격수로서 이단자뿐만 아니라 유대인, 동성 애자, 투우사(그는 투우를 금했다)에 대해서도 엄격했다. 프랑스 종교전쟁에 개입했으며 병사들에게 적을 몰살시키라고 말했다. 그는 정치적 교황이었 으며 현직의 통치자에게 퇴위를 명한 마지막 교황이기도 했다(1570년 영국 의 엘리자베스 1세에게 칙령 '최고의 왕권Regnans in excelsis'을 내렸다). 이로 인해 영국 인들은 '로마 가톨릭교'가 거짓된 종교일 뿐만 아니라 사악한 정치라는 생 각을 갖게 되었다.

그레고리우스 13세(재위 1572~1585)는 평범했으며 세속적이었다. 그러 나 성 바르톨로메오의 대학살을 추모하기 위한 장엄한 찬송인 「감사의 찬송Te Deum」 작곡을 의뢰한 교황이었다. 그의 후계자 식스투스 5세(재위 1585~1590)는 단지 5년 동안 재임했으나 로마를 유럽의 가장 큰 도시이자 새로운 경제의 중심지 그리고 효과적이고 근대화한 정부의 본거지로 만들었다. 가장 큰 도시로 만든 수단은 로마를 별(星) 모양의 도시로 새롭게 건설한 것이며 당시에 조성된 거리, 광장, 연못과 오벨리스크 등은 오늘날의 로마 관광의 볼거리들이다(이탈리아의 조각가 겸 건축가인 베르니니G. L. Bernini는 나중에 마무리 손질을 했을 뿐이다). 또한 효과적이고 근대적인 정부를 만들기 위해 정부의 행정 부서를 여러 개(이런 저런 '추기경위원회') 두었다. 이후 이곳에서 가톨릭 교회를 관리했다. 이 위원회의 하나인 '공의회위원회 Congregation of the Council'는 트리엔트 공의회의 결정들을 실천하기 위한 목적으로 만들어진 기관이었다.

새로워진 직위에 앉아서 위와 같은 일들을 해 나가는 교황들의 오른팔이 되어 준 것은 예수회였다. 예수회 신학자들은 트리엔트 공의회에서 스페인 성직자들과 논쟁을 하여 이겼다. 이들은 유럽 전역에서 새로운 신학교를 운영했으며 궁성과 대학에 침투했다. 또한 지칠 줄 모르는 설교자요 위대한 선교사인 동시에 무서운 논객이었다. 네덜란드인 페트뤼스 카니시우스P. Canisius(1521~1597)가 12개의 예수회 대학이 있었던 남부 독일과 오스트리아에서 가톨릭 교회를 회복하고 굳건하게 하는 일을 주관했다. 그는 모든 연령층과 모든 지식 계층을 위한 교리문답서를 저술했다. 예수회의 두 교부인 에드먼드 캄피온E. Campion(1540~1581)과 로버트 파슨스가 영국으로 들어왔다. 평소 신중하기로 소문난 어떤 역사학자는 이들의 도래를 두고 침입이라고 말했다.

예수회 수도사들을 교황의 돌격 부대라고 부르는 것은 진부하겠지만 대부분의 진부한 말이 그렇듯이 그것은 사실이다. 그리고 여기에 하나의 역설이 있다. 아니, 모순이기조차 하다. 그것을 파헤치면 모든 인간의 제도에 있는 자유와 권위 사이의 긴장 관계에 대한 물음과 만나게 된다. 예수회는

164
—
종교
개
혁

반항자의 측면이 있었으며 오늘날의 시대에도 그러하다. 그들의 영성 형성과 조직의 측면에는 반항자의 가능성이 늘 깃들여 있었다. 모든 예수회 수도사와 예수회의 영적 수련 기관에 가입한 수천 명의 평신도들은『영성수련』을 거쳤다. 이것은 성 이그나티우스가 바르셀로나 근처에 있는 만레사의 한 동굴 속에서 체험한 것의 진수였으며, 영혼의 바람직한 상태를 유지하기 위한 일종의 지침이었다.『영성수련』은 자율적 인간 존재로서 그리스도를 완전히 체험하는 모습을 예시했다. 그들의 말을 빌리면, '스스로를 정복하고 자신의 삶에 질서를 세우는' 수단이었다. 예수회 신학자들은 항상 의지의 자유를 억제하려고 했다. 특히 17세기 프랑스에서 반종교개혁 시대의 칼뱅파를 지칭하는 얀센파Jansenists6와의 투쟁에서 그러한 성향이 두드러졌다.

겉보기에는 모두 계율에 관한 것처럼 보이지만 예수회의 헌장에는 자유라는 근본적인 원칙이 깃들여 있다. 이 문서의 내용은 독특하게 유연한 것으로 '신의 크나큰 영광majorem gloriam Dei'을 얻는 데 진취적·모험적 사업과 비공식적인 행위를 허용한다. 그러는 한편 예수회의 총회장과 기타 고위 지휘자들에게 그리고 궁극적으로는 교황에게 절대 복종할 것을 요구한다. 오늘날 군사적으로 유사한 단체를 들라면 영국의 '공군특수부대(SAS, Special Air Service)'가 해당될 것이다.

예수회에서는 독창성이 규율만큼이나 중요한 특권이다. 예수회 회원에게 종교가 싸움이었다면 그것은 사업negotium이기도 했다. 예수회가 유럽을 거쳐 그 너머 지경으로 교세를 확장할 수 있었던 계기는 16세기의 무역로가 확대되고 상업활동이 빨라졌기 때문이다. 예수회의 특징인 서신을 통

---

6 플랑드르 지방의 로마 가톨릭 개혁 운동의 지도자이며, 이프르의 주교였던 얀센의 사상을 따르는 사람들을 말한다. 이들은 성서에 중심을 두고 스콜라주의에 반대하고 예수회에 반대했다.

한 연락은 교단을 결속시켰다.†그러나 서신이 목적지에 도달하려면 수주 또는 수개월이 걸렸기 때문에 편지는 본부에 대한 보고 의무만큼이나 선교사의 모험 정신과 자율 정신을 권장했다. 독일 대학, 엘리자베스 시대의 영국 사제들의 골방, 브라질의 정글, 일본 등지의 사정 등 얘기 내용이 매우 다양했고 여러 가지 보고로 가득 차 있었다.

버지니아 울프는 조지 엘리엇의 『미들마치*Middlemarch*』를 어른을 위한 최초의 장편소설이라고 말했다. 우리는 이와 유사한 이야기를 1968년에 저자의 사후에 출판된 어떤 반종교개혁 연구 책자에 대해서도 말할 수 있다. H. 우트럼 이브네트H. O. Evennett의 『반종교개혁의 정신*The Spirit of the Counter-Reformation*』은 이 주제와 관련하여 영어로 쓰인 최초의 사려 깊은 책이다. 이 책을 읽고 있으면 종교개혁에 관련된 사건, 이름, 날짜 등의 험한 덤불을 헤친 후 숲속의 탁 트인 개간지에 도달한 느낌이 든다.

이브네트는 이렇게 묻는다. 무엇이 반종교개혁의 정신이었나? "그것을 트리엔트 공의회에서 찾아서는 안 된다. 왜냐하면 영적 거듭남과 계몽은 초교파적 공의회에서는 성취할 수 없는 것이다"라고 이브네트는 말한다. 이어 그 정신을 '정신적 그리고 물질적 질서에 있어서 새롭게 떠오른 세력들에 대한 가톨릭 종교와 가톨릭 교회의 점차적 적응'이라고 정의했다. '이 정신 덕택에 중세 이후에도 단일 중앙통제식 체제의 세계적 기독교 교단(가톨릭 교회)이 아직도 설득력을 갖추고 팽창하는 가운데 살아남을 수 있었다.'

이러한 설명은, 이브네트는 반종교개혁 시기의 교황직에도 적용될 수 있다고 말한다. 그 시기의 교황들도 새롭게 규정된 교회를 위하여 이른바 '새로운 군주들'이 그들의 국가를 위해서 하던 것들을 계속하고 있었기 때문이다. 그러나 그 '정신'은 교회 내의 조직 재건에 있는 것이 아니라 영성에 있었다. 따라서 이브네트는 당연히 이 책에서 예수회에 가장 많은 관심을 갖고 다룬다. 또한 이그나티우스를 싸우지 않고 당대의 일반적인 조류를 폭넓게 포용한 인물로 설명하고 있다. 그 사람도 위대한 발견의 시대에 한 부분이었다는 것이다.

역사학자 존 보시는 이브네트의 유고를 출판하면서 유고집의 서문에서 이브네트가 자신의 주장을 실증하기 위해서는 반종교개혁 이후의 사건들을 좀 더 많이 살펴보았어야 했다고 지적했다. 이브네트는 1675년 이후에 가톨릭 세계는 '휴식의 기간'을 맞이했다고 썼다. 보시는 이 말이 무기력 상태를 완곡하게 표현한 점잖은 말이라고 보았다. 영국의 가톨릭주의에 대한 특별한 연구를 수행하는 가운데, 보시는 예수회의 모험적인 적극성을 내재적인 타성과 대조하면서 결국 타성이 이기고 말았다고 결론지었다. 좀 더 일반적으로 말해, 보시는 '반종교개혁'이 점차 쇠퇴한 것은 세계의 중심점이 대서양 세계로 이동해가는 와중에 지중해 문명이 당한 위기에서 유래한 것이라고 말했다. 대서양 세계7를 지배한 것은 물론 신교였다. 반종교개혁 운동은 라틴 지방(이탈리아와 스페인)에서 일어난 일이며 알프스 이북 지방에서는 쉽게 접목될 수 없었다. 왜 그랬을까? 보시는 반종교개혁이 세상을 근대화했다는 이브네트의 주장에 의구심을 품는다. 17세기 중엽에 도달하면, '가톨릭교가 흥기興起하는 북유럽 문명의 심장부에 자기 자신을 정립시킬 수 있는 때는 이미 지나가 버렸다.' 150년간의 '절름거리는 정체 상태'가 잇따랐다.

신교도들과 포스트 신교도들은 보시의 이런 주장에 고개를 끄덕일 것이다. 그들은 종교재판소가 지동설을 비난했을 때 갈릴레오가 보였던 반응을 기억할 것이다. '그러나 지구는 아직도 움직인다.' 하지만 갈릴레오가

---

7 보다 구체적으로 미합중국.

이 말을 실제로 하지 않았다는 점에서 루터의 '여기에 내가 서 있습니다'와 하나의 위경적僞經的인 짝을 이룬다.

좀 더 근래의 저서 『종교개혁 후의 평화*Peace in Post-Reformation*』에서 존 보시는 반종교개혁 시기의 가톨릭교와 그 전에 일어났던 사건들을 가능한 한 광범위하게 비교했다. 그의 전제는, 종교는 과거에도 그리고 그 이전에도 우선적으로 화해의 메커니즘이었다는 주장이다. 중세의 공동체들은 서로 분기탱천하며 싸울 여력이 없었다. 교회와 교회 업무를 직업으로 삼았던 자들은 갈등을 막기 위해 그곳에 존재했다. 인간과 신에 관한 일을 다루는 성사聖事도 사회적 관습이었는데, 일반 대중이 볼 때 성사의 주요한 목적은 사회적 관습의 이행이었다. 그러니까 성사는 '도덕적 전통'에 이바지했다는 이야기다. 그러나 성 카를로 보로메오의 모범적인 주교직 수행에서 보듯이, 성사의 강제적 거행은 사회적 행동의 규제라는 형태를 띠기 시작했으며 전례典禮에서 '평화*pax*'라는 말은 거의 사라졌다.

보로메오가 내놓은 새로운 가톨릭 교회의 상징은 격자창이 붙어 있는 고해실, 고해를 받아주는 사제는 보이지 않는 그 불가시성不可視性, 죄와 용서라는 비사교적 사상을 실천하기 위한 도구 등 살벌한 것뿐이었다. 이것은 분명 교구민과 그의 사제, 인간과 신의 관계를 널리 융합하는 사교적 도구라고 할 수 없다. 16세기 후반, 독일에서 루터파 사이에 도덕적 전통은 고스란히 보존되어 있었다. 예수회는 그 전통을 피폐시키는 기계였으며 아울러 루터파들이 그 전통을 유지시키는 데 이룩한 성과를 없애 버리는 도구이기도 했다.

보시가 설명하는 바에 의하면, 보로메오는 생생한 삶의 현장을 파악하고 싶어했으나 그렇게 하지 못했다. 당연히 보로메오의 실패는 곧 생생한 대중의 삶에 승리를 가져다 주었고, 대중의 생생한 삶은 거의 언제나 승리를 거두었다. 이탈리아에 있어서 반종교개혁은 엄격히 말해서 일시적 산불에 지나지 않았다. 산불이 지나간 뒤 삼림은 곧 제 모습을 되찾았다. 평화를 만들어 내는 삼림의 노력은 계속되었다.

여기서 보시는 이렇게 암시한다. 가톨릭 교회가 도덕적 전통을 포기했다는 것은 곧 반종교개혁의 실패, 더 나아가 가톨릭교 자체의 궁극적 실패를 의미하는 것이다. 19세기에 들어와 가톨릭 교회가 회복을 위해 그처럼 인위적인 노력을 보였던 것이 그것을 반증한다. 그렇다고 신교도들도 의기양양하게 환호성을 지를 수 있는 입장은 아니다. 그들이 도덕적 전통의 자리에 갖다 놓은 것은 그 전통보다 훨씬 지탱하는 힘이 약한 듯하기 때문이다. 또한 그 성격이 회의적이든 이성적이든, 세속적이든 물질적이든, 어떤 시민사회가 예전의 기독교적 사회와 지속적으로 반목하게 된다면, 그것이야말로 도덕적 전통의 완전한 종말이 되고 말 것이다. 기독교 정신을 완전 배제한 사회가 얼마나 오랫동안 시민사회로 버틸 수 있을까? 다행히도 이런 거창한 질문은 나 같은 역사학자가 대답은 고사하고 물을 수조차 없는 그런 것이다.

우리는 이쯤에서 논쟁을 끝내야 할까? 존 보시는 매우 명석한 역사학자이지만 그의 동료 중 다수는 그의 주장이 때때로 잘못되었음을 발견한다(혹은 주장한다). 반종교개혁 이후 가톨릭 교회가 걸어온 장기적 쇠퇴에 대한 그의 분석에 대하여, 우리는 이런 반론을 제기할 수 있다. 반종교개혁 이후의 새로워진 가톨릭교는 분명 그 나름의 장점을 갖고 있었다. 그것은 17세기와 18세기에 걸쳐 확장된 유럽 문명의 일부분이었으며 자체 안에 고유한 계몽정신을 가지고 있었다. 가령 바로크 예술, 교육 기회의 확대, 광범위한 사회복지(특히 프랑스의 경우) 등을 그 사례로 들 수 있다. 현대의 아일랜드도 좋든 나쁘든 이제 과거의 가톨릭 전통에서 벗어나고 있다. 그러나 현대의 아일랜드를 만든 것이 가톨릭 교회가 아니라면 도대체 무엇이란 말인가?

8

예외적인 경우:
영국의 종교개혁

영국의 종교개혁, 실제로는 브리티시 제도의 전역에서 벌어진 종교개혁은 당대와 그 이후에 지속적으로 시련을 당했다는 점에서 예외적인 경우였다. 16세기에 일어난 종교적 변화의 역사는 잉글랜드, 웨일스, 스코틀랜드 등지에서 제각각 달랐다. 그러나 17세기에 들어 이들 섬 지역이 동일한 군주의 통치를 받게 되었을 때, 그들의 종교와 정치는 상호작용하는 역사를 만들어 냈다. 따라서 다른 지역의 사정을 얘기하지 않고서는 절대로 특정 지역의 사건을 설명할 수 없었다.

아일랜드는 잉글랜드 문제가 있었으며 스코틀랜드도 그랬다. 잉글랜드는 차라리 이 두 왕국이 없었더라면 아마도 더 나았을 것이다. 잉글랜드에서는 군주가 주도하여 종교개혁을 단행했다. 스코틀랜드에서는 종교개혁의 발단과 진전이 상당 기간 군주에게 반항하는 방식으로 전개되었다. 과거의 역사에 무지하고 현대사만 아는 사람들은 아일랜드에서도 종교개혁이 벌어졌다는 얘기를 들으면 놀랄 것이다. 이는 물론 스코틀랜드 프로테스탄트들이 북부 해협을 건너 북아일랜드 얼스터에 이민을 온 것하고는 전혀 다른 역사이다. 정말로 아일랜드에서 종교개혁이 일어났었다. 그러나 큰 성공은 거두지 못했으며 그 이유를 설명하는 많은 책이 저술되었다.

웨일스는 잉글랜드에서 종교개혁을 빌려 오고 그것을 웨일스식으로 수용했기 때문에 상대적으로 조용하고 복잡하지 않은 경우였다. 그러나 웨일스도 후대에 가면 진정한 의미의 종교개혁을 겪었다. 늦게는 1904년에 교회 부흥 운동이 일어난 것도 종교개혁의 일종이었다. 당시 베델Bethel이나 조아Zoar라고 일컫던 허름하고 음산한 예배당들이 점점이 풍경 속에 들어서 있었다. 이것들은 100년도 채 되지 않아 카펫 보관 창고나 빙고 홀이 되었고, 성가대 자리와 럭비 구장을 제외하고는 종교개혁의 흔적이 하나도 남지 않게 되었다.

그럼 잉글랜드로 시선을 돌려보자. 잉글랜드의 경우, 그런 종교개혁 따위는 결코 일어나지 않았다는 신화가 존재한다. 많은 성공회 교도는 이렇게 말한다.

잉글랜드의 종교개혁은 성공회(잉글랜드 교회)를 단지 수차례 온건하고 실용적으로 조정했던 것으로 끝났으며 대륙에서 일어났던 소란은 이곳에서는 벌어지지 않았다. 그리고 잉글랜드의 종교개혁은 잉글랜드 교회가 지닌 과거와의 연속성을 첨예하게 의식했다.

이것은 정말 신화적인 역사관인데 이런 이야기는 역사적 목적에 전혀 도움이 되지 않는다. 이제 상당한 시간적 거리가 있는 관점에서 보자면 잉글랜드의 종교개혁은 대단히 과격했다. 그런 만큼 이 현상을 설명하자면 여러 관련 사항을 함께 열거해야 한다.

예를 들면 당시 잉글랜드의 정체는 유럽에서 가장 강력하다고 할 수는 없지만 그래도 가장 효과적인 군주제였다. 군주는 백성들이 복종할 것을 기대했으며 대부분의 백성들이 복종했다. 또한 지역과 지방의 다양성에도 이 나라는 결합력이 강했으며 이미 일종의 시민사회가 되어 있었다. 또한 이 나라는 자기가 하나의 나라라는 것을 의식하고 있었다. 우리가 앞으로 의논하게 될 과정에 의해 그런 국민적 의식은 더욱 강화되었다. 사태를 파악할 수 있는 열쇠는 잉글랜드의 관습법(불문법)이다. 이것을 통하여 왕실이 종교를 변화시키기 위하여 지시한 사항은 비록 아무리 인기가 없는 것일지라도 대부분 이행되었다. 이렇게 강력한 왕의 권위가 수립되어 있었기 때문에, 잉글랜드에서는 이웃 프랑스와는 달리 신교도와 가톨릭 교도가 길거리에서 서로 학살하는 일이 벌어지지 않았다.

이러한 변증법이 어떻게 가능했는지 이해하려는 시도들은 자칫 오해에 빠질 수 있다. 특히 역사적 편견이 방정식의 어느 한 쪽을 다른 쪽보다 더 강조할 경우에 더욱 큰 오해를 불러오게 된다. 튜더 왕조는 강력했지만, 한때 사람들이 생각한 것 같이, 일종의 전제정치를 펼치지는 않았다. 따라서 튜더 왕조는 종교적 변화를 조장하는 세력에게 상당히 힘을 실어 주는 등, 대중의 여론(혹은 지배계급의 여론)에 적절히 반응하며 통치하는 것이 국가의 운명이라고 생각했던 것이 아닐까? 아무튼 그 당시 신교가 월등히 훌륭한 종교였고 잉글랜드의 국가적 행로에 적합한 수단이라고 생각하는 역사학자들은, 바로 이때가 프로테스탄티즘의 호기였다고 보았다.

그러나 잉글랜드의 대부분의 지역을 통틀어 이러한 견해를 지지할 증거는 없다. '수정주의자들'은 이런 사실을 들이댄다. 잉글랜드 종교개혁의 요지는 유럽 국가 중에서 구종교에 대한 투자(문자 그대로)라는 측면에서 가장 가톨릭적이었던 나라가 3세대 안에 가장 반가톨릭교적인 나라가 되었다는 것이다. 구교의 죽음은 이상한 죽음이었으며 부자연스러운 낭비였다. 구교라고 말하지만 그 종교가 그토록 낡은 것도 아니었다. 종교 변혁의 시대 이전 많은 지역에서 교회 공동체와 부유한 후원자들은 때때로 서로 협력하여 거창한 종탑과 첨탑을 세우거나 결혼식이 치러지는 멋진 교회 현관을 증설하는 등 교회 확장 사업에 투자했다. 교회의 성상, 채색 판화, 십자가와 기타 장식 등은 얼마 뒤 부서지거나 녹아 없어지는 운명을 맞았지만 그 이전까지는 자주 칠을 하여 새것처럼 밝게 빛났다. 만약 1570년[1] 당시 쉰 살의 잉글랜드 남자가 경험한 것이 필립 라킨P. Larkin(1922~1985, 영국의 시인)이 노래한 힘찬 잉글랜드의 모습이었다고 가정해 보자. 그렇다면 그 잉글랜드의 모습은 또 다른 시인 브라우닝R. Browning(1812~1889)이 노래한 쇠락한 잉글랜드가 아니라, 그 쉰 살의 남자가 막 태어난 시점의 힘차게 태동하던 바로 그 잉글랜드였다.

잉글랜드 종교개혁이 노골적으로 왕실의 강요를 받았다는 이야기도 사실과 다르다. 종교개혁의 일환으로 일어난 것 중에는 인기 높은 것들도 있었다. 가령 추기경 토머스 울지T. Wolsey(1472/4~1530)가 왕의 눈 밖에 나서 숙청되었을 때 아무도 그를 위해 눈물을 흘리지 않았다. 그는 햄프턴 궁[2]의 건설자였으며 마지막이자 극단적인 구식 고위성직자였고 헨리 8세의 최초의 재상이었다. 다른 주교들이라고 해서 백성의 호감을 받은 것은 아니었다. 그러나 잉글랜드 주교들은 독일의 일부 영주-주교들처럼 권세가 없었으니 신교도들로부터 심각한 증오와 폭력의 대상이 되지도 않았다. 수도원의 해체로 반발하는 자들보다는 시장에 나온 수도원의 땅을 사려 하거나 해체된 석조 건물을 채석장으로 이용하고 싶어하던 투기꾼들이 더 많았다. 그리하여 가톨릭 역사학자들은 수도원 해체라는 비극적인 사태를 부채질한 투기꾼들의 음모를 지적했다. 하지만 잉글랜드 북부는 예외에

---

1 교황이 엘리자베스 1세 여왕에 대하여 파문을 선포한 해.
2 런던 서쪽 24킬로미터 지점의 템스 강의 둑에 있는 거대한 궁성. 전에는 왕실 전용의 공원이었으나 현재는 일반에게 공개되어 있다.

속한다. 이곳에서는 수도원들이 그때까지도 전체적인 생활방식과 밀접히 관련되었기 때문에 수도원의 해체로 인해 튜더 왕조에 대한 위협적인 반란 (이를 '은총의 순례Pilgrimage of Grace'라고 부름)이 1536~1537년 사이에 일어났다.

지금도 그렇지만 성직자들은 비판을 받았다. 그러나 때때로 동료 사제의 비판도 있었다. 예를 들면 성 바울 대학의 총장이자 에라스뮈스를 동반하여 월싱엄 사원을 찾아왔던 존 콜렛이 그런 사제이다. 그는 1510년에 열렸던 한 종교회의에서 열변을 토하며 성직자들의 '사악한 생활', '육체적 욕망', '탐심' 등을 호되게 꾸짖었다. 그것은 모든 개혁자들이 빠뜨리지 않고 말하는 불평 사항이었다. 이와 관련하여, 한때 학자들 사이에서는 '반교권주의anticlericalism'[3]가 종교개혁의 한 원인으로 제시되었다. 하지만 성직자가 하나의 사회적 계급으로 배척을 받았다는 증거는 믿을 만하지 못했고, '반교권주의'란 말은 훨씬 후대의 유럽 정치에서 수입된 시대착오적인 말이었다.

마지막 세대에 속하는 잉글랜드 가톨릭 신자들은, 연옥에 있는 죽은 조상들이나 자녀들이 지상의 기도와 미사에 의해 연옥 체류 기간을 감면받을 수 있다고 믿었다. 그 증거물로는 부유한 사람들이 건립한 수백 개의 예배당과 가난한 사람들의 예배당인 수천 개의 기도원과 기도 모임을 들 수 있다. 가톨릭 신자 중 '모든 사람'이 이곳에 기부금을 냈다. 이 시설들의 주된 기능은 죽은 자들을 대신하여 산 자들이 대속代贖하는 종교를 영속시키는 것이었다. 그렇다면 강제적인 억압 수단이 별로 없었던 잉글랜드 정부가 어떻게 하였기에 짧은 기간에 그러한 모임을 불법화하고 그들의 재산을 몰수할 수 있었을까? 이런 현상은 그 후 '순종의 수수께끼riddle of

---

3 성직자의 특혜와 부패를 비난하는 사상.

compliance'라고 불렸다.

우리는 어쩌면 다음과 같은 삼단논법을 부득이 구성해야 될지 모른다. 그토록 과격하고 환영받지 못한 종교적 변화는 도저히 일어날 수가 없었다. 그러나 일어났다. 그러므로 그것은 과격하거나 환영받지 못한 변화가 아니었다. 큰 변화가 있었다고 믿는 사람들 사이에는 이런 일치된 의견이 있다. '위에서 일어난' 변화와 '아래에서 일어난' 변화, 이렇게 두 가지 변화는 관련 요소나 세력 간의 상호작용으로 이루어졌다는 것이다.

하지만 위에서 밑으로 일어난 변화 혹은 밑에서 위로 일어난 변화 등은 저 혼자서는 변화의 상황을 온전히 설명하지 못한다. 영국 성서의 역사는 이 이중 과정에 대한 좋은 예증이다. 성서의 변역은 윌리엄 틴들을 위시하여 자원자들이 수행했다. 이것은 밑에서 일어난 개혁에 그치는 것이 아니라 틴들이 망명 중에 작업했기 때문에 밖에서부터 일어난 개혁이기도 했다. 인쇄업자와 서적상들은 당연히 이 사업에서 이윤을 남겼다. 그러나 곧이어 헨리 8세는 성서를 왕권의 상징과 도구로 채택했으며, 모든 잉글랜드 교회는 그의 명령에 따라서 성서를 비치했다.

이 과정에는 그에 맞서는 어떤 반발이나 저항도 없었다. 헨리 8세조차도 백성들이 성서를 어떻게 해석해야 할 것인지 완벽하게 통제할 수 없었다. 잉글랜드 종교개혁이 두 번째와 세 번째 국면에 들어서자 의견을 달리하는 다양한 비동조적 경향dissenting nonconformities과 차후 장기간 존속하게 될 종교적 다원주의가 생겨났다. 또 하나의 역사적 농담은 이들 비동조적 경향 중 첫째가 가톨릭교였다는 점이다. 잉글랜드의 가톨릭교는 억압받고 불리한 소수파로서 종교개혁을 이기고 살아남았다. 그 과정에서 신교도들은 그들을 경멸하는 말투로 '교황파the popish sect'라고 불렸다. 하지만 19세기에 들어와 아일랜드인의 대규모 이민이 발생하고, 교황의 교황권 지상주의가 확립되면서 '교황파'라는 말은 더는 경멸의 뜻을 갖지 않았다.

루터 없이는 종교개혁이 일어날 수 없었다고 한다면 잉글랜드 종교개혁은 국가적 사건으로서 헨리 8세 없이는 일어나지 않았을 것이라고 확신할 수 있다. 잉글랜드에는 유구한 이단의 전통이 있었다. 롤라드파는 틴들이 번역한 신약성서와 수입된 루터파 서적들을 읽기 시작하면서, 자신들을 종파적 신교 교회로 재조직했다. 이들은 새로운 교리(프로테스탄티즘)를 접하고 개종한 학자들과 성직자들에게서 격려와 지도를 받았다. 어림짐작으로 말해 본다면 이들의 수는 대략 인구의 2퍼센트에 달했을 것이다. 다른 곳보다도 런던의 남동부와 이스트앵글리아에 많았다. 프랑스에서는 서민들 사이의 프로테스탄티즘의 위세가 이보다는 강했다. 그 까닭은 지주들의 후원을 끌어올 수 있었기 때문이다. 잉글랜드에서는 상부로부터 권장을 받지 않았기 때문에 지주들의 신교 호응이 미미했다.

우리는 또 다른 대체 역사를 써볼 수도 있다. 가령 헨리의 첫 부인 아라곤의 캐서린Catherine of Aragon4이 몇 명 혹은 한 명이라도 건강한 아들을 낳았더라면 잉글랜드에서 종교개혁이 벌어지지 않았을 것이다. 헨리는 세자를 생산하지 못하는 결혼에서 벗어나야 했기 때문에 그것이 종교 혁명의 원인, 적어도 계기가 되었다. 이 종교 혁명은 개인과 왕조의 최대 관심사에

---

4 헨리 8세와 결혼한 아라곤의 캐서린은 원래 헨리의 형인 아서의 아내였다. 그러나 아서는 당시 중병에 걸려 결혼 4개월 만에 죽었고 둘 사이에 합방은 없었다. 캐서린은 그 후 교황청으로부터 헨리와 결혼해도 좋다는 허가를 받고 18년간 결혼생활을 하면서 3남 4녀의 자식을 두었는데 딸 메리를 제외하고 모두 일찍 죽었다. 캐서린에게서 후사를 얻지 못하고 새로운 여자 앤 불린—캐서린의 시녀—을 만나게 된 헨리는 교황청에 이혼을 요청했다. 이혼 사유는 구약(「레위기」 18 : 16)에 의거하여 형수와의 결혼이 원인 무효라는 것이었다. 이렇게 되자 당시 신성로마제국의 황제 카를 5세의 숙모인 캐서린은 자신의 방어에 나섰고, 아서와 합방 사실이 없었다고 주장했다. 카를 5세에게 우호적이던 교황청은 헨리의 이혼을 거부했고, 헨리는 교황청에 불복하여 이혼을 강행했다. 그 후 수장령을 반포하여 로마로부터 완전 독립된 잉글랜드 교회의 수장에 올랐다.

반 클레브, 「헨리 8세의 초상화」, 1530~1535년경

밀착되어 있으므로 역사책들은 이것을 헨리의 종교개혁Henrician Reformation이라고 불렀다.

바로 이것이 1531년과 1534년 사이에 의회가 법령을 제정하여 로마교황청에 대한 복종으로부터 잉글랜드 교회를 벗어나게 하고, 주교들과 다른 성직자들을 왕권에 전적으로 복종하도록 만든 이유였다. 이로써 잉글랜드 교회는 제도권 기독교로부터 법적으로 고립되었다. 울지의 자리를 계승한 토머스 크롬웰T. Cromwell이 주도했던 이 과정을 요약해서 보여 주는 법령에는 '잉글랜드 왕국은 한 사람의 수장이자 왕이 다스리는 제국이다'라고 하여, 현대어로는 완전한 주권국가임을 선포하는 문구가 들어 있다. 그 절정은 1534년의 수장령Act of Supremacy으로서 왕이 '잉글랜드 교회의 유일한 수장'임을 인정하고 거기에 법적인 효력을 부여했다. 그리고 변함없이 개혁이라는 명분을 내세워 교회 일에 개입할 수 있는 왕의 권리를 거의 무제한으로 만들었다. '때때로 이단, 권리 남용, 위반 사항…… 등을 억제하고, 시정하고, 개혁하고, 명령하고, 수정하고, 제지한다.'

혁명은 일단 발동이 걸리면 멈추기 어려운 탄력을 얻는 법이다. 1530년대의 잉글랜드 종교 혁명을 추진한 세력은 헨리의 새 부인 앤 불린A. Boleyn, 토머스 크롬웰, 그리고 종교개혁과 관련된 사건 진행에 꼭 필요했던 캔터베리의 새 대주교 토머스 크랜머T. Cranmer(1489~1556) 등이었다. 크랜머는

독일에서 대사로 재직할 때 독일인
아내를 얻었으며 신교의 교리를 접
했다. 의심할 여지없이 스스로도 공
포를 느끼며 그는 신교도가 되는 것
이 자신의 다음 임무임을 깨달았다.

토머스 크롬웰의 초상화

헨리 8세도 종교 혁명을 추진했
다. 그는 성지들(월싱엄 사원 같은 곳)
을 폐쇄하고 의식儀式을 억제하거나
성인과 성상의 지위를 깎아내리는
일에 열중했다. 모든 수도원은 그에
게 만만한 밥이었다. 그것들을 파괴

함으로써 교회에 대한 왕의 지배가 강화되었다. 해체된 수도원의 재산은
곧 바닥났지만, 그렇게 바닥이 날 때까지는 왕실의 수입을 두 배로 늘려 주
었다. 이제 왕은 백성들에게 일방적으로 신앙의 내용을 지시했으며 단지
외교를 목적으로 잉글랜드 교회의 교리에 루터주의를 부분적으로 받아들
였다.

그러나 헨리 8세의 일부 가톨릭적 마음가짐을 포함하여 보수적인 반항
세력이 있었다. 그들은 성만찬에 하느님이 실제로 현존(임재)한다는 교리
와 다른 전통적인 사항을 고집스럽게 믿었다. 한편 토머스 크롬웰은 헨리
의 네 번째 결혼인 클레베 가문의 앤**5**과 혼사를 억지로 밀어붙인 외교상의

---

5 세번째 아내 제인 시모어가 1537년 10월 아들 에드워드를 낳은 직후 출산 후유증으로 사망하자
헨리 8세는 토머스 크롬웰의 주선으로 클레베의 앤과 결혼을 하는 데 동의했다. 그러나 실제로 여
자를 만나 보고 결정한 것이 아니라 궁정화가 홀바인이 그린 앤의 초상화만을 보고서 결혼을 승낙
했는데, 실제로 실물을 보고서 호색한 헨리는 전혀 성적 매력을 못 느껴서 혼사를 없던 것으로 하고
자 했다. 그러나 크롬웰은 혼사를 계속 밀어붙였고 이것이 화근이 되어 실각하고 처형당했다.

실패와 이단의 죄목으로 숙청당했다. 이 사건이 있기 얼마 전부터 전통적인 교리를 가혹한 형벌로 방어하려는 보수반동적인 법령이 제정되었다. 그 여파로 대주교 크랜머는 독일인 아내와 아이들을 독일로 잠시 피난시킬 수밖에 없었다.

1547년 헨리 8세가 죽고 그의 세 번째 부인인 제인 시모어 사이에 얻은 아홉 살짜리 아들이 에드워드 6세로 즉위했다. 종교개혁은 이러한 정치적 변화 속에서 다시 진전될 기회를 얻었다. 상당히 의아스럽게도 종교에 관한 한 언제나 수수께끼였던 헨리는 이러한 결과를 만들려고 일부러 작정한 듯했다. 그는 애지중지하는 아들이 프로테스탄트로 성장하는 것을 수수방관하고 아무런 제동도 걸지 않았다. 기존의 전통을 부정하는 종교개혁이 전보다 더 강력하게 추진되었고, 백성들은 기도원과 기도 모임의 해체를 통해서 그것을 감지했다.

크랜머는 행동의 자유를 얻었다. 모든 교회에서 읽힐 공식적 설교에서 루터의 구원관을 설교하였다. 필연적으로 죄인인 인간은 '전통적인 것과는 다른 의로움'을 추구해야만 했다. '믿음에 둘러싸인' 의로움은 '하느님과 완벽하고 완전한 관계를 맺기 위하여 우리가 얻고 받아들이며 하느님으로부터 허용을 받는' 것이다. 믿음을 강조한다고 해서 선행의 실천을 배제하는 것은 아니다. '믿음이 선행을 배제하는 목적은 우리가 선행을 해야만 비로소 선해진다는 그런 이기적 의도를 배제하기 위해서이다.'

크랜머는 의화에 대해서는 그런 정도로만 루터주의를 받아들였다. 다른 교리에 있어서 크랜머와 잉글랜드는 막 생겨나던 개혁의 전통에 기울어 있었다. 특히 성만찬과 예배 형식의 교리에 있어서는 수정된 츠빙글리파의 견해를 따랐다. 이 종파에 해당되는 선도적 개혁자들인 마르틴 부처, 피에트로 마르티레 베르미글리, 폴란드의 귀족으로 몹시 과격한 얀 라스키 등은 램버스6에서 환영을 받았다. 이제 국가 단위의 개혁 전통은 국제화되었다.

잉글랜드의 종교는 이제 뿌리부터 바뀌었다. 크랜머가 제정한 『성공회 기도서Book of Common Prayer』가 교회 예배의 양식을 정비했으며 모든 형식을 영국식으로 변모시켰다. 명료한 발음을 강조했기 때문에 토머스 탈리스 T. Tallis(1510~1585) 같은 작곡자는 예전과 다른 교회음악을 작곡해야만 되었다. 무엇보다도 미사성례를 성만찬예배 또는 주의 만찬예배로 대체했다. 여기서 크랜머는 십자가 위에서 치른 예수의 희생은 단 한 번으로 모든 죄악을 속죄했다는 효능을 강조했다.

1549년에 나온 『성공회 기도서』 초판에는 체제상의 변화가 아주 제한된 범위 내에서만 이루어졌다. 그 까닭은 변한 것이 별로 없다는 느낌을 사람들에게 심어 주려는 것이었다. 크랜머 자신은 보수적인 전례주의자로서 그의 천재성은 전통적 기도문을 아름다운 영어로 솜씨 좋게 다듬은 데에 있었다. 그러나 데번과 콘월 사람들은 다듬어진 기도문에 속지 않고 무력 저항을 일으켰다. 정부는 스페인과 독일의 용병을 동원해 그 반란을 진압했다. 1552년 의회는 두 번째로 덜 모호한 신교 기도서를 제정했다. 에드워드 6세의 치세 기간이 끝날 무렵 잉글랜드 교회의 신교파 교리는 '42개 신조Forty-Two Articles'를 제정했고, 이것을 뒤에 '39개 신조'로 개정했다.

여기가 종교개혁이라는 롤러코스터의 꼭짓점이다. 기도서를 찍은 인쇄기의 잉크가 마르자마자 에드워드 6세가 서거했다. 튜더 왕조의 유일한 성공적 반란(왕위 요구자 레이디 제인 그레이에 대항한 반란)이 있은 뒤 에드워드의 이복 누나인 가톨릭 교도 메리Mary가 왕위를 계승했다. 그녀는 얼마 가지

---

6 램버스 궁을 가리키는 것으로 잉글랜드 교회의 수좌인 캔터베리 대주교의 주교좌가 있는 곳.

않아 사촌인 스페인 펠리페와 결혼함으로써 왕실의 성격을 분명히 드러냈다. 신교 전통의 역사학자들은 이를 두고 '메리의 반동Marian Reaction'이라고 기술했으며, 마치 새로운 사태의 변화가 오직 부정적인 것인 양 그리고 처음부터 이런 사태가 운명지어져 있었던 것처럼 말했다. 미사성례의 회복과 로마교황청에 대한 순종 등은 수구반동적 의미의 반종교개혁이었다.

가톨릭교 쪽으로 좀 더 기울어진 역사학자들은 새로운 사태들을 '메리의 종교개혁Marian Reformation'이라고 명명했다. 왜냐하면 다시 구교를 채택한 것이 단순히 원상 회복에 그친 것이 아니라 원상보다 한 걸음 더 나아갔기 때문이다. 메리는 왕위에 오른 지 6년 뒤에 자식 없이 죽었다. 만약 그렇게 일찍 죽지 않았다면 잉글랜드는 여전히 가톨릭 국가였을지 모른다. 그럴 경우 잉글랜드 종교개혁은 일시적 궤도 이탈에 그쳤을 것이고, 개혁 그 자체가 좀 더 부정적으로 인식되었을 것이다. 그 이유는 헨리 치하에서 교회들이 남김없이 약탈당하고 특히 수도원의 경우 처참하게 파괴되었어도 사람들은 여전히 가톨릭적인 마음가짐을 갖고 있었기 때문이다.

사태가 전개된 모습에서 보듯이 메리가 엮어 낸 역사는 역설적인 의미가 있다. 마치 메리 통치의 시나리오는 1558년의 엘리자베스 즉위에 따른 신교의 승리를 예비하는 시나리오처럼 보였다. 장차 신교 회복을 주도할 지도자 다수가 메리의 신교 압박을 피해 독일과 스위스 등지로 망명했으며 자연스럽게 취리히, 제네바, 기타 개혁 운동의 중심지들과 유대를 굳힐 수 있었다.

한편 잉글랜드에서는 전례 없었던 대규모 이단 핍박이 비생산적인 정책으로 판명되었다. 화형을 당했던 300명의 '순교자'들의 숫자가 대량 학살과 대형 참사에 익숙해진 세계의 입장에서 볼 때 그리 많지 않아 보일 수도 있다. 하지만 이 숫자는 당시의 세기 동안 유럽을 통틀어 이단으로 처형된 전체 인원의 7퍼센트에 해당한다. 희생자들은 대주교 크랜머와 네 명의 주교들을 시작으로 글을 몰랐던 카디프의 어부와 장님을 포함한 수많은 여자와 몇 명의 십대 등 가난한 보통 사람에 이르기까지 다양했다.

엘리자베스의 치세에 존 폭스는 이런 잔악 행위를 소재로 삼아 통상적으로 '순교자들의 책'이라고 알려진 『교회의 행적과 영웅적 인물들*Acts and Monuments of the Church*』을 저술했다. 이것은 교회의 훌륭한 선전물로서 정기적으로 증보·발간되었으며 잉글랜드에서 발간된 그런 선전물 중 가장 부피가 컸다. 폭스는 이 책의 앞부분에 교회의 전체 역사를 배치했다. 이른바 이단이라고 불렸던 것은 실은 진리였다. '가톨릭'이 말하는 진리는 거짓이었다.

따라서 이 책은 그 동안 제기되었던 역사적 수정주의 중에서 가장 급진적인 것이다. 폭스는 상상 속에서 순교자들이 화형을 씩씩하게 견뎌 냈다는 것을 너무나 강조했기 때문에, 화형이 당시 사람들 사이에 커다란 반감을 일으켰다는 사실이 은폐될 정도였다. 그러나 에식스의 콜체스터는 신교에 대한 핍박이 일어나기 전에는 신교 도시가 아니었지만 핍박의 결과로 신교 도시가 되었다. 이렇게 되자 이 도시의 주민 중 구교 신자들은 나중에 정적으로부터 프로테스탄트를 핍박하던 자들이라는 비난을 받게되었다.

1559년 성령강림축일[7]에 잉글랜드는 다시 공식적으로 신교 국가가 되었다. 에드워드 시대의 기도서가 단지 약간만 바뀐 채 다시 제정되었으며, 예배에 쓰이는 유일하게 합법적인 기도서가 되었다. 이것을 지속적으로

---

7 부활절 다음 일곱 번째 일요일.

위반할 때에는 높은 벌금과 무려 1년 동안의 금고에 처해졌다. 우발적으로 교회에 불참해도 원칙적으로는 2주 또는 3주간의 임금에 해당하는 1실링의 벌금을 물어야 했다.

그러나 국민 전체를 신교도로 만드는 데에는 이보다 더 한 노력이 들었다. 스스로를 '경건한 사람들'이라고 부르고 일부 사람들에게 '청교도 Puritans'[8]라고 비난을 받았던 소수파 그룹의 신앙부흥 운동가들은, 그들(청교도)이 보기에 '신앙의 열의가 식은 법령상으로만 신교도인 사람들'을 험담했다. 비난의 욕설만을 모은 기발한 사전이 발간되었다는 사실은, 그 자체로 영국인들이 얼마나 깊이 분열되어 있었나를 보여 주는 증거이다. 가톨릭 교도들을 '교황파'라고 했으며, 곧이어 '교황측 국교 거부자'와 '교회 교황파'로 더욱 세분되었다. 전자는 값을 혹독히 치르면서도 신교 예배를 노골적으로 거부한다고 해서 붙여진 이름이고, 후자는 좀 더 타협적인 성향을 가진 부류였다.

엘리자베스 시대의 사람들을 단순히 법적 형식적 프로테스탄티즘을 넘어 진정한 의미의 신교로 개종시키는 일은, 무엇보다도 성직자가 새로운 교리들을 설교하고 문답식으로 가르치는 능력에 있었다. 설교자들은 처음에는 수가 부족했다. 어떤 지역에는 아예 없었다. 1570년대에 가서야 비로소 눈에 띄는 변화가 시작됐다. 주교들의 격려와 매우 강력한 영향력을 가진 정치 세력들의 적극적인 노력에 힘입어 대학들이 졸업생들을 점점 많이 교구로 내보냈기 때문이다. 이들 중에는 엘리자베스의 측근 중의 측근이자 레스터 백작인 로버트 더들리R. Dudley도 있었다. 런던의 남동부 지역인 이스트앵글리아와 동부 내륙 지역을 두고 말한다면 잉글랜드는 16세기 말

---

8 검소한 예배와 엄격한 도덕을 주장했던 신교 종파.

이 가까워지면서 신교 국가가 되고 있었다. 일부 지역에서는 아직도 여타 종교의 잔재가 남아 있었지만, 잉글랜드의 거의 전체를 이루는 가장 큰 지역들은 유럽의 개혁 종교에 근접한 프로테스탄티즘을 접했으며 그 교리의 가르침을 받았다.

그러나 북부의 큰 지역, 특히 랭커셔는 양상이 달랐다. 이 지역의 신교 전파는 결코 완전하지도 않았거니와 17세기 초에 가서야 비로소 이루어졌다. 정부뿐만 아니라 서적 거래 등 모든 것의 중심지인 런던은 그 위상이 너무 컸기 때문에 종교개혁이 지방으로 보급되는 현상을 '런던 식민지 사업London colonial enterprise'이라고 불렀다. 1600년의 잉글랜드가 전체적으로는 신교의 국가가 아니었을지라도 대체적으로 반가톨릭 국가였다. 17세기에 들어 이 나라는 교황제에 대한 반감을 바탕으로 하여 그 자신과 군주제의 본질을 규정했다.

하지만 이런 설명만으로는 전체의 모습을 나타내기에는 부족하다. 그것은 상당 부분 엘리자베스 1세 자신의 문제 때문이다. 엘리자베스는 신교도의 전형으로 이름이 높았다. 심지어 교황이 거짓 교회의 머리라면, 여왕은 지상에 세워진 그리스도 교회의 머리라고까지 치켜세워졌다. 그러나 이것은 다분히 겉꾸밈이었다. 물론 엘리자베스는 의심할 나위 없이 신교도였다. 그녀의 가계, 왕위 계승권, 외교 정책 등은 모두 그녀의 개인적 견해 ─ 여느 군주와 같이 모호하기는 했지만 ─ 와는 상관없이 신교도였다는 것을 보여 준다.

그러나 열정적인 신자가 아니었음도 확실하다. 그녀는 결코 칼뱅파가 아니었으며 성만찬에 하느님이 실제로 현존한다고 확신한 것으로 봐서는 루터파에 가까웠다. 그녀는 습관적으로 '신의 몸으로By God's Body'와 같은 구식의 가톨릭교 서언誓言을 사용해서 열성파 신교도들을 열받게 했다. 그녀는 열성파 신교도들이 부수어 버리고 싶어했던 성상(성화)들을 좋아했다. 그녀가 없었더라면 잉글랜드의 위대한 대성당들은 수도원과 같은 운명을 맞아 사라져 버렸을 것이다. 더불어 영국국교회 음악의 위대한 전통도 자취를 감추었을 것이다. 엘리자베스는 구교의 사제 독신제獨身制를 선호한 것 같다. 그녀는 설교에 호감을 보이지 않았다. 그녀의 치하에서 두 번째로 캔터베리 대주교에 오른 주교는 나라 전체를 통틀어 두세 명의 설교자가 있으면 충분하다는 그녀의 말을 듣고 경악했다. '오, 여왕님!' 이 대주교는 특별한 종류의 설교(취리히식의 '예언하기'라는 설교)를 억압하라는 여왕의 요청을 거부한 탓에 해고되었다.

종교 정책의 영향은 광범위했다. 엘리자베스 시대의 교회의 토대를 이루는 종교 정책은 온건했으며, 특히 어떤 주교의 말대로 종교의 '무대 장치'에 있어서 더욱 그랬다. 이로 인해 열성파 신교도들 사이에서 '더 높은 단계의 개혁'을 쟁취하기 위한 운동이 일어났다. 여왕은 주교들을 동원하여 그 운동을 억누르려고 했으나 쉽게 가라앉지 않았으며, 그들은 더욱더 급진적으로 변해갔다. 일부 청교도들은 기도서와 주교제episcopacy를 폐기할 것을 요구했다.

잉글랜드 국내에서 가톨릭교에 대한 정책은 신교도들이 원한 것보다 훨씬 온건했다. 왜냐하면 엘리자베스는 수많은 예수회원과 선교사와 그 지지자들을 매우 야비하고 비참하게 죽여 버린 그런 테러를 억압하기 위해 최선을 다했기 때문이다. 프로테스탄트 국민들이 스코틀랜드의 여왕 메리의 목을 단두대에 올리라는 주장에도 엘리자베스는 무려 16년 동안 포로였던 그녀의 목숨을 구해 주었다. 대외 관계에 있어서 여왕은 반가톨릭교 이념이 국가 정책을 좌우하도록 내버려 두지 않았으며 차라리 전통적이고 신중한 현실 정치를 선호했다. 이런 점 때문에 그녀는 정부의 다수파들과 대적할 수밖에 없었다.

엘리자베스의 통치는 타협 노선을 지향했으나 그것은 국교도와 수세의 제도권 지배 계층과 청빈한 비국교도 사이에 불화를 일으켰다. 청교도주의Puritanism**9**는 엘리자베스의 정치 노선과 싸움을 벌이는 것뿐만 아니라 그 이상의 것을 지향했다. 청교도주의가 진정한 영국의 종교개혁, 다시 말해 국가 갱신을 위한 광범위한 프로그램이었다는 것이 결코 과장된 말이 아니다. 이 프로그램은 모든 대중문화를 개혁하기 열망했다. 예를 들어 메이폴**10**, 축구, 연극, 술집부터 시작해서 연설, 복장 규정, 무엇보다도 오늘날 주일(안식일)이라고 불리는 일요일의 엄수 등이다. 이것들은 회교의 국가들이 회교 율법을 생활에 적용하듯이 구약을 실생활에 적용하는 일련의 가치였다. 물론 간음에 대한 사형의 형벌도 있었다.

하지만 청교도 목사들은 회교의 지도자들 혹은 최고 성직자들처럼 그런 개혁 프로그램을 실행에 옮길 힘이 없었다. 경건한 신교는 그 시대의 매우 주목할 만한 성과인 교육 설비의 증대와 사회복지제도의 발명(엘리자베스 시대의 빈민법)과 많은 관련을 맺었다. 청교도주의의 핵심은 '실용적인 신학practical divinity'**11**이라고 하는 것, 달리 말해 칼뱅파의 해석에 따른 구원의 맹렬한 추구로 이루어져 있었다.

아일랜드의 종교개혁은 '런던 식민지 사업'의 완벽한 실증 사례로서, 진

---

9 이 청교도주의자들은 17세기에 미국으로 건너가 뉴잉글랜드 사회를 건설한 사람들이다. 나다니엘 호손의 『주홍글씨』에서 간음한 여주인공의 가슴에 간음을 의미하는 A자를 달고 다니게 한 세력이다.

10 5월 축제에 쓰이는 기둥.

11 '실용적인 신학'은 칼뱅의 예정설에 바탕을 둔 것으로서, 자신이 하느님으로부터 구원을 받을지 어쩔지 알 수 없으므로 더욱 열심히 실용적인 일을 추구하여 그것을 구원 가능성의 표적으로 삼으려는 것이다.

정한 의미의 토착적 특색이 결핍되었다. 아일랜드가 통상적인 의미에서 식민지 사업이었다는 사실은 아일랜드의 종교개혁이 실패한 커다란 이유였고, 또 현대 아일랜드에서 가톨릭교와 국민적 정서(반잉글랜드 정서)가 결합한 결정적 이유이다. 우습게도 가톨릭 교도였던 메리가 처음으로 아일랜드에 식민지 건설 정책을 실시했다.

하지만 이것이 필연적인 발전 과정은 아니었다. 게일어12를 쓰는 세계의 다른 곳, 즉 스코틀랜드의 웨스턴 군도에서는 종교개혁이 성공했다. 그럴 수 있었던 가장 큰 원인은 젊은 바이올리니스트들과 하프 연주자들이 시편의 연주를 배운 예에서 보듯, 종교개혁이 게일어를 통해서 그리고 전통적 음유시인들의 문화를 통해서 표현·전파되었기 때문이다. 아일랜드 출신의 프란체스코 수도회 수도사들은 아일랜드에서 환영을 받지 못했다. 반면 남쪽 지역 출신의 장로교 목사들은 그들 못지않게 경건한 아일랜드 성직자들의 긴 머리와 품위 없는 복장에 아연실색했다. 이러한 아일랜드의 교훈을 웨일스에 적용했더라면 효과가 있었을 것이다. 하지만 튜더 왕조는 웨일스에서도 아일랜드처럼 밀어붙이는 정책을 취했다가 큰 고통을 당했다.

아일랜드에서 새로운 신앙은 영어를 말하는 더블린 특구Dublin Pale13에서부터 퍼져 나갔으나 특구는 아일랜드어를 배운 적이 없었다. 헨리, 에드워드, 엘리자베스 시대에 제정된 영국의 종교개혁 법령을 아일랜드 의회는 덮어놓고 인가했다(헨리 8세는 아일랜드 왕국을 만들었다. 그러나 왕권이 없는 속국이었으며 영국의 군주들이 방문한 적은 없었다). 15세기에 활기찼던 종교 생활의

---

12 켈트어에 속하는 고대 아일랜드어.

13 12세기부터 잉글랜드의 통치를 받았던 아일랜드 동부 지역.

주요 중심지였던 수도원과 탁발 수도회들 중 실제적으로 잉글랜드의 통치를 받았던 곳에서는 해체되었다.

1549년의 기도서는 영어와 라틴어로 된 것이 도입되었으며 게일어판은 없었다. 게일어 신약성서는 1603년에 가서야 비로소 번역되어 나왔다. 이곳에는 효과적인 신교의 복음주의도 거의 전파되지 않았다. 복음전도자 중 가장 정력적이었고 설교단說教壇뿐만 아니라 희곡까지 선교에 이용했던 존 베일J. Bale은 나중에 아일랜드 주교가 되었는데 그곳에서도 효과적인 선교사 역할을 하리라고 예상되었다. 그러나 현실은 그렇지 못했다. 그곳에서 '거친 아일랜드인들'이 그를 인질로 잡고 몸값을 받고서야 풀어 주었다. 베일은 이 모험적 사건을 설명한 글의 표지에 시편**14**에서 따온 글귀를 집어넣었다. '하느님은 나를 사냥꾼의 덫에서 구해 주셨다/난처한 해악으로부터도 구해 주셨다.'

이런 맥락에서 아일랜드에 관해 영어로 쓰인 대부분의 글 중 백미는 에드먼드 스펜서의 진정한 식민주의 책인『아일랜드의 현 상태에 대한 견해 *A View of the Present State of Ireland*』이다(이 책은 1596년에 쓰였으나 1633년까지 출판되지 않았다).

종교개혁 과정에서 주도권을 잡은 쪽은 신교의 반대편이었던 수도사들이었다. 이들은 반종교개혁의 담당자들이었으며, 대륙의 신학교에서 훈련을 받고 새롭게 변모한 가톨릭 교리의 기초를 놓기 시작했다. 이것은 오늘날 우리가 아일랜드에 대하여 갖고 있는 생각과 불가분한 관련이 있다.**15**

---

14 141 : 9

15 아일랜드인들이 가톨릭을 고집하여 유나이티드 킹덤(영국)의 정체 안으로 들어오기를 거부한다는 생각.

아일랜드에 잉글랜드 형식의 대학이 하나도 없었던 것도 문제였다. 아일랜드에 나간 프로테스탄트 설교자 중에는 잉글랜드에서 사고를 치고 도피중인 자들이 지나치게 많았다. 더블린에 트리니티 대학이 1592년에 건립되었지만 너무 늦었다. 대학 설립 후 30년이 지나자 매우 현명한 학장이자 후에 가장 훌륭한 아일랜드 주교가 된 윌리엄 베델은 트리니티 대학의 졸업생들이 게일어로 대화할 수 있어야 한다고 주장하기에 이르렀다. 베델의 운명은 베일보다도 더 나빴다. 북부 아일랜드인들이 1641년 반란을 일으켰을 때 그는 피난민 무리를 이끌고 해안으로 가다가 도중에 티푸스에 걸려 죽었다.

스코틀랜드의 종교개혁은 대체로 훨씬 더 복잡한 양상을 띠었다. 스코틀랜드의 종교개혁 과정에서 개혁이 무산될 뻔했으나 잉글랜드의 군사적, 정치적 개입 덕분에 모면했던 순간이 있었고 그 후부터 두 왕국 사이에 우호 관계가 싹텄다. 동시대 스코틀랜드 사람들의 이야기처럼 어느 정도 '잉글랜드와의 일치'가 있었다. 반면 잉글랜드에서 이룬 개혁의 수준에 만족스럽지 못한 신교도들은 선망의 눈으로 스코틀랜드식 개혁의 모델을 바라보았다. 그러나 양국 교회가 상호간에 영향을 주고받았다 할지라도 교회 통합의 문제가 제기된 적은 없었다. 2002년에조차도 이 문제는 아직 그 누구의 안건에도 들어 있지 않다.

스코틀랜드의 종교개혁은 자생적이었으며 잉글랜드가 이루어 낸 것이 아니었다. 16세기 중엽 수세기에 걸친 프랑스와의 '오래된 동맹 관계'가 동맹 이상의 것이 되었다. 당시 헨리 8세는 자신의 아들과 스코틀랜드의 여왕인 어린 메리 사이의 혼인을 통하여 작은 왕국(스코틀랜드)을 합병하고 싶어했고, 스코틀랜드는 헨리 8세의 영향권에서 벗어나려고 했을 때였다. 메리는 프랑스 황태자와 약혼한 뒤 곧이어 결혼했다. 그리하여 메리의 프

프랜시스 딕시, 엘리야가 야합과 이세벨에 대적하다, 1873년.

랑스 출신 모친인 기즈의 메리Mary of Guise가 스코틀랜드의 섭정이 되었고, 프랑스 수비대가 에든버러 궁과 리스 및 여타 요새에 주둔했다. 종교개혁 자체만큼이나 오래된 스코틀랜드의 신교 운동은 그제서야 대안 교회로서 스스로를 규합하기 시작했으며 자칭 '회중의 귀족Lords of the Congregation'인 반항적 귀족들의 모임과 제휴했다.

이것은 혁명에 의한 개혁이었으며 이런 개혁 양식은 다음 세기에서 한 번 이상 되풀이되었다. 영국의 일부 관측자들은 이런 사태에 경악했다. 이 혁명의 예언자로 자임한 존 녹스는 과격한 정치적 견해 때문에 잉글랜드에서는 기피 인물이었다. 메리 스튜어트가 과부가 되어 프랑스에서 돌아오자 녹스는 예언자 엘리야의 입장이 되어 그녀를 요부 이세벨**16**에 비유

---

16 티레와 시돈의 제사장이자 왕인 에드바알의 딸로서 이스라엘 왕 아합과 정략 결혼했다. 결혼 후에도 바알 신을 계속 섬겼으며 기원전 842년에 예후에 의해 살해당했다. 그녀의 이름은 배교를 뜻하는 대명사로 쓰인다. 구교에 물든 메리가 신교 국가인 스코틀랜드에 돌아온 것을 이세벨에 비유했다.

했다. 그녀는 그의 설교를 들었을 때 그리고 접견할 때에도 묵묵히 그의 말을 듣고는 눈물을 흘렸다.

그러나 녹스는 영국인 기질이 있는 스코틀랜드인이었다. 그는 엘리자베스 여왕의 재상 윌리엄 세실에게 말하기를 언제나 '두 왕국 사이의 영구적 화합'을 원한다고 했다. 세실도 그것을 원했다. 비록 세실은 그의 말대로 '녹스의 대담함'을 싫어했지만, 녹스를 거대하고 모험적인 계획의 일환으로 사용하려고 했다. 그 계획 덕분에 잉글랜드는 '회중의 귀족'의 정치적 몫을 구해 주었고, 프랑스를 스코틀랜드에서 몰아냈으며, 런던과 에든버러 사이에 동맹을 구축했다. 스코틀랜드는 이제 항상 외교적 관심을 기울여야 하는 국제 정치의 무대가 되었다.

하지만 잉글랜드 내에서 하나의 희망이 싹텄다. 종교적 기초의 통합이 방어에 훨씬 더 효과적이라는 생각이었다. 잉글랜드 정부가 1540년대에 엄청난 비용을 들여 건설하고 군대를 주둔시킨 요새보다도 북부의 국경선을 더 잘 방어해 주리라는 예상이었다. 더불어 종교의 통합을 통해 두 왕국의 긴밀한 통합이 적절한 절차를 밟아 쉽게 성사되리라는 희망도 가질 수 있었다. 과연 1603년 메리 스튜어트의 아들 제임스 6세가 잉글랜드의 제임스 1세가 됨으로써 두 왕국의 통합이 이루어졌다.

양 교회 사이의 관계가 악화되어 제임스 1세의 아들인 찰스 1세의 치하에서 양국간 전쟁으로까지 번진 사태에 대하여, 녹스의 잘못은 별로 없다. 오히려 스코틀랜드 종교개혁이 만든 일종의 교회–국가 사이의 잘못된 관계와 녹스의 강경파 후계자들의 잘못이 훨씬 더 컸다. 종교에 관한 한, 스코틀랜드 왕실은 잉글랜드와는 달리 수장의 권한이 없었다. 스코틀랜드 왕은 교회의 일에 간접적으로 간섭하고 관리하는 수단과 방법을 갖고 있었을 뿐이다. 교회의 궁극적 권위는 원칙적으로 총회General Assembly에 속했으며, 총회는 일종의 교회 헌법인 '교회 규율서The Book of Discipline'의 지배를 받았다. 그렇지만 구교회를 완전 해체하지는 않았다. 아직 존속하는 주교들은 교회 업무와 자원을 통제하고 싶어하는 왕실의 어용 성직자라는 의심을 받았다. 앤드류 멜빌A. Melville(1545~1622)이 테오도르 베자가 지배하는 제네바에서 스코틀랜드로 돌아왔을 때 그는 몇몇 동지들과 함께 이러한 유동적 정황에서 비롯된 기회와 스코틀랜드의 정치적 불안정을 적절히 이용했다. 그들의 목적은 개정된 '교회 규율서'에 입각하여, 소지역의 당회堂會(목사, 장로, 집사로 구성), 중간 지역의 노회老會, 전국 규모의 총회總會로 이루어진 장로교 조직을 스코틀랜드 교회에 확립하는 것이었다. 이 체제는 반감독제인 만큼 반군주제이기도 했다.

멜빌은 제임스 6세에게 스코틀랜드에는 하나가 아니라 두 왕국이 있으며, 그중 하나인 그리스도 왕국에서 왕은 "어리석은 봉신 외에는 아무것도 아니다"라고 말했다. 따라서 스코틀랜드 교회의 반군주제적 성격에 놀란 제임스 6세가 후일 제임스 1세가 되어 '주교 없으면 왕도 없다'라는 유명한 선언을 한 것은 그리 놀라운 일이 아니다. 하지만 실제로 스코틀랜드 교회는 감독제[17]와 장로제[18]의 요소가 불안정하게 뒤섞인 합성물이었다. 그로 인해 장차 '주교들의 전쟁'이 일어나게 되는데 그 여파로 영국의 내전[19]이

---

17 감독제episcopacy는 가톨릭 교회의 위계질서를 가리키는 것으로 주교제라고도 한다. 교회의 조직이 주교—사제—집사의 3단계 수직 구조로 되어 있음을 가리킨다. 대주교, 추기경, 교황 등도 모두 이 주교라는 개념이 확대된 것으로 교황은 주교 중의 주교라고 한다. 종교개혁이 일어나면서 특히 칼뱅파는 이 감독제를 부정했다. 교회의 우두머리는 예수 그리스도 한 분뿐이고 나머지는 다 동일한 신자의 입장이라고 보았다.

18 장로제presbyterianism는 목사, 장로, 집사 등으로 구성된 모임을 소지역, 중지역, 전국 지역 수준에 각각 설치하고, 이 조직으로 하여금 교회 운영을 담당케 한다.

19 찰스 1세 시대의 의회파와 왕당파의 싸움으로 올리버 크롬웰이 통치자로 부상하게 되는 전쟁으로 일명 청교도혁명이라고 한다.

벌어지게 된다.

이런 예외적인 종교개혁의 경우들을 돌아보건대, 16세기에 '이들 섬나라'에서 벌어진 종교적 사건은 그 이후 섬나라들의 모습에 상당한 영향을 미쳤다. 이 일들은 크게 격동적인 사건이기도 하고 동시에 창조적인 사건으로서 역사적으로 큰 중요성을 갖는 일련의 장기長期 문화혁명이었다. 잉글랜드에서 그 사건은 실제로 변한 것은 많지 않다고 스스로 착각하는 잡종의 국교회를 남겼다. 국교회는 오늘날까지 국민의 삶에서 우위를 차지하고 있으며, 신교의 비국교회 노선과 가톨릭교와 대립하고 있다. 특히 가톨릭 교회는 국교회가 진정한 국민 교회라는 주장을 부인할 정도로 힘차게 부활하고 있다.

스코틀랜드에서는 대체적으로 장로교와 유사한 교회가 총회 활동을 통하여 국가를 재편성했다. 그 결과 현대 관찰자들의 눈에는 억압적이고 동시에 계몽적인 모습으로 보이게 되었다(스코틀랜드가 잉글랜드보다 자녀들을 더 잘 교육시킨다는 사실은 그러한 국가 재편성의 장기적인 결과이다). 아일랜드에서 종교개혁은 거의 전반적으로 비생산적이었지만 더불어 창조적이기도 했다. 그 까닭은 종교개혁이 구아일랜드를 영속화시켰다기보다는 잉글랜드 식민지 사업이 아일랜드인을 자극하여 새로운 종교개혁을 만들어 냈기 때문이다.

2
정치

'그의 영토가 그의 종교를 결정한다cuius regio,
eius religio: whose region, his religion.' 이 의미심장한 어구는 1555년 9월 25에 체결된
아우크스부르크 평화협약에서 합의된 사항의 골자를 전하기 위하여 17세
기 초에 만들어졌다. 이 협약에 따라 신성로마제국 내에서는 가톨릭교와
루터파 등 두 개의 신앙고백 종파가 그 존재를 인정받았다. 츠빙글리파, 칼
뱅파, 재세례파 등은 이 협약에서 배제되었다. 아우크스부르크 평화협약
의 목적은 종파간의 다툼을 일시적으로 봉합하려는 것이었으나 신성로마
제국 자체가 나폴레옹 시대에 해체될 때까지 효력을 발휘했다.

이 짧은 어구의 뜻은 선제후, 영주, 공작, 백작 등의 통치자들이 영토 내
에 거주하는 백성들의 종교를 결정할 권리를 가지며, 그 결정에 불만이 있
는 주민은 재산을 팔고 다른 곳으로 이민을 갈 수 있다는 것이다.

이것은 종교적 관용과는 거리가 멀었다. 제국도시들은 양쪽의 신앙이 도
시 내에 다 있을 경우 공존을 허용하여 서로 간섭하지 않고 함께 사는 가치
를 추구했다. 아무튼 실제에서는 아우크스부르크 평화협약이 인정한 두 종
파만이 아니라 다양한 종파들을 상당히 묵인해 주었다. 루터파를 신봉하는
뉘른베르크 시는 네덜란드의 칼뱅파 상인들과 장인들에게 문호를 개방했

으며 그들을 끌어들이기 위해 세금을 감면해 주겠다고 제안하기까지 했다.

이런 예외적인 경우를 제외하고, '그의 영토가 그의 종교를 결정한다'는 원칙에 따라 16세기 유럽 종파의 세력권을 지도로 표시할 수 있다. 유럽 대부분의 군주들과 주요 지역의 통치자들은 신교로 종교를 바꿀 이유를 찾을 수 없었기 때문에 유럽 대륙에서 가톨릭교의 세력권이 더 컸다. 우선 가톨릭 영역을 열거해 보겠다. 이베리아 반도의 군주들, 프랑스(신교도인 앙리 4세는 왕위에 오르자 곧 개종했다 ― 파리는 미사성례를 올리더라도 차지할 만한 가치가 있었다), 바이에른 공국을 포함한 대부분의 독일 공국들(바이에른 지역은 1180년부터 1918년까지 비텔스바흐가가 다스렸다), 오스트리아의 합스부르크, 스페인의 통치를 받았던 네덜란드의 지역들. 군주제 국가들 가운데에서는 오직 스칸디나비아의 나라들만이 루터교를 선택했다. 이것은 '그의 영토가 그의 종교를 결정한다'란 원칙의 순수한 모습을 보여 주는 경우였다. 왜냐하면 프레데리크 1세(재위 1523~1533) 치하의 덴마크·노르웨이에서나, 덴마크 지배에서 새로 독립하여 구스타프 1세 바사G. Vasa(재위 1523~1560)의 통치를 받던 스웨덴·핀란드에서는 개혁을 요구하는 대중이 없었으며 따라서 기존 교회에 반대하는 자도 없었다. 헨리 8세와 마찬가지로 프리드리히나 구스타프도 신교라고 불리는 새로운 종교에 열광적으로 헌신하지는 않았다. 다만 그들의 후계자들은 헨리의 후계자들처럼 신교를 열심히 받들었다.

루터교를 신봉하는 스칸디나비아는 16세기에 변방 지역이었으나 17세기에 들어 30년 전쟁에서 지정학적 중요성을 획득했다. 이 전쟁의 진행 과정에서 구스타프 2세 아돌프 치하의 스웨덴은 주도권을 발휘하여 범유럽 신교의 피비린내 나지만 굽힐 수 없는 대의명분을 지켜 주었다. 외톨이였던 잉글랜드는 튜더 왕조 치하에서 '그의 영토가 그의 종교를 결정한다'는 원칙을 확실하게 적용한 모범적 국가가 되었다. 그리하여 초기에는 헨리 8세의 괴팍한 종교적 기질에서 비롯된 변덕을 따르다가, 에드워드 6세 때에는 신교를 신봉했고, 이어 메리 여왕 시대에는 가톨릭교, 엘리자베스 치하에서 다시 신교를 믿는 변천을 겪었다.

엘리자베스 여왕은 종교상의 차이 때문에 유럽의 왕이나 대공들 중에서 남편감을 구하지 못해 결국 독신으로 남았고 세자를 두지 못했다. 그 결과 그녀가 죽을 경우 백성들이 허락한다면 또 다른 메리가 등장하여 전체 국민을 다시 가톨릭 교도로 만들 수도 있는 일이었다. 이런 가능성이 약 사반세기나 지속되다가 1587년 메리 스튜어트의 처형으로 종결되었고 아무도 그런 사태 발전을 아쉬워하지 않았다. 이어 예상 밖으로 메리의 아들인 스코틀랜드의 제임스 6세가 잉글랜드와 스코틀랜드를 같이 통치하는 제임스 1세로서 엘리자베스의 뒤를 이어 1603년에 등극함으로써 국교 불안정의 사태가 원만하게 매듭지어졌다. 제임스는 신교도였던 것이다. 그는 스튜어트가의 7대에 걸친 가계를 통틀어 볼 때 유일하게 신뢰할 수 있는 신교도였다.

17세기의 스튜어트 왕가는 가톨릭이나 그와 아주 비슷한 종교 형태 속에서 독재적 군주제의 적절한 이념적 토대와 상징적 외형을 발견했다. 이 왕가의 인물들은 독재적 군주제를 발전시키는 데에 관심이 많았다. 하지만 사태의 결과가 보여 주듯 그런 관심은 엄청난 위험 요소였다. 1649년의 찰스 1세의 처형과 1688년의 제임스 2세의 폐위 사례에서 보듯 '그(왕)의 영토가 그의 종교를 결정한다'란 원칙에는 제한이 있었다.

거의 모든 곳에서 특정 신앙을 따르는 정부와 다른 종교를 믿는 백성들 사이의 불일치가 있었다. 당시의 사람들은 종교적 다원주의를 바탕으로 하는 관용의 이데올로기를 수용할 만큼 포용력을 갖추지 못했다. 엘리자

찰스 1세의 처형 장면

베스 시대의 한 정치인은 어떤 연설에서 종교가 통일되지uniform 못하고 '수많은 형태의 종파milliform'가 생겨난다면 끝내 '아무 형태도 없는 것nulliform' 으로 된다고 말했다. 그리하여 메리 여왕 치하에서 신교도들은 화형, 추방, 굴종 중 하나를 택해야만 했는데 대부분 맨 마지막 것을 선택했다.

잉글랜드에서와 마찬가지로 프랑스에서도 겉으로만 국교도인 자들을 두고 칼뱅은 밤중에 몰래 예수를 만나러 왔던 니고데모의 추종자(「요한복음」 3:2)들을 뜻하는 '니고데모파'라고 부르며 멸시했다. 엘리자베스 여왕 시대의 가톨릭 교도들도 그들에게 가혹한 법령이 많아짐에 따라 앞서의 신도들처럼 배를 갈라 죽이는 형벌, 추방, 교회 교황파(표리부동하게 생존하는 것) 중에서 선택해야 했다. '그의 영토가 그의 종교를 결정한다'는 원칙 때문에 모든 종파에서 다수의 순교자들이 생겨났으며 가족이 파괴되고 양심에 가책을 받았다. 국가의 안정을 지킨다는 명분을 위해 비싼 대가를 치러야 했다.

그렇다고 해서 이 원칙이 국가의 안정에 기여했느냐 하면 그것도 아니

었다. 16세기 국가의 힘으로는 국내의 반대자를 모조리 제거하기가 불가
능했다. 반대자들이 조장한다고 여겼던 위협도 알고 보면 정부가 미리 떠
벌려서 예상대로 벌어지는 자작극 비슷한 것이었다. 어떤 경우 소수파 종
교가 항거와 대안의 가능성을 제시하기도 했다. 이렇게 되면 '그의 영토가
그의 종교를 결정한다'는 원칙은 앞뒤가 바뀌어 '그의 종교가 그의 영토를
결정한다'로 되었다.

16세기 군주 중 비교적 소수가 신교에 흥미를 가졌다는 사실은 놀라운 일
이다. 마르틴 루터는 「독일 민족의 그리스도 교도 귀족들에게 보내는 연설」
에서 군주들의 지지를 얻기 위해 기를 썼다. 잉글랜드의 헨리 8세와 스웨덴
의 구스타프 바사가 스웨덴에서 깨달았던 것 같이, 교회의 영역을 침범하여
그 재산을 자기 것으로 만드는 일은 확실히 이득이 있었다. 윌리엄 틴들은
『그리스도인의 복종The Obedience of a Christian Man』(1528)에서 이렇게 가르쳤다.
군주에게 저항해서는 안 된다. 군주는 '법의 지배를 받지 않고 이 세상에 존
재한다. 군주는 자신의 욕망에 따라 옳게 혹은 그르게 행동할 수 있다. 그리
고 오직 신에게만 해명하면 된다.' 헨리 8세는 이 말을 듣고서 "이 책은 나와
다른 왕들이 반드시 읽어야 할 책이다"라고 말한 것으로 전해진다.

루터의 정치관은 명백히 이원적이며 학문적으로는 그가 말하는 두 왕국
의 교리로 정리되었다Zwei-Reiche-Lehre: Two Kingdoms Doctrine. 그는 신과 말씀으로
이루어진 영적 정부das geistliche Regiment와 속세의 정부das weltliche Regiment를 구
분했다. 또 영적 정부를 악마의 통치Teufels Reich와 구분하기도 했다. 세계가
완전히 그리스도인들로만 차 있다면 정부는 필요가 없을 것이다. 그러나
사정은 그렇지 않기 때문에 그리스도인들은 정부에 봉사할 각오를 해야만
한다. 그는 교수형 집행자의 결원을 채울 각오조차 해야 한다고 말하기도
했다. '목을 매어 죽이고 형거刑車 위에서 찢어죽이며 목을 배고 목을 졸라

죽이는 자는 결국 인간이 아니라 신이다.'

오직 루터만이 『군인들도 구원을 받을 수 있을까Whether Soldiers, Too, Can Be Saved』(1527)라는 제목으로 책을 쓸 수 있었다. 그에 따르면 군인들도 구원을 받을 수 있었다. 그러나 군주들에게 신성한 궤에 손을 얹지 말라고 경고했다. 특히 이 주제에 대하여 『세속적 권위에 대하여Secular Authority』(1523)라는 중요한 글에서 그 점을 강조했다. 하지만 모든 방면이나 모든 점에서 세속적 권위에 복종해야 되는 것은 아니었다. 루터는 이 글에서 의도적으로 「독일 민족의 그리스도 교도 귀족들에게 보내는 연설」에서 써먹었던 전략을 바꾸었다고 말했다. 왜냐하면 귀족들은 지나치게 많은 권력을 가졌기 때문이다. '전능한 신은 우리의 통치자들을 미치게 만들었다. 그들은 실제로 자신들이 좋아하는 것은 무엇이든지 할 수 있는 권리와, 백성들에게 그것을 시키는 권리를 갖고 있다고 생각한다.'

이 말은 작센의 털보 게오르크 공작을 염두에 두고 한 말이라고 생각된다. 이 작센의 영주는 자신의 영지 내에서 개혁을 저지했고, 루터가 속한 작센 선제후의 영지 내에서도 개혁을 방해했다. 후에 이 말의 대상이 잉글랜드의 헨리 8세로 바뀌었다. 잉글랜드 교회의 수장이기도 한 이 군주에 대하여 루터는 인쇄된 글에서 매우 충격적인 비난을 했다.

그리하여 루터에게조차도 프로테스탄티즘은 단순히 독재나 은폐해 주는 이데올로기가 되어서는 안 되었다. 제2차 세계대전 중에 잉글랜드의 선도적 루터파 학자는 『루터, 과연 히틀러가 저지르는 행동의 근거인가 아니면 그를 고쳐줄 치료자인가?Luther, Hitler's Cause or Cure?』라는 제목의 책을 발간했다. 그 학자에 따르면 루터는 치료자였다.

한편, 루터의 두 왕국 교리는 성직자와 종교운동이 세속적인 일에 개입하는 것, 다시 말해 칼뱅주의의 특징을 배제하는 것으로 간주될 수도 있었다. 1914년 독일의 일류급 루터파 신학자들은 제1차 세계대전은 단지 방어를 위한 것이며, 루터주의는 전쟁과 상관없이 루터주의일 뿐이라고 설명했다. 이들이 볼 때, 자국을 인류의 선교사宣教師로서 자임하고 나선 대영제국은 칼뱅주의를 따르고 있으며 두 왕국을 혼동하고 있었다. 루터파에게 성전聖戰이란 있을 수 없었다.

교과서에서는 유럽의 군주들이 프로테스탄티즘에 끌리게 된 이유는 자기 이익 때문이었다고 가르치곤 했다. 또 루터파 설교자와 선전 담당자들은 당국의 일을 지지해야 마땅하다고 보았고, 특히 농민전쟁(1525년)의 소동이 벌어진 후에는 더욱 그렇다고 가르쳤다. 루터는 『세속적 권위에 대하여』를 아마도 1525년 이후에 저술했을 것으로 추측된다. 그러나 자기 이익 때문에 정책을 결정할 때, 그것이 반드시 프로테스탄트로 가는 길과 일치했는지는 불분명하다.

가령 프랑스의 프랑수아 1세는 교황의 지지 기반이 거의 없었던 프랑스에서 세속적·종교적 권세를 누리기 위해서 헨리 8세와 같은 행동을 할 필요가 없었다. 가장 가톨릭교적이었던 프랑스 왕 루이 14세야말로 무늬만 프로테스탄트였던 스튜어트 왕조의 왕들이 가장 되고 싶었던 이상형이었을 것이다. 바이에른의 비텔스바흐가는 자신들의 오랜 적인 합스부르크가와 대적하기 위하여 신교로 개종할 필요가 없었다.

종교를 선택해야 하는 문제와 직면했던 통치자들은 심지어 헨리 8세까지도 생각과 양심이 있었다. 그들은 자국의 대법관과 재상들의 자문을 구했다. 이들 조언자들은 인문주의자들이었고 때때로 개혁에 동감을 갖고 있었다. 독일의 영주 중에서 가장 신교에 열광했던 헤센의 백작 필리프의 경우는 진정한 개종의 사례였다. 명백히 개종은 그에게 유익했다. 필리프보다 지위가 낮은 헤센의 귀족들은 교회 수입의 운용에 대하여 발언권을 주장했다. 이 수입의 일부(59퍼센트에 해당)는 네 개의 병원을 건립하고 마르부르크 대학을 건립하는 데 사용되었으며, 나머지는 영주와 국가를 위해 쓰였다. 하지만 여기에는 위험과 대가가 따랐다. 카를 5세가 슈말칼덴 전쟁에서 신교도 영주들을 패배시키고 난 뒤 필리프를 5년 동안 감옥에 가뒀다.

동기가 무엇이었건 그리고 역사학자들의 면피용 용어인 '요인'이 무엇이었든 루터가 역사의 무대에 등장한 지 30년 뒤에 독일의 정치·종교적 지도는 다음과 같이 편성되었다. 작센의 선제후 영지는 현공 프리드리히 3세의 후계자들이 통치하는 가운데 유럽의 선도적 신교 세력으로서 복음주의를 굳게 신봉했다. 헤센의 필리프의 세력이 커짐에 따라 작센의 선제후 영지는 또한 1530년에 결성된 방어적 군사동맹인 슈말칼덴 동맹의 핵심이 되었다. 이것은 가톨릭계 영주들이 선제후령과 헤센에 대항하는 비밀동맹을 맺었다는 취지의 짓궂은 소문으로 촉발된 사태였다. 이보다 1년 전에 열린 슈파이어 제국의회(1529년)에서 수년 전(1521년)에 제정된, 루터파를 불법화하는 보름스 제국의회 칙령을 다시 제정하려는 시도가 있었다. 이에 대하여 여섯 명의 루터파 영주와 14개의 도시에서 항의protestation했다. 이런 역사적 사건에서 쓰기에 편리한 별명인 '프로테스탄트protestant'가 유래했다.

다음 해에 루터파의 영지 아우크스부르크에서 열린 제국의회에 아우크스부르크 신앙고백이 제출되었다. 필리프 멜란히톤이 작성한 이 문서는 가톨릭과 프로테스탄트 간의 불화를 무마시키려는 취지에서 만들어졌으며, 루터가 보기에 지나치게 완곡한 표현이 많았다. 회의 참석이 금지된 루터는 아우크스부르크까지 올 수 없었으며, 다만 코부르크 성에서 황제를 알현한 것으로 만족해야 했다. 스위스와 남부 독일 도시는 그들의 신앙고백을 제출했다.

하지만 루터는 걱정할 필요가 없었다. 아우크스부르크 신앙고백이 장기적으로는 루터주의의 결정적인 진술이 될 것이었으나, 단기적으로는 종교적 분쟁을 해결해 주지 못하고 한동안 교착 상태가 지속될 것이기 때문이다. 복음주의 진영이 가톨릭교의 공격으로부터 보호를 받을 수 있었던 데에는 몇몇 '요인'이 있었다. 가톨릭교 영주들이 현 황제가 속한 합스부르크가의 세력이 더 크게 확대되는 것을 우려한 나머지 신교 탄압을 주저했으며, 그것 이외에도 유럽은 신구교를 막론하고 투르크족의 침입을 시급히 막아내야 했다.

또 다른 작센 공국인 알브레히트 작센이 1539년 신교 진영에 가담했다. 1525년 루터는 수도회인 기사단의 단장이며 차후 프로이센의 통치가 될 호엔촐레른의 알브레히트1에게 그의 지위를 세속화하여 프로이센을 폴란드 왕국의 주권에 속한 봉토로 받아 다스리라고 설득한 바 있었다. (당시 많은 유럽의 역사가 만들어지고 있던 중이었다). 호엔촐레른가의 또 다른 영주인 안스바흐-밤베르크의 카시미르 후작(영지가 뉘른베르크와 맞닿았다)도 루터주의를 받아들였다. 브레멘과 함부르크의 남쪽에 있는 브라운슈바이크 지역과 만스펠트 지역의 백작 영지들이 같은 길을 택했다. 이제 발트 지역의 한 자동맹 도시를 포함하여 독일은 북과 남으로 갈라졌다. 북은 루터파, 남은 일부의 제국도시를 제외하고는 가톨릭교였다.

1530년대에 비텐베르크의 남서부 공작령에서 일어난 극적인 정치 상황으로 인해 종교·정치 지도의 모습이 변했다. 울리히 대공(1487~1550)은 슈바벤 동맹으로 알려진 도시와 지역의 동맹 세력의 강요로 자리에서 쫓겨났고, 영지는 합스부르크가에 매각되었다. 1534년 그는 프랑스의 자금을

---

1 수도회 총회장의 직을 갖고 공국을 다스렸다.

지원받은 헤센의 필리프의 주선으로 자리를 되찾았다. 울리히는 츠빙글리파가 되었으며 공국의 개혁을 추진했다. 이 과정에서 그는 상당한 규모의 교회 재산을 차지했다. 비텐베르크는 루터파와 츠빙글리파 등 여러 파들이 활약하는, 독일 남부에서 두드러진 신교 신봉 지역이 되었다. 이곳은 오늘에 이르기까지 신교를 믿고 있다.

독일의 종교개혁을 살펴볼 때 가장 눈에 띄는 점은 당시 약 3,000개에 달했던 성시城市2들과 특히 제국도시Reichstadte의 성공적 개혁이다. 제국도시는 자립 도시로서 오직 황제에게만 종속된 제국의 영토였다. 65개 제국도시 중에서 50개 이상이 16세기에 종교개혁을 공식적으로 받아들였다. 나머지 소수만 영향을 받지 않은 채로 남았다. 그렇다고 해서 이 숫자에 압도될 필요는 없다. 인구가 1만 내지 2만을 넘는 큰 도시들은 단지 24개에 지나지 않았다. 대부분 성시의 인구는 2,000명이 채 되지 않았다. 더군다나 성시 인구는 독일 전체 인구의 5퍼센트 미만이었다. 따라서 잘 알려진 도시들의 종교개혁을 인구 분포로 보면 전 국민의 0.5퍼센트 미만이었다. 그럼에도 뉘른베르크, 슈트라스부르크, 아우크스부르크, 레겐스부르크 등 대도시들이 복음을 받아들인 사건은 설명을 필요로 한다.

종교적 변화를 선도하고 또 그런 변화에서 혜택을 본 자는 시를 통치하는 시의회였다. 따라서 성시의 종교개혁을 성시의 새 시대를 여는 전환점이라 기보다는 중세사의 마지막 장으로 볼 수 있다. 중세 후기에 들어와 교회의 권세가 서서히 쇠락했고, 이 덕분에 시민의 자치행정이 득세하게 되었다. 종교개혁이 일어나기 훨씬 전에 주교들은 예를 들어 슈트라스부르크에서 쫓겨났으며 쾰른의 대주교도 엄격한 조건 아래에서만 독일의 로마라는 이

---

2 큰 도시가 아닌 작은 자치 시를 말함.

도시(슈트라스부르크)로 들어올 수가 있었다. 민간 자치단체는 빈자 구호와 성적_{性的}인 문제 그리고 결혼 문제의 규제는 자신이 담당할 업무라고 오래전부터 생각했다. 이제는 한 걸음 더 나가서 자치단체장과 시의회는 수도원을 접수하고 수도사와 사제들을 축출했으며 미사성례와 종교 행사를 폐지하고 설교자를 임명하며 심지어는 그들에게 무엇을 말하라고까지 지시했다.

도시의 지도자들은 바야흐로 성장할 기회를 얻었다. 그 대표적인 예가 야곱 슈투름J. Sturm(1489~1553)이라는 출중한 인물이었다. 그는 슈트라스부르크의 단체장 보좌관Stettmeister3이었으며 슈말칼덴 동맹의 입안자로서 당시 유럽의 어떤 왕들보다 더 위대한 정치인이었다.

그러나 신교는 반항적인 서민들에게 상명하달의 방식으로 부과되지는 않았다. 대부분의 연구의 결과는 개혁에 대한 압력은 밑에서부터 왔거나 도시공동체의 전체에서 왔음을 시사한다. 개혁을 추진한 가장 핵심적 사람들은 비판적이고 예언적인 설교자들이 많았다. 슈트라스부르크의 마르틴 부처와 그의 동료들, 바젤의 오이콜람파디우스, 크랜머 대주교의 처삼촌인 뉘른베르크의 오지안더, 잊지 말아야 할 인물로 알슈테트와 뮐하우젠의 호전적인 뮌처 등이 있다.

종교적 변화는 압력단체와 당국 사이의 알력, 행정부와 일반 백성 사이의 대립에서 일어났다. 질서 유지가 최우선 사항이었던 시의 자치단체는 개혁을 억압하기보다는 감싸 안음으로써 가장 소중한 시의 평화와 통합을 얻을 수 있다고 보았다.

일부 역사학자들은 장밋빛 안경을 쓰고 도시의 자치단체를 바라보았으

---

3 슈트라스부르크 시의회가 장인 중에서 지명한 자치단체의 대표를 보좌하는 네 명의 귀족 출신의 보좌관.

며, 그들을 바그너의 「뉘른베르크의 명가수 Die Meistersinger von Nürnberg」의 서곡처럼 자치단체 개혁의 배경 음악으로 평가했다. 이들보다 더 냉정한 동료 역사학자들은 독일 도시가 고도로 분할된 사회로서, 곳곳에 갈등이 발생했음을 지적했다. 독일 도시에서는 여자, 도제, 하인, 노동자들이 속으로 의견을 간직하기만 했을 뿐 겉으로는 아무런 발언권이 없었다는 것이다. 통일적이고 이상화된 공동체라는 이미지는 지나치게 홍보 위주의 선전 문구에 불과했다. 책임자들이 시민들 전체의 욕구에 민감했던 도시이거나 정치적 정황에 밀려 시민들의 욕구에 순응했던 도시들은 예외였을 뿐 일반적인 경우는 아니었다. 어떤 유수한 역사학자의 말을 빌리면 도시의 종교개혁은 강력 접착제는 분명 아니었다.

1546년 7월 카를 5세는 마침내 슈말칼덴 동맹의 신교 세력에 대하여 군사적 행동에 나섰고 교황 파울루스 3세가 비용을 지불한 다수의 용병들을 확보했다. 그가 투르크족 및 프랑스와 타협하여 이제 신교 세력을 다스릴 기회를 얻었다. 1546년 겨울을 전후로 9개월 동안 치러진 전쟁 중 결정적인 사건은 우선 알브레히트 작센의 모리츠 공작이 신교 진영을 탈퇴했다는 사실이다. 모리츠는 종교보다 독일제국의 보전(保全)이 중요하다며 1542년에 동맹을 이탈했다. 다음으로 중요한 사건은 에른스트 작센의 요한 프리드리히 선제후가 1547년 4월 24일 뮐베르크에서 벌어진 전투에서 대패했다는 것이다. 당연히 요한 프리드리히와 헤센의 필리프는 영지와 지위를 박탈당했다.

그러나 황제의 승리는 앞으로 남고 뒤로 밑지는 장사였다. 카를 5세는 소위 잠정 협약Interim**4**에서 제국 내의 신교 영지에 대하여 자신의 종교적 해

---

4 가톨릭교와 신교 사이에 체결된 잠정 조치.

결책을 부과할 물리적 수단만 있었지 도덕적 방법은 갖지 못했다(해결책을 강구하는 데에도 가톨릭 교인들이 아니라 신교인들만 선임되었다). 그 까닭은 아직까지 교계敎界의 공식 노선은 공의회General Council가 모든 문제를 해결한다는 것이었기 때문이다. 잠정 협약에는 이중 의화, 마지못해 인정한 성직자의 결혼, 성만찬에서 평신도에게도 포도주 잔을 주는 것 등 중도 노선의 교리가 들어 있었다.

그러나 잠정 협약은 이런 것들을 뺀다면 보수적 가톨릭 교리를 확인한 것이었다. 잠정 협약으로 인해 당사자들 모두가 분열되었고 혼란을 겪었다. 비타협적인 루터파(이른바 '정통파Gnesio-Lutheran'라고 하며, 적출嫡出이란 뜻을 갖는 그리스어 'gnesio'에서 유래한 말로서 적출이기 때문에 합법적이란 의미를 갖는다)는 멜란히톤이 잠정 협약에서 양보한 것을 결코 용서하지 않았다. 그는 한 편지에서 '일찍이 나는 때때로 지나치게 노예처럼 루터를 추종했다'라고 고백한 적이 있었는데 루터파는 오히려 이에 대해 문제삼지 않았다(루터는 전쟁 4개월 전에 이미 세상을 떠났다). 좀 더 핵심적인 것은 작센의 모리츠 공작이 잠정 협약이 쓸모가 없음을 깨닫고 프랑스와 제휴한 뒤 영주들 간에 결성된 새로운 동맹을 이끌었으며 이로써 황제와 대담하게 맞섰다는 사실이다(영주들의 반란). 그 결과 아우크스부르크 종교화의를 체결하기에 이르렀으며, 카를 5세는 정계를 떠나게 되었다. 모리츠는 이 과정에서 세상을 떠났지만 알브레히트 작센은 1679년까지 프로테스탄트 영지로 남았다.

황제의 스페인 군대가 독일에서 자유롭게 활동하는 가운데 콘스탄츠를 포함한 몇몇 도시에서는 종교개혁이 무산되었다. 한편 슈말칼덴 전쟁 동안 중립을 지켰던 슈트라스부르크 및 뉘른베르크 등을 포함한 다른 도시들은 프로테스탄트 설교자들의 정신적 죽음(그들의 망명) 아래, 잠정 협약을 억지로 받아들였다. 뉘른베르크의 오지안더는 동부 프로이센에 망명하여 새로운 삶을 발견했다. 슈트라스브르크의 마르틴 부처도 영국의 케임브리지에서 망명생활을 시작하였으나 그곳의 끔찍한 기후 때문에 얼마 안가 죽고 말았다.

돌이켜보건대, 이러한 사건들이 진행되는 과정에서 대단히 역사적인 독일 도시인 마그데부르크는 정치적 권리의 역사에서 의미심장한 역할을 했다. 마그데부르크는 잠정 협약을 반대하는 강경파 루터주의자들의 요새가 되었다. 이들의 지도자는 루터의 동료이며 슈타우피츠의 조카인 니콜라우스 폰 암스도르프Nikolaus von Amsdorf(1483~1565)로서, 주교로 있다가 루터파가 된 최초의 인물이었다. 또 다른 지도자는 크로아티아의 젊은 평신도 마티아스 플라키우스 일리리쿠스M. F. Illyricus(1520~1575)로서 후에 『마그데부르크 세기들Centuriae Magdeburgenses』이라고 알려진 방대한 신교 역사의 출간을 주관했다.

모리츠 공작은 다소 시니컬하게도 황제의 사령관으로서 마그데부르크를 포위했다(결국 모든 일은 상호간에 유익한 조건으로 결말이 났다). 이 포위당한 도시에서 신앙고백이 나왔다(마그데부르크 신앙고백). 이 고백에 따르면 '(황제보다) 밑에 있는 자치단체장'들이 권리라기보다는 의무로서 황제의 세력에 군사적으로 저항하는 것은 정당했다. 시적인 표현을 해 보자면, 이 고백은 민중의 소리를 담고 있는 바, 독일에서는 18세기가 될 때까지 다시는 이런 민중의 함성을 들을 수가 없었다. 마그데부르크 신앙고백Magdeburg Bekenntnis은 유럽 전체에 대하여 중요한 문서임이 판명되었다. 독일 밖의 경우 제네바의 영국인 망명자들 사이에서, 후에는 프랑스와 네덜란드의 혁명적 칼뱅파들 사이에서, 그리고 스코틀랜드에서 열매 맺은 개혁의 씨앗은 바로 이 신앙고백이었다.

1558년 잉글랜드와 스코틀랜드 양쪽에 가톨릭 정권이 들어서 있었고, 잉글랜드에서는 신교도가 4년 동안 한 여인의 손아귀에서 화염과 장작더미 속에 재가 되어 갔다. 19세기 사람들은 그녀를 '피의 메리'라고 불렀다. 잉글랜드 출신의 스코틀랜드인 존 녹스는 메리의 뒤를 이어 그녀의 배다른 신교도 여동생(엘리자베스)이 왕위에 올라서 장작불을 끄고 독일과 스위스에서 프로테스탄트 망명자들을 불러들이게 되는 역사의 미래를 알 턱이 없었다.

1558년 그는 제네바에서 『괴상한 여인들의 정권에 대항하는 최초의 나팔소리*The First Blast of the Trumpet Against the Monstrous Regiment of Women*』를 출판했다. '괴상한 정권'은 부자연스런 통치를 뜻했다. 그는 신성한 법과 자연법을 들이대면서 메리 튜더의 정권 — 튜더 가문을 거론했으니 당연히 그 뒤를 이은 엘리자베스 정권도 지칭하는 것이 된다 — 이 불법 정부라고 주장했다. 하느님이 그 정부를 하나의 예외로 인정해 주거나 신성한 법의 적용을 특별히 면제해 주지 않는다면 말이다.

녹스는 당연히 메리 치하의 잉글랜드에서 환영받지 못했다. 같은 해에 잉글랜드의 망명자로서 녹스의 가장 친한 친구인 크리스토퍼 굿맨 C. Goodman(1520?~1603)은 똑같이 제네바에서 『무슨 이유로 고위 권력에 국민들이 복종해야 할까?*How Superior Powers Ought to Be Obeyed of Their Subjects*』를 출판했다. 긴 책 제목의 나머지에 나와 있듯이 이 책은 통치자들이 제멋대로 독재를 할 때 전혀 복종해야 할 이유가 없다고 설명했다. 이보다 2년 전 에드워드 6세 치하의 주교였던 존 포넷 J. Ponet(1514~1556)은 슈트라스부르크에서 익명으로 『정권에 관한 그리고 왕과 기타 민간 통치자들에게 바쳐야 할 백성들의 진정한 복종에 관한 짧은 논문*A Shorte Treatise of Politike Power, and of the True Obedience Which Subjects Owe to Kynges and Other Civil Governours*』을 출간했다. 다시 한 번 때에 따라 불복종이 '진정한 복종'이 된다고 주장되었다. 그 동안 꼭꼭 부대 속에 넣어져 있던 민중의 저항 이론이라는 고양이가 부대 밖으로 머리를 내밀었다. 그것은 이데올로기5를 주된 특징으로 하는 근대 정치의 출발점이었다.

포넷과 굿맨은 공적 책임을 가진 '하급 행정관들'이 독재자에게 저항하는 의무를 전혀 제약하지 않았다는 점에서 진정한 급진파였다. 공동체의 모든 구성원들, '보통 사람들도' 사악한 통치자들을 억제하고 저항할 뿐만 아니라 암살할 권리가 있다고 주장하였다. 암살 주장만 놓고 본다면, 이것은 리 하비 오스왈드6의 부류에게 살인 허가증을 주는 격이었다. 하급 행정관들인 시장과 관리들이 자신의 의무를 소홀히 한다면 시민들은 '말하자면 관리들이 없는' 시에 사는 것과 같았다. 포넷은 메리 튜더의 이름을 들먹이지는 않았다. 그가 글로 공격한 목표는 메리의 잔악한 주교들이었다. 그러나 굿맨은 저항의 대상이 죽어 마땅할 '공공연한 우상'인 여왕 자신임을 분명히 했다.

녹스는 『괴상한 여인들의 정권에 대항하는 최초의 나팔소리』의 후속으로 스코틀랜드의 처지를 겨냥한 소책자를 출간했다. 그는 얼마 안 있어 스코틀랜드의 상황에 적극 개입하게 되었으며 혁명에 대하여 예언자의 소리를 들려주었다. 두 번째 나팔소리는 완성되지 않았다. 만약 녹스가 끝까지 집필하여 출간했다면 그것은 매우 원숙한 저항의 정치관을 상술했을 것이다. 왕을 포함하여 통치자들은 그들의 권력을 유산으로 받는 것이 아니라 선출에 의해서 갖는 것이며, 선출해 준 자들에게 책임이 있다. 우상숭배자

---

5 이데올로기는 사회의 구조와 기능을 처방하는 체계적 신념의 덩어리를 가리키며 인간의 본성에 바탕을 둔 포괄적인 실천적 정치 프로그램을 갖고 있다. 또한 그(이데올로기의) 구현을 위해 장기적으로 사회적 투쟁을 벌이는 것을 필수 조건으로 한다. 19세기에는 특히 이러한 행동 중심적인 사회 이론이 많이 나와서 이 시대를 '이데올로기의 시대'라고 했다.

6 미국의 케네디 대통령을 암살한 자로서 여기서는 암살자의 뜻으로 사용되었다.

가 통치자의 자리에 선출되었다면 그는 축출되어야 마땅하다. 실로 1567년 스코틀랜드의 메리7는 폐위되어 추방당했으며 영국에 수감되었다. 그녀의 뒤는 어린 아들이 이어받았다.

이 사건은 정작 신교의 잉글랜드가 아니라 유럽의 가톨릭교 진영을 경악시켰다. 잉글랜드 하원은 그녀를 더는 여왕이 아니라 "괴상하고 거대한 용이요 흙덩어리"라고 말했다. 한 하원의원은 "내 의견은 그녀의 목을 쳐서 더는 그녀에 관하여 왈가왈부하지 않는 것"이라고 말했다. 이 말은 구약성서에서 사악한 이세벨 여왕을 처리한 것처럼 하라는 뜻이었다. 약간의 소동은 없지 않았지만 결국 이 말대로 되었다.

제임스 6세의 스승이자 당대의 석학이었던 스코틀랜드 인문주의자 조지 뷰캐넌G. Buchanan(1506~1582)은 1579년과 1582년에 각각 『스코틀랜드의 왕권에 대하여De jure regni apud Scotos』와 『스코틀랜드의 역사A History of Scotland』를 출간했다. 이 책들에서 이런 사건을 고도로 발전된 정치 이론 속에 짜넣었는데, 고전적인 공화주의의 논점에 기초하여, 왕들이란 특정한 기능의 수행을 위해 선출된 공복이라고 주장했다. 왕이 의무를 제대로 이행하지 못하면 그를 선출한 백성은 당연히 해고할 권리를 가진다는 것이었다. 그는 자신이 스코틀랜드 2,000년 역사의 권위자임을 주장하면서 그 역사(일부 가상적 역사 포함) 속에서 폐위된 12명의 왕들의 선례를 인용했다. 하지만 뷰캐넌의 수제자(제임스 6세)는 스승의 가르침을 제대로 이행하지 않았다. 오히려 백성과 왕의 우선 순위를 도치하여 왕은 신권으로 백성을 통치한다는 왕권신수설을 내놓았으니 말이다.

왕권신수설을 지지했던 장 칼뱅은 이 당시 아직 살아 있었으며 최고의

---

7 피의 메리와는 다른 메리.

권력과 영향력을 행사하고 있었다. 이때 제네바의 출판업자인 장 크레스팽은 녹스와 굿맨의 선동적인 논문을 출판했다. 칼뱅은 이들의 주장에 수긍하지 않았다. 말년에 이르기까지 칼뱅은 합법적 통치자에 대한 저항을 승인하지 않았다. '인품이 어떻든' 사악한 왕들에 대한 저항도 불허했다. 독재자들도 신의 도구였다. 그가 저항을 허용했다고 볼 수 있는 가장 그럴듯한 말은 『기독교 강요』의 마지막 판에 들어 있다. 거기서 어떤 국가의 헌법은 '행정 지도자들'로 하여금 왕의 독재를 막을 수 있는 근거를 마련하고 있음'을 인정했다. 그 예로서 스파르타의 에포르$_{ephor}$**8**와 로마의 호민관 그리고 '아마도' 근대적 왕국의 의회를 들었다.

칼뱅에 따르면 개인들이 자신들이 원하는 정부 형태를 두고 논의하는 것은 쓸데없는 일이었다. 그러면서도 칼뱅은 굳이 이런 쓸모없는 논쟁에 휘말려야 한다면 군주제보다는 귀족제를 선호한다고 말했다. 한때 신중한 법학도였던 칼뱅은 프랑스 '위그노파(프랑스 신교도들의 별명)'의 군사 행동이 만약 왕위 승계 서열 1위의 왕족을 지도자로 하여 수행되었더라면 그것을 승인했을 것이다. 불행하게도 그런 지도자의 자격을 갖추고 장래 앙리 4세의 아버지가 되는 부르봉의 앙투안은 매우 시원찮은 신교도, 말하자면 부러진 갈대(「이사야」 42 : 3)였다.

종교전쟁 중 처음의 세 전쟁에서 위그노파는 그 전쟁이 왕을 상대로 하는 것이 아니라 사악한 측근들, 주로 기즈 가문을 상대한다는 점잖은 구실을 내세울 수가 있었다. 왕의 모친이자 전 왕후였던 메디치의 캐서린 Catherine de Médicis이 싸움에 관여하지 않고 관망하는 한 그런 구실은 통할 수가 있었다. 그러나 캐서린이 깊이 연루된 1572년 8월의 성 바르톨로메오

---

8 고대 스파르타의 다섯 명의 민선 감독관.

대학살Massacre of St. Bartholomew은 유럽 역사에 일어난 또 다른 9·11(2001년 9월 11일 뉴욕 사태)이었다. 아마도 파리와 12개의 도시에서 1만 명의 사람들이 죽었을 것이다. 사람들은 대학살을 이탈리아(캐서린의 고국)의 전형적인 마키아벨리식 음모로 보았다.

제네바로 도망친 위그노파, 이노상 장티예는 『반마키아벨리Anti-Machiavel』라는 책을 썼다. 이 덕분에 한동안 마키아벨리의 이미지는 사탄을 의인화한 '올드 닉Old Nick'으로 굳어졌다. 올드 닉의 이미지를 잘 구현한 인물로는 셰익스피어의 리처드 3세, 그리고 크리스토퍼 말로C. Marlowe(1564~1593)의 희곡 『몰타의 유대인Jew of Malta』에 나오는 등장인물 등이 있다. 말로 희곡의 서사에는 마키아벨리식 언사가 낭독된다. '나는 종교를 어린애 장난감 이상으로 생각하지 않는다/나는 무지無知 이외에는 그 어떤 것도 죄가 아니라고 생각한다.'

프랑스 남부의 넓은 지역은 이제 자치공화국 연맹이 되어 국가 안의 국가로 자리를 잡았다. 가톨릭교는 자체의 동맹을 형성하여 이에 응했다. 앙리 3세의 후계자로 신교를 신봉하는 나바라의 왕9이 지명될 것이 거의 확실해지자 가톨릭 동맹은 이 왕위계승을 막기 위해 앙리 3세에게 저항하는 혁명 세력으로 재조직되었다. 파리는 자치공동체가 되었으며 16개 구역을 대표하는 위원회가 시내의 치안을 다스렸다. 1588년 5월 어느 날 밤 바리케이드가 쳐졌으며 가톨릭 동맹이 수도를 장악했다. 크리스토퍼 굿맨의 충고를 따른 암살자는 카푸친 수도회 소속의 가톨릭 수도사였다. 그는 앙리 3세의 뱃속에 칼을 쑤셔 넣었다. 이것은 앙리 3세의 지시로 살해당한 추기경과 공작 등 기즈 가문 사람들의 죽음에 대한 복수였다.

---

9 훗날 앙리 4세로 왕위에 올라 가톨릭으로 개종.

성 바르톨로메오 학살이 계기가 되어 프랑스에 저항의 교리가 공개되었다. 테오도르 베자는 자신의 저서 「행정 관리들의 권리에 대하여Du Droit des Magistrats」(1573)에서 칼뱅의 미온적 입장을 뛰어넘어 하급 통치자들의 저항을 허용했다. 이런 선언 서류 중에서 가장 주목할 만한 것은 「폭군에 대한 저항Vindiciae contra tyrannos」(1579)이다. 젊은 위그노파 귀족의 저서일지 모르나 이 책을 쓰도록 사주한 배후의 인물은 필립 시드니 경의 친구이자 조언자였던 외교관 위베르 랑게였을 것이다. 이 책의 저자는 왕과 백성들은 다 같이 신과 계약을 맺은 관계라고 주장했다. 왕이 의무를 다하지 못하면 그 밑의 관리들과 '최하급의 백성들'까지도 왕을 제거하여 쌍방 계약을 준수해야 한다. 그러나 프랑스, 특히 파리에서는 '백성들' 대부분이 가톨릭 교도였으므로 굿맨의 대중 저항의 이론을 발전시킬 유인책이 별로 없었다.

네덜란드에서는 통치자인 스페인의 펠리페 2세의 폭정에 항거하는 것이 법에 의하여 정당화되었다. 오렌지 공 윌리엄 3세를 포함하여 지도자의 위치에 있는 '하급 통치자들'이 그런 합법적인 저항을 선도했다. 오렌지 공William of Orange은 군주다운 이름 덕분에 프랑스 남부에서 스페인의 독재 군주(펠리페 2세)와 평생에 걸친 투쟁을 벌이면서 훨씬 더 합법적이라는 인정을 받았다. 이 네덜란드의 반란은 곧 칼뱅파 혁명가들이 주도하게 되었다. 그 혁명가들은 제네바에서 훈련받은 설교자들의 지도 아래 엄격한 규율의 신앙공동체에서 도움을 받았다. 거지들Beggars이라는 별명을 얻은 반란자들은 바다 쪽으로 달아났고 곧 네덜란드 북부에 거점을 확보했다. 그곳에서 이들은 도시의 정부를 하나씩 접수했다.

대부분의 경우 이들의 위협적인 위세에 눌려 도시의 우두머리는 성문을 열고 '거지들'을 받아들였다. 이들은 일단 도시 안으로 들어간 뒤에는 과격한 성상파괴의 개혁을 강요했다. 이들을 20세기의 볼셰비키파와 비슷하다

고 생각하는 것은 타당하다. 왜냐하면 엄밀한 의미에서 이 혁명은 전혀 대
중의 인기를 끌지 못했기 때문이다. 예를 들어 1576년 알크마르 지방의 한
도시의 주민 전체 6,000명 중에서 칼뱅파 신도 수는 160명에 지나지 않았
다. 브라반트와 플랑드르 등 남부 대도시들의 권력은 장인 계급이 내부적
으로 장악하고 있었다. 헨트와 같은 도시에서는 이것은 매우 유구한 전통
이었다. 이곳에서도 칼뱅파는 전체 인구에 대비하여 소수파였다.

　그러나 만약 16세기 말쯤 교양 있는 영국인에게 국왕을 암살하고 시해
하려는 자가 누구냐고 물어본다면 그는 '교황파'라고 대답했을 터인데, 그
러한 반응은 어느 정도 타당하다. 예수회 신학자들인 추기경 로베르 벨라
르민R. Bellarmine(1542~1621), 프란시스코 수아레스F. Suárez(1548~1617), 영국인
로버트 파슨스 등은 폭군 살해와 폐위의 신학적 논리를 개발했다. 이러한
논리는 스콜라 철학에 뿌리를 박은 것만 다를 뿐 칼뱅파 정치관과 매우 흡
사했으며, 교황을 전능한 신의 대리인이라기보다는 (폭군 숙청의) 승인자로
앉혔다. 수아레스에 따르면, 교황은 '아무리 위대한 왕일지라도 신하인 양
문책할' 권한을 위임받았다. 그러나 이것은 가톨릭 교도 전체의 의견은 아
니었고 대부분의 가톨릭 신자가 지지하는 의견조차도 되지 못했다.

　얼마 안가 1605년에 이르면 앞의 영국인은 그가 교양이 있건 없건 왕과
하원의 전체 정치인들을 폭파시킬 음모를 꾸민 자는 교황파 가이 포크스
와 그 일당이라고 말했을 것이다. 그 사건은 미수에 그친 9·11(9월 11일 뉴욕
사태)이었다. 폭파가 일어났다면 누군가는 분명히 테러리즘에 대항하는 전
쟁을 선포했을 것이다. 그럼에도 오늘날 11월 5일의 가이 포크스 축제**10**

10　1605년 국왕 제임스 1세를 화약을 폭파하여 시해하려고 음모를 꾸미다 미수에 그친 사건을 기
념하는 모임으로, 일당의 한 사람인 가이 포크스의 이름을 딴 축제. 가이 포크스는 잉글랜드 정부
의 자작극이라는 등 후대에 많은 의문을 남긴 사건이다.

때, 영국 전역에서 '가이 포크스의 인형들'을 장작불 위에서 태운다. 서식스의 루스 시에서는 교황의 허수아비 상도 함께 태운다.

10
대중

16세기에는 엄격한 위계질서 아래서 하류층이 상류층을 받들었음에도 '민중'이라는 요령부득하지만 매우 편리한 허상이 주문呪文을 듣고 불려나오듯 나타났다. 대주교 크랜머는 자신이 제정한 교회 예배의 새로운 형식인 기도서(『성공회 기도서』)를 '대중이 알아들어야'한다고 주장했다. 영국인 순교학자殉教學者 존 폭스가 지은 『순교자들의 책』에는 경건한 서민과 회중을 아우르는 수천 명의 출연자들이 등장한다. 합법적인 수단으로 '추가 종교개혁'을 추진하는 데 실패하여 좌절에 빠진 한 청교도 행동주의자는 '대중'이 개혁을 달성해야 한다고 말했다. 그러나 이것은 위험할 뿐 아니라 심지어 남에게 죄를 뒤집어씌우는 말이다. 존 녹스의 스코틀랜드판 종교개혁은 하나의 무서운 선례였다. 왜냐하면 그는 '대중을 사태를 지배하는 명령자'로 만들었기 때문이다. 그리하여 '대중'은 공포의 대상이 되었다.

그들이 공포의 대상이 아니었을 때는 보호를 받았다. 그들이 가려운 귀는 가졌으되 머리는 갖지 않았다고 생각되었다. 그들은 무엇이든지 믿되 아무것도 생각하지 않는다고 간주되었다. 16세기 대중 가운데 상당히 많은 사람들과 극히 소수를 제외한 모든 여자는 문맹이었으며, 분명히 그들의 수준에 맞게 만들어진 쉬운 소책자조차 혼자서 읽을 수 없었다. 그러나 그렇다고 해서 대중이 나름대로의 생각과 종교적 신조가 없다거나 주위에서 돌아가는 일을 몰랐던 것은 아니다. 대중은 때때로 종교개혁을 스스로 실천했다. 당시 종교개혁은 인기 많은 운동a popular movement이기도 했다.

이렇게 인기 많은 운동이었다고 말하기는 쉽다. 하지만 일단 그렇게 말을 해 놓았으니, 우리가 말하는 '운동movement'이 무슨 의미인지 물어봐야 할 필요가 있다(이왕 말이 나왔으니 '인기 많다popular'의 의미도 함께). 아무렇게나 '운동'이란 말을 사용하면 그 말의 정확한 의미가 없어지고 만다. 운동은 하나의 순간이기도 하다. 가령 1521년의 비텐베르크 혹은 농민전쟁 속으로 흘러들어간 많은 사건 등이 그런 순간에 해당한다.

운동은 학생, 시민, 농민 등 어떤 집단을 이루는 다수의 사람들과 관계가 있다. 1968년 파리에서 일어난 것1과 유사한 것이라고 보면 된다. 운동의 표출인 행동도 집단적인 성질을 띠며 어떤 종류의 공통의식을 표현한다. 운동은 내세우는 주장들보다는 행동으로 이루어지기 마련이다. 그러나 행동은 자체의 언어, 다시 말해 비언어적(말을 쓰지 않는) 주장을 나타낸다. 운동은 예를 들어 마음을 뒤흔드는 설교 같은 형태의 말에서 자극을 받기 쉬우며 저항의 노래로 불린 찬송가의 가사 속에서 추구하는 바를 표출할 수도 있다. 그러한 운동의 목적은 세상만사의 기존 질서를, 가령 16세기 같으면 전통적 종교 관례를 바꾸는 것이다. 그러나 다른 종류의 운동은 부유한 자들이 저지르는 평판 나쁜 경제적 관행을 겨냥했다. 예를 들어 공동의 토지에 울타리를 두르고 자기 것으로 삼거나enclose 빵 값을 인위적으로 올리는 행위 등이 그것이며 이로 인해 인클로저 폭동이나 빵 폭동이 일어났다.

---

1 반정부 학생운동.

1525년 이런 형태의 행동이 대규모로 터져 나왔다. 행동이 목적하는 바는 신속하고 즉각적인 변화였다. 우리(16세기 사람들이 아니라)는 이것을 혁명이라고 부른다. 그러나 근대 초기에 일어난 많은 운동의 의도는 보수적이고 반혁명적이었으며, 그것이 바라는 변화는 예전부터 지켜져 내려왔으며, 마땅히 그래야만 하는 생활양식으로 회귀하자는 것이었다. 행동의 방식들은 직접적이었다. 전통적 규범과 절차들을 무시하며 지배계급에 반항하는 양상을 띠었다. 그런 사태를 적절히 통제할 것으로 기대했던 당시의 지배계급은 대체로 운동이 일어났을 때에는 통제할 능력이 없었다.

이러한 운동을 연구하는 역사학자들이 비록 온전히 설명할 수는 없다하더라도 반드시 인정해야 하는 것이 있다. 그것은 대중이 어떤 과정을 거쳐 그런 행동을 해야 한다고 생각하게 되었는가, 운동이라는 오페라의 대본을 대중들이 어떻게 그토록 철저히 내면화했었나 하는 점이다.

유럽의 많은 지역에서 부조리한 행동들, 가령 아내의 남편 구타나 사악한 간통 행위 등은 분뇨를 잔뜩 던진다거나, 무수히 많은 상스런 동작들, 영어로 '부부 혼내주기rough riding'라고 하는 '샤리바리charivari' — 솥과 냄비, 나팔 등을 가지고 야단법석을 떨며 부정한 아내를 가진 불행한 사내를 놀리는 일종의 제의 — 따위의 반응을 불러일으켰다. 이것은 공동체가 그런 부조리한 행동을 배격하고 비난한다는 취지의 풍습이었다. 잉글랜드에서 보기 드물게 남색이나 수간이 일어났을 경우 사람들은 '혀를 차며 개탄했다.' 그렇게 개탄할 경우 사람들은 그 다음에 어떤 행동에 나서야 한다는 것을 알고 있었다. 여기서 우리의 관심사는 사람들이 그 행동 양식을 어떻게 알았느냐는 것이다.

여기서 분명한 것은 대중적 운동으로서 종교개혁을 이해하기 위해서는 사상들이, 예를 들어 마르틴 루터의 신학이, 고분고분한 청중에게 어떻게 보급되었는가를 파악하는 것, 그것만으로는 충분하지 못하다는 것이다. 이제 우리는 이 책의 앞부분2에서 간단하게 제기됐던 질문으로 되돌아간다.

자, 이제 우리는 스스로 루터와 다른 개혁자들이 무엇을 말하고 있는지 안다(혹은 안다고 생각한다). 그러나 당시 사람들은 그 개혁자들의 말을 어떻게 알아들었을까(무엇을 말한다고 생각했을까)? 만약 농민들이 루터가 해방신학의 한 형태, 다른 말로 사회적 복음을 가르친다고 이해했다면 틀린 생각이었을까? 아프리카 사람들이 선교사들로부터 예수의 피를 통한 구원에 대하여 들었을 때 그들이 알아들은 바는 신체적 치료에 관한 메시지였다는 얘기가 전해져 온다. 그 아프리카인들이 과연 틀리게 이해한 것일까?

그러나 이렇게 말하는 것조차 종교개혁이 단순히 전달자와 수용자가 분명하게 구별된 상의하달上意下達식 과정이라고 추정하는 것이 된다. 우리는 어떻게 사상들이 널리 퍼지고 받아들여졌는지 이해하는 것으로 그쳐서는 안 된다. 그것을 넘어서서 교육을 받지 못한, 당시의 말로 '단순한' 대중들의 능동적인 활약상을 알아야만 대중운동으로서 종교개혁을 올바르게 이해하는 것이 된다.

16세기의 사람들이 새로운 사물들을 배우고 공유하는 데에는 네 가지 방식이 있었는데, 실연의식(實演儀式, acted-out ritual), 구어, 문어(필사이건 인쇄이건 간에), 그림이 그것이다. 실제로 이런 의사소통 형식은 상호작용했다. 설교는 위에서 밑으로 전해지는 구두 의사소통 중에서 가장 강력한 수단이었을 것이다. 그러나 설교도 청자들이 대답하는 식으로 쌍방향 대화를 통해 사상을 전할 수 있었으니 1520년대에 독일에서는 자주 그런 방법

---

2 제4장의 끝부분.

으로 설교가 진행되었다. 설교단에서 논쟁하는 설교자들 사이에 사전 협의된 토론이 벌어지고 청중이 심판 노릇을 한 적도 더러 있었다.

잉글랜드의 종교개혁 시기에 가장 인기가 높았던 설교자 휴 래티머 H. Latimer는 브리스틀에서 수도자 윌리엄 허바딘과 논쟁을 벌였다. 논쟁 중 허바딘이 격분한 나머지 설교단이 무너져 내리는 바람에 그는 다리를 크게 다쳐서 결국 목숨을 잃고 말았다. 교구위원들은 설교단은 설교를 위해 만들어 놓은 것이지 과격한 몸동작을 하라고 지어놓은 것은 아니었다고 투덜거렸다.

연극은 구두 전도의 또 다른 형식이었다. 전통적 드라마에 나왔던 악한 등장인물들이 이제 수도자나 사제의 차림으로 무대에 등장했다. 토머스 크롬웰의 요청으로 희곡을 썼던 존 베일은 한 배우가 주교의 관을 쓰고 관객들 앞에서 몸을 숙이면 그 관이 늑대의 턱으로 변모되도록 꾸몄다. 인기 없는 현실의 사건들을 주인공만 살짝 바꿔서 실연하는 카니발과 거리 연극이 성행했다.

현대의 정치 연설처럼, 설교는 때때로 청중의 기억 속에서 한 줄짜리 놀라운 슬로건으로 변질되었다. 설교자들도 아마 이런 사실을 알았을 것이다. 성공적인 설교자들은 일상생활에서 사용되는 어구들을 설교에 많이 동원했다. 잉글랜드에서 그것들을 '오래된 속담'이라고까지 불렀다. 설교단에서 말해진 얘기들이 사람들 머릿속에 일상적 속담이 되었다. 헨리 8세 치하의 잉글랜드에서 이단적 설교를 들었던 사람은 성인들에게 기도를 드리는 것은 단지 '목석이나 죽은 자의 뼈를 숭상하는 것'에 지나지 않는다는 말을 잊어버리지 않았다. 이 말을 이미 알고 있었다면 학식이 높은 설교자의 입에서 그것을 직접 확인하게 되어 더욱 기분이 좋았을 것이다.

설교를 속기로 기록하여 책으로 출판해서 대중에게 읽힌 경우도 있었다. 래티머의 설교는 무식한 사람들에게 매우 친숙했던 서체인 블랙 활자3로 출판되었다. 이렇게 하여 대중을 파고드는 호소력이 시각적 형태로까지 나타나게 되었다. 그러나 아주 간단한 종교 서적이라 할지라도 대부분의 사람은 읽을 수가 없었다. 특히 학교가 거의 없었던(농촌에서는 아예 없었던) 루터의 고향 작센에서는 더욱 그랬다. 루터는 처음으로 작센 지방의 교회를 순방하면서 대부분의 사람들이 종교의 기본 원리조차 모르는 것을 보고서 여간 경악하지 않았다.

그럼에도 16세기의 사람들은 소리 내어 읽었다(조용히 읽는 능력이 대부분 없었던 듯하다). 그러므로 루터의 성서나 틴들의 성서에서부터 조잡한 소책자에 이르기까지 어떤 책이든지 많은 사람들에게 낭독될 가능성이 많았다. 책 낭독 행사는 주로 교회에서 열렸을 것이다. 헨리 8세가 성서를 교회에 비치하도록 명령했을 때 사람들이 무리지어 공개적으로 낭독되는 복음을 들었다. 어떤 사람은 성 바울 성당에서 미사곡을 부르는 성가대 소리가 안 들릴 정도로 크게 책을 낭독하여 유명해졌다.

그런데 책 읽기와 그에 따르는 토론이 술집에서도 일어나기 마련이었다. 영국의 개혁자 토머스 위즈덤은 그의 주교(보너 주교)에게 신성한 책을 술 취한 사람들이 거칠게 다루도록 부추겼다고 야단을 맞았다. 위즈덤은 사람들이 일요일 저녁 술집으로 성서를 가지고 가면 오히려 술에 취하지 않게 될 것이라고 궁색한 변명을 했다. 아무튼 보너 주교의 염려는 정당한 것으로 판명되었다. 곧 사람들이 술 마시러 모이는 장소에서 미사성례를 '비방하는' 행위를 하자 그것을 제지할 법률의 필요성이 제

---

3 고풍스런 장식적 서체.

기되었다. 독일에서 뜨개질 모임은 잡담을 좋아하는 여자들 사이에 널리 퍼져 있었던 사회적 풍습으로서 복음 이야기를 서로 나눌 수 있는 기회였다.

잉글랜드 서부에서는 이단자들을 '2페니 책 사람들'이라고 불렀다. 종교개혁의 사상을 전파하는 가장 특징적인 수단은 소책자였다. 독일어로 플루크슈리프트Flugschrift라고 하는 32페이지의 인쇄물은 하루 품삯에 해당하는 값에 팔렸다. 소책자가 나오기 전에는 그림이 있었으며 읽거나 듣기보다는 보고 배우는 습속이 있었다. 인쇄된 책이 발명되기 전에는 판화가 대중매체의 첫 번째 자리를 차지했다. 한 개의 목판을 완성하면 그것이 닳아버릴 때까지 3,000장 내지 4,000장의 판화들을 찍을 수 있었다. 판화의 판매 규모는 수만 장이었던 것으로 추산된다. 때로는 옛날에 순례자들이 즐겨 사들였던 금속 주화처럼, 종교적 경험을 기념하는 용도로도 판화를 찍었다. 판화는 16세기판 그림엽서라고 하면 맞을 것이다. 루터의 목판화도 같은 대접을 받았다. 당시 이곳저곳에서 일어난 가정집 화재시에 불에 타지 않고 남은 것은 오직 루터의 그림뿐이었다는 소문도 있었다. 이렇게 해서 '불에 타지 않는 루터'라는 별명이 붙었다.

문자 해독율이 증가함에 따라 종교개혁 그 자체가 인기 있는 주제가 되었다. 이것을 주제로 한 그림이 있거나 혹은 없는 소책자를 찍는 것이 수지 맞는 사업이었다. 소책자의 대량 판매는 '신기술의 지원을 받은 최초의 대중운동'이었다. 모든 부류의 사람들이 소책자 제작에 참여했다. 유명한 사람으로는 바그너의 「뉘른베르크의 명가수」의 주인공이며 신기료장수인 한스 작스, 그보다는 이름이 덜 알려진 소책자 사업가, 모피상인, 제빵업자, 방직업자, 총포업자, 여자 등 다양했다. 그러나 대부분의 소책자 제작자는 인문주의자와 성직자 등 좀 더 학구적인 일에 종사하는 사람들이었

피터 브뤼헐, 「농부의 결혼식」, 1568년경.

다. 가령 오지안더, 암스도르프, 마르틴 부처 등이 그들이다. 소책자 중에서 가장 유명했던 것은 「카르스탄스Karsthans」로서,4 신교의 대중적 호소력을 과장스럽게 요약한 것이었다.

1525년 농민전쟁에서 미친 듯 날뛰었던 이른바 '농부들'이 과연 「카르스탄스」를 읽었을까? 그들은 카르스탄스 같은 사람들로 구성된 집단이었을까? 「카르스탄스」의 저자는 농부가 아니라 학식이 있는 고전학자 바디아누스Vadianus(1484~1551)였다. 그는 스위스 장크트갈렌 출신으로 빈 대학의 학장이자 막시밀리안 황제의 계관시인이었다. 피터 브뤼헐5이 그린 「농부의 결혼식The Peasant Wedding」을 생각해 보자. 이 그림은 농부들이

4 카르스탄스, 즉 괭이 사나이는 14세기 영국의 윌리엄 랭런드의 시 「농부 피어스Piers Plowman」의 주인공으로 배움은 적지만 마음씨 좋은 농부였다.
5 네덜란드의 화가.

생각하는 농부의 모습을 보여 주지 않는다. 오히려 돈이 있는 도시 사람의 후원자와 화가가 약간 깔보는 듯한 태도를 가지고 바라본 농부들의 모습이다.

우리가 농민전쟁에 대하여 접근할 때 첫째, 누가 주연 배우였는지 설정해 둘 필요가 있다. 주연 배우들은 결코 농민이 아니었다. 그 농민이라는 것이 제3세계 모델의 농부처럼, 생존을 위해 싸우는 한계생활자는 아니었다. 20세기 초의 러시아의 부농富農들이 좀 더 여기에 가까울지 모른다. 또한 그 전쟁이 전적으로 농촌 현상은 아니었으므로 역시 전형적 의미의 농부는 주연 배우가 되지 못한다. 광부들과 도시인들도 참여했으며 그 수도 꽤 되었다. 이것을 '대중의 종교개혁the Reformation of People', 혹은 '보통 사람들의 반란'이라고 부르는 것이 훨씬 나을 것이다. 그렇지만 거기엔 성직자(뮌처)와 박식한 사람들과 직업 군인 등의 리더십이 있었다.

우리들의 역사 지식은 대개 기록된 것에 좌우되기 십상이다. 따라서 우리는 다음의 사항을 확신하기가 때때로 어렵다. 농민전쟁의 바탕이 되는 사상이 그 전쟁의 역사서를 썼던 사람들에게서 나온 것인지, 아니면 진정 보통 사람들의 머릿속에 들어 있던 생각이었는지?

농민전쟁은 종교에 관련된 것이었나 아니면 정치에 관련된 것이었나? 혹은 정신적 관심사에 관한 것이었나 사회정의에 관한 것이었나? 이와 유사한 질문들이 튜더 왕조에 반항하는 가장 큰 반란인 1536년의 '은총의 순례'와 프랑스의 이른바 종교전쟁에도 제기될 수 있다. 17세기 중반 브리티시 제도에서 일어난 내전(청교도혁명)은 무엇에 관한 전쟁이었나? 이것 역시 종교전쟁이었는가? 대답은 이 전쟁 역시 다른 종교전쟁에 비해 덜 종교적이지도 혹은 더 종교적이지도 않았다는 것이다.

전쟁의 종교적 동기나 '요인'이 여타의 물질적인 관심사와 동등하게 취급 비교된다면, 위의 질문들은 애당초 잘못 제기한 것이 된다. 만약 1525년에 종교가 불만과 요구 사항의 목록 중에 있었다고 한다면(우리는 농민들이 내건 다양한 '조항articles' 중에서 그것을 찾아볼 수 있다), 종교는 다음의 세 가지의 서로 다른 방식으로 기능을 발휘했을 것이다. 촉진제의 역할, 결집시키는 힘의 기능, 합법성의 부여가 그것이다.

농민전쟁은 독일의 중세 후기에 처음 일어난 농민반란은 아니었다. 오랫동안 이어져 왔던 농촌 소요 중에서 가장 최근에 벌어진 것이었다고 하는 편이 옳다. 수많은 농촌 소요 사태는 대부분 '농민화農民靴, Bundschuh'를 그 상징으로 선택했다. 농민들은 영어의 관용구인 '들어올리다up', 즉 무장봉기를 일으킨다는 것이 무엇인지 알고 있었다. 그러나 1525년의 농민전쟁은 예전의 어떤 것보다 더 큰 규모의 운동이었으며, 이전의 어떤 반란보다도 더 높은 권위를 내세웠고, 그리하여 바로 전능한 신이 부여한 대의명분을 주장하고 나섰다. 농민들이 무장봉기를 한 것은 '고래古來의 법이 아니라 신성한 법의 권위에 토대를 두었으며, 오직 유일한 권위로서 성서의 가르침에 호소한 행위였다. 농민들은 스스로를 '그리스도인 연맹' 혹은 '그리스도인 연합' 혹은 '복음주의 형제 연맹' 등으로 불렀다. 농민전쟁의 '개념적 결합매체'라고 불렸던 그들의 선언문 '12개 조항'에서 고지 슈바벤Upper Swabian 농민들은 농민의 처지를 '불쌍하다'라고 판정했다. '왜냐하면 그리스도는 높은 자나 낮은 자나 가리지 않고 소중한 피를 흘려 구원했기 때문이다.' 라인 강변의 샤프하우젠 근처에서 작성된 농민 조항 중에서 가장 호전적인 것은, 당사자 농민들이 '이제부터 신神말고는 그 어떤 상전도 두지 않겠다'고 선언한 것이다. 루터가 없었더라면(그리고 샤프하우젠은 스위스의 종교개혁의 영향권에 있었기 때문에 츠빙글리가 없었더라면), 농민전쟁은 일어나지 않았을 것이다.

역기능적이라고 여겨질 수도 있는 지방공동체의 반란은 중세 후기의 독일 농촌에서는 관례화된 전통이었다. 그러나 지방공동체주의communalism 자체는 성장을 도와주는 순기능적 요인이었다. 농민들도 자신들의 정치관과 정치 의식을 가지고 있었다. 농민계층보다는 좀 더 유복한 가구家口(잉글랜드에선 '잘 사는 부류', 교구의 '장로들')로 구성된 마을의 친교 모임Gemeinde은 자체의 내부 문제를 해결했다. 이것은 때때로 봉건 영주의 억압을 받지 않았고 어떤 경우에는 억압이 있더라도 무시했다.

농민들이 요구한 권한에는 종교에 관한 것이 있었다. 프랑코 지방의 한 마을 주민들은 1524년 신임 목사에게 이렇게 단단히 일러두었다. 농민들은 목사를 고용하거나 파면할 권리가 있으며 그를 하인으로 간주하고('우리가 당신에게 지시를 내릴 것이오') 그가 복음을 '순수하게' 전하는 데 실패하면 그를 쫓아내겠다고 했다.

지방공동체적 특성은 유산으로 물려받은 가치였다. 그러나 복음적 순수성이란 개념은 새로운 것이었으며 지방공동체에 고유한 가치를 강화하기도 했으며, 동시에 그것들을 혁명적 가치들로 바꾸어 놓기도 했다. 아마도 이것이 새로운 복음주의 종교가 초창기에 다수의 농촌 지역, 특히 알자스에서부터 오스트리아까지 남부 지방에서 인기를 끌 수 있었던 까닭일 것이다.

지방공동체가 성장하고 있었다면 그 반대의 것들 그리고 영주들과 방백들의 무리한 요구도 늘어나고 있었다. 통치자들은 각종 세금과 봉건적 부과금을 서서히 올렸으며, 공동구역의 토지와 삼림에 대한 접근을 막았으며, 사냥과 낚시할 수 있는 권리를 거부했다. 나아가 시장을 자기들에게 유리하도록 운영했으며 '슈틀링엔 농민의 요구 조항'에서 지적된 바와 같이 '지방공동체가 자체의 비용으로 건립한' 공중목욕탕을 사유화했다. 농민과 영주 사이의 이러한 갈등은 농촌 질서에 위기를 가져왔고, 근대적 영토

국가가 태동하는 데 따르는 산고의 한 과정이었다.

　농민의 반항은 모두 슈바르츠발트Black Forest 지방에서 시작되었다. 처음에는 휴일에 산딸기를 채집하는 일 등 영주에 대한 봉사를 거부하는 하찮은 것이었다. 유럽 전역의 수많은 평범한 대중 소요처럼 농민전쟁의 시작은 축제와 비슷했으며, 전쟁이나 혁명보다는 '노동쟁의'에 가까웠다. 1525년 초에 고지 슈바벤 지방을 방랑하던 무장한 농민 무리들은 그들이 사순절 케이크(팬케이크)를 교환하고 있다고 말했다. 당시는 참회절Shrovetide6 기간으로 사육제가 벌어지고 축제의 난장판이 허용된 절기였다(1549년 이스트앵글리아에서 일어난 반란을 '캠핑 시기'라고 불렀다. 캠핑이란 축구를 뜻하는 토속어였으며 소요는 일종의 스포츠로서 시작되었다).

　그러나 농민들의 움직임은 얼마 안가 운동경기 이상으로 심각해지고 위협적으로 되었다. 작센에서부터 슈바벤과 티롤(그러나 바이에른와 북동부는 포함되지 않았다)에 이르기까지 독일의 많은 지방이 농민운동에 휩싸이게 되었다. 카니발은 때때로 사회적 갈등을 깊이 품고 있었으나 그것이 이제 밖으로 표출되기 시작했다. 주교와 수도원은 특별한 공격 목표였다. 농민군은 대수도원들을 하나씩 약탈하고 불태웠으며, 지하실에 저장되었던 포도주들을 마셔 없애 버렸다. 지방 정부는 한동안 반란군들을 제지할 수 없었다. 신성로마제국의 거대한 군대도 속수무책이었다. 에르푸르트 시는 농민군을 받아들였다. 그 까닭은 시 당국이 공포를 느꼈기 때문이고, 또 다른 이유는 마인츠의 대주교와 벌이는 시의 싸움에서 농민을 매우 유용한(매우 파괴적으로) 제3세력으로 활용할 수 있었기 때문이다.

6　재의 수요일 전의 3일 동안 참회하는 기간.

그러나 1525년 4월과 5월에 슈바벤 동맹이 농민군을 분쇄했다. 농민군의 패배는 이미 정해진 결과가 아니었으며, 오늘날의 완곡어법으로 '불균형 투쟁'의 결과도 아니었다. 농민들은 내부 조정력이 부족했을망정 때때로 수적 우위를 차지했으며, 경험 많은 용병장교와 대포를 보유하고 있었다. 현상이 유지되어야 자신의 물질적 이익을 지킬 수 있었던 사람들은 농민군의 봉기에 크게 당황했다.

하지만 농민군을 물리친 영주들은 이제 종교개혁을 넘겨받았다. 그들은 지방공동체의 규범을 억눌렀고, 반면에 대중이 주도하는 종교개혁은 상대적으로 비정치적인 재세례파의 형태를 띠고 전개되었다. 이 종파는 직접적인 행동에 주력하기보다는 일종의 승화와 보상을 추구했다. 1848년의 독일혁명이 실패했을 때 프리드리히 엥겔스F. Engels는 1525년의 농민전쟁에서 배울 교훈이 있다고 생각했다. 농민 인구는 1525년에 거의 혁명에 성공할 뻔했던 세력의 대표자였는데, 1848년의 독일혁명의 주도자들은 농촌 인구를 대규모로 동원하지 못했다는 얘기였다.

농민전쟁과 독일 지방공동체 연구의 권위 있는 역사학자 페터 블리클레 P. Blickle는 그의 저서를 『1525년의 혁명 The Revolution of 1525』이라고 이름했다. 그가 생각하기에 농민전쟁은 간단히 말해서 '유럽 역사에 있어서 1789년[7] 이전에 일어났던 가장 강력한 대중운동'이었다. 1525년에 루터가 작성한 소책자를 스스로 '가혹한' 소책자라고 불렀다는 것은 잘 알려진 사실이다. 그 제목은 「강도질과 살인을 벌이는 떼거리 농민들Against the Robbing and Murdering Hordes of Peasants」이었다. '할 수만 있다면 농민 패거리를 때리고 살해하고 칼로 찌르자.' 이 말들을 썼을 때 그는 공포에 질려 있었으며 반란자들이 패

---

7 프랑스혁명이 일어났던 해.

배하리라는 것을 알지 못했다. 곧이어 루터는 패배한 농민들에 대하여 무자비했다는 비난을 받았다.

그러나 한 공개 편지에서 그는 자신의 주장을 하나도 굽히지 않았다. 농민들이 강도질하고 불태우며 약탈하고 있을 당시 그 누가 그들에 대하여 자비를 말했겠는가? '내 말은 "옳다, 옳다, 옳다, 옳다!" '주먹'을 불끈 쥐고 사람들에게 이렇게 대답해야 한다.…… 그들의 머리가 어깨에서 튕겨 나가도록 귀에 머스킷 총8을 쏘아야 한다.'

그의 주장에는 공평한 구석도 있었다. 영주들이 권력을 오용하고 있다면 그들도 같은 고통을 당할 것이다. '내가 그렇게 할 시간과 기회가 주어진다면 나는 영주들을 공격할 것이다. 교사인 나의 직분에서 볼 때 영주나 농민이나 나에게는 동등하다.' (어찌됐든 그는 거기까지는 미처 실천하지 못했다). 루터의 글을 찍은 소책자 중에서 가장 우리의 눈에 거슬리는 것은 루터가 자신의 명성을 지키지 못할까 전전긍긍했다는 점이다. 그는 영주나 농민보다도 자신의 명성을 더 많이 생각했던 듯하다.

루터가 농부들을 용서할 수 없던 것은 이런 점이었다. 그들이 그리스도인의 자유를 오해했고, 그들의 대의명분이 '그리스도적'이라는 주장은 터무니없다는 것이다. 루터의 입장은 그들이 합법적인 수단으로 자신들의 합법적인 목적을 추구하는 것은 상관이 없지만 그러한 목적을 그리스도적이라고 부를 수는 없다는 것이다. 그들의 오해는 두 왕국을 분별하지 못하고 혼동하는 행위였다. '투쟁하는 양편에 모두 그리스도적인 것은 없으며 당신들 사이에는 그리스도적인 것이 전혀 문제로 부각되어 있지 않다.' 이것이 복음에 대한 루터의 해석이었다. 이것이 유일한 혹은 가장 훌륭한 복

---

8 구식 보병 총.

음의 해석이었을까? 블리클레는 츠빙글리파의 입장 또는 남부 독일 지방의 종교운동의 맥락에서 보면 "1525년의 혁명(농민전쟁)은 종교개혁 자체의 한 갈래였다"고 말한다.

오직 터무니없는 마르크스주의자들만 사회가 전적으로 재화와 용역의 분배, 다른 말로 경제에만 관여한다고 생각한다. 16세기의 사람들은 지방공동체 안에서는 그리고 무엇보다도 생물학적 가족 내에서는 사회와 인간관계가 서로 상호작용한다는 것을 알았다. 가족 내의 인간관계를 보여 주는 예는 결혼, 부부, 부모와 자식 등이다. 비록 16세기에 여자에게는 제한된 법적 권한밖에 없었으며 어떤 공적 기능도 수행하지 않았지만 여자도 대중이었다.

종교개혁이 초기 근대 유럽 사회의 이러한 빌딩 블록(구성 단위)과 그 넥서스(연결소)에 대하여 얼마나 많은 영향을 주었는지 생각해 볼 필요가 있다. 아마도 크게 영향을 주지 못했다는 것이 답일지 모른다. 여자들의 투표권은 아직 슬로건이 되지 못했다. 부모와 자식들로 이루어진 핵가족은 가부장적 제도로서 16세기 훨씬 이전부터 서구 유럽의 표준이었다. 16세기 이전[9]에는 이것에 아무런 변화도 일어나지 않았다. 그러나 종교개혁은 이 가족제도가 시행된 방식과 그것(가족제도)이 겉으로 나타난 형태를 중요한 측면에서 변화시켰다고 봐야 한다. 이것은 역사학자들이 다루기 쉽지 않은 주제이다. 프로테스탄트 가족이라는 개념이 있었을까? 프리드리히 엥겔스는 그렇다고 생각했다("가정이 주는 지복"이라고 알려진 답답하고 지루한 혼

---

9 16세기 이전은 중세로서, 지상의 삶은 천상에 도달하기 위한 여행에 불과했으며, 당시 사람들의 제일 큰 소원은 생애의 적당한 시점에 수도원이나 수녀원으로 들어가서 성직 생활을 하는 것이었다. 그러나 종교개혁이 도래하면서 사제직이 목사직으로 전환되고 종교적 사회보다 속세적(시민) 사회가 강조되면서 결혼 생활의 중요성이 훨씬 더 커지게 되었다. 위에서 종교개혁이 가족제도를 크게 변화시켰다는 것은 이런 뜻이다.

인 부부의 파트너십'). 그러나 이것은 엥겔스가 잘 아는 주제가 아니었다.

이 주제에 관한 한 우리는 다시 마르틴 루터로 돌아가 논의를 해 보는 게 좋을 듯하다. 루터의 결혼은 16세기의 가장 악명 높은 문제적 사건이었다. 루터는 이 문제에 관하여 두루두루 글을 썼다. 루터가 애정이 넘치는 가정을 이루지 못했다고 우리에게 확신시키려는 사회학자들의 말을 과연 믿어야 할까? 다음은 루터가 어린 아들 한스에게 쓴 글이다.

> 나는 아름다운 정원을 안다. 그곳에는 금빛 옷을 입은 아이들이 많다. 그 애들은 장미색 사과, 배, 호두 등을 나무 밑에서 줍고 노래 부르며 뛰어오르면서 하루 종일 즐거워한다. 아이들은 또 어여쁜 조랑말들을 갖고 있다. 고삐는 금색, 안장은 은색이다.

루터는 정원사한테 한스가 정원 안으로 들어가 과일을 먹고 조랑말을 타며 아이들과 함께 놀 수 있는지 물었다고 말했다. 정원사는 착한 아이라면 그렇게 할 수 있으며 리푸스와 요스트(루터의 동료 학자의 아들들)도 함께 들어갈 수 있다고 말했다. '그들은 모두 피리와 북 등 모든 악기들을 갖게 될 것이고 춤추고 작은 석궁石弓을 쏠 것이다. 레나(막달레나) 아주머니도 같이 갈 수 있느냐고?' 물론이다.

다음은 10대에 죽은 루터의 딸 막달레나에 대하여 쓴 글이다.

> 아버지의 마음은 너무나 부드럽고 너무나 슬퍼서 그 애를 생각할 때마다 눈물과 한숨이 솟구치고 그리하여 가슴이 마구 찢어진다…… 당신은 그 애가 얼마나 다정하고 감수성이 깊었는지를 안다. 얼마나 귀여운 아이였는지.

루터는 카타리나 폰 보라와 결혼했다. 당시 그녀가 의탁했던 수녀원의 다른 수녀들은 이미 다른 사람들이 차지했다. 루터는 자신의 결혼이 애정하고는 무관하며 다만 의무감이 동기가 되었다고 말했다. 특히 아버지 한스 루터에 대한 의무감도 적지 않았다. 결혼은 원칙의 문제였다. 루터는 결혼이 신의 명령이라고 믿었다(신의 첫 번째 계명은 '자식을 낳고 번성하여라(「창세기」 1 : 22)'였다). 또한 결혼은 생물학적 필수 사항으로서 소변을 보고 싶은 충동처럼 매우 드물고 예외적인 경우만 제외하고는 거역할 수 없는 것이다. 성적 결합이 좋은 것이라기보다는('성교는 죄를 수반하지 않는 법이 없었다') 아무도, 확실히 '종교적' 사람들조차도, 죄라는 일반적인 상태에서 벗어날 수 없다는 것이다. 성적 결합은 이런 죄의 일부였다. (마르틴 부처와 칼뱅은 좀 더 긍정적이었다. 죄의 구제 수단은 그 자체로 죄가 될 수 없었다. 마르틴 부처는 또한 즐거움과 사랑이 증발된 결혼을 끝내고 이혼하는 것을 허용했다. 존 밀턴은 이 견해에 흥미를 가졌다).

루터의 결혼은 갈등이 있기는 했지만 성공적이었다. 카타리나는 사회적으로 루터보다 높은 계층에 속했다(그녀의 이름 폰 보라에서 알 수 있다). 그녀는 자신의 재산도 갖고 있었다. 루터의 다음 글귀는 경험에서 우러나와 쓴 것이다.

행복한 결혼이 이룩하는 결합만큼 달콤한 것은 없다. 부부간의 사별만큼 쓰라린 것은 없다. 자식들의 죽음만이 그다음 자리에 온다.

카타리나는 마르틴보다 오래 살았지만 여기저기 정처 없이 떠돌다가 슈말칼덴 전쟁 직후의 혼란 속에서 세상을 떴다.

종교개혁이 영향을 미쳤다면 그것은 구체적으로 어떤 것이었을까? 그것이 여자들에게 심지어 기혼 여자들에게도 어떤 형태의 해방을 안겨 주었을까? 반대로 그것이 억압적인 가부장제를 더욱 굳히지는 않았을까? 이 주제에 관하여 스티븐 오즈먼트S. Ozment가 쓴 『아버지들이 지배했을 때When Fathers Ruled』(1983)는 아버지의, 그리고 남편의 지배는 대체로 온화했다고 결론을 내린다. 결혼은 모든 여자에게 해당되는 것은 아니더라도 여자들의 피난처였다. 여자 전체의 40퍼센트가 혼자서 살았으며 그중 반이 노처녀요 반은 과부였다. 결혼하지 않은 여자는 마녀로서 화형을 당하기 쉬웠다. 아무튼 혼자 사는 여자는 종교개혁의 혜택을 보았을까? 결혼 제도가 전통적으로 높이 평가되지 않던 때에, 종교개혁은 결혼의 존엄성을 회복시켜 주었다. 오즈먼트는 이렇게 생각한다. 16세기에 한 여자가 한 착한 남자의 종이 되는 것보다 더 나쁜 운명을 겪는 경우는 얼마든지 있었다.

이에 대하여 아이러니컬한 제목의 『신성한 가족The Holy Household』(1989)을 지은 린달 로퍼L. Roper는 전혀 다른 입장을 취한다. 그 책의 감사의 글은 여성운동에 대한 찬사로 시작한다. 이것에서부터도 그의 견해가 오즈먼트와 상이할 것임을 추측할 수 있다. 로퍼는 종교개혁의 도덕적 윤리는 아우크스부르크 종교회의에서 검토된 바와 같이 '젠더의 신학a theology of gender'[10]이었다고 주장한다. 종교개혁의 효과가 여자들에게 혜택을 주었다고 생각하는 것은 '종교개혁 자체를 심각하게 잘못 해석하는 것'이다. 여자들은 종교개혁의 활동가로서 간단하고 임시적인 역할을 맡았다. 소책자를 쓴 소수의 여자들도 얼마 가지 않아 그 일을 그만두었다. 여자들에 대한 종교개혁의 메시지에는 '보수 쪽으로 이동'하는 흐름이 있었다. 그 까닭은 종교개혁이 밀실공포증의 가족 안에다 여자를 마치 '돌에 새겨' 놓듯 가두어 두었기

---

10 gender는 sex를 대신하는 완곡어법이고 젠더의 신학은 곧 여성 차별적인 신학을 말한다.

때문이다. 루터의 두 왕국과 관련하여 말하자면 남자와 여자는 영적으로 는 평등하지만 세속적으로는 불평등했다는 것이다. 로퍼의 책을 읽다 보 면, 『인형의 집A Doll's House』11을 쓴 입센이 프로테스탄트였다는 사실이 생각 난다.

그러나 종교는 여자들에게 종교가 아니면 얻을 수 없었던 공간을 마련 해 주었다. 한편 여자들은 특별히 종교에 이끌린다고 여겨졌다. 중세와 근 대의 가톨릭교와 마찬가지로 프로테스탄티즘은 남녀가 상호성과 상호의 존성으로 서로 의존하는 매우 주목할 만한 모범적 사례를 보여 주었다. 존 녹스는 공공연한 여성혐오증의 태도를 보였음에도, 그에게 영적 삶을 의 존하던 여자들에게 자신의 속내를 털어놓았으며 그 과정에서 여자들에게 의지했던 것 같다(그렇지 않았다면 그의 여인에 대한 의존적 자세는 교활한 목회적 전략에 지나지 않았을 것이다). '당신이 고민을 털어놓고 연약함을 인정하는 태 도는 먼저 나에게 하나의 거울이 되었습니다. 그 거울 속에서 제 자신의 모 습이 화려하게 분식된 것을 보았습니다. 나의 눈에 이보다 더 분명한 것은 없었습니다.' 이 글 속의 당신은 녹스의 장모였다.

자 이제 루터의 말로 이 장을 마감하도록 하자. 그가 제기한 젠더의 신학 은 매우 제한적이고 영적인 것이었다. 농민들을 위한 그의 신학이 영적이 었던 것처럼 말이다. 여자가 독신으로 종교 생활을 하는 것은 때때로 하나 의 해방이었다. 이제 젊은 여자가 이런 삶을 택할 수 있는 가능성은 없어졌 다. 좋은 결혼은 중매결혼이었다. 그러나 결혼 생활 안에서 결혼의 가치와 의미에 대한 그리스도인의 이해는 매우 중요했다. 아기의 기저귀를 빨며

---

11 『인형의 집』은 입센이 1879년에 발표한 희곡으로서, 개인의 자유와 표현의 욕구를 억압하는 사 회를 자기도 모르게 아내를 억압하는 남편에 비유하고 있다. 여기서는 여성을 억압하는 프로테스탄 트의 젠더 신학의 구체적 사례로 제시되었다.

그 냄새를 맡고 울음소리에 잠을 설치며 밤을 새우는 것, '이것들은 진정으로 최고의 고귀한 일'이었으며 루터가 보기에 아기의 아버지가 어머니와 함께 공유해야 할 일이었다. 루터가 그렸던 남자는 완전히 새로운 모습의 남자였다.

　페미니즘에 세뇌되어 웬만한 일은 다 시시하게 보이는 현대의 관점으로 본다면 그런 일들이 신성한 눈속임으로 보일지도 모르겠다. 그러나 이것에서부터 소명Beruf**12**이라는 막스 베버가 이해한 신교 교리의 훌륭한 사례를 얻을 수 있다. 프로테스탄트 윤리는 겉보기에는 아주 보수적이었지만 그 안에 세상을 변모시키는 내적인 힘을 갖고 있었다.

12　베버가 보기에, 이 소명이라는 개념은 고대 신학이나 가톨릭 신학에는 존재하지 않는 것이었고, 종교개혁에 의해 비로소 도입되었다. 이 개념은 간단히 말해서 개인의 지고한 도덕적 의무는 현세에서 주어진 자신의 임무를 충실히 수행하는 것을 말한다. 이 개념은 일상생활에서 종교적 행동을 하도록 지원하는데, 가톨릭의 이상인 수도원 생활과 극명하게 대비된다. 가톨릭의 궁극적 목적은 세속적 존재의 요구 사항에서 훌쩍 초월하는 것이다.

11
예술

'진리에는 아름다움이 없는가?' 조지 허버트 G. Herbert(1593~1633, 영국의 형이상학파 시인)의 이러한 수사적 질문은 '신교의 예술'이 사실은 모순어법이라는, 이해할 수 있지만 무지한 전제에 대한 한 가지 응답이다. 신교도의 입장에서 '진리'란 성서적 진리이며 '단순한 진리'이기도 하다. 진정한 예술의 아름다움은 단순성에 들어 있다. 이런 미의식은 이미 오래전에 시토 수도회Cistercian[1]가 깨달은 것으로 그들이 건립한 엄숙하고 간소한 수도원 건물에 잘 반영되어 있다.

헤리퍼드셔의 도어 수도원Abbey Dore에 가면 오늘날 음악제에 쓰이는 강당 등 아직까지 남아 있는 교회의 자취들이 회칠의 고딕적 수직성을 간직하고 있음을 볼 수 있다. 다음으로 시골을 가로질러 좀 더 큰 시토 수도회의 수도원인 요크셔의 파운틴스 수도원으로 가보자. 이곳에서 예술가는 예술가이고 부유함은 부유함인지라, 단순함과 검소함이 자기도 모르게 장엄함과 장식적 정교함에 자리를 양보한 것을 자주 볼 수 있다.

---

1 프랑스의 몰렘의 수도원장이었던 로베르가 부르고뉴에 있는 시토에 세운 수도회. 이후 성 베르나르두스가 베네딕트 계율을 준수하는 교단으로 육성하였다. 질박한 생활과 소박하고 치장이 없는 교회 등 엄격한 검소함을 특징으로 하며 외부의 후원 없이 자급자족을 원칙으로 했다.

에라스뮈스와 다른 인문주의자들의 제자인 프로테스탄트들은 이런 미의식을 언어적 담론에 적용할 때 가장 마음 편하게 느꼈다. 영국의 인문주의자이자 교사이며 희곡작가였던 니콜라스 유달N. Udall(1505~1556)은 신은 '단순한 것을 좋아하지만, 진리를 해치거나 위반하지 않는 범위 내에서는 수사법도 거부하지 않는다'라고 썼다. 유달이 옹호했던 '수수한 형식'은 '우아한 말'을 멀리하는 것일 뿐, 수사법을 기피하지는 않았다. 유달은 에드먼드 스펜서의 『요정 여왕The Faerie Queene』과 존 밀턴의 『실낙원Paradise Lost』의 수사법을 미리 말하고 있는 것이다. 필립 시드니 경Sir P. Sidney(1554~1586)은 '시의 예술the art of poetry'이 철학이나 역사보다 좀 더 유익하다는 뜻으로 이렇게 한마디 했다.

코뿔소나 코끼리를 보지 못한 사람이 그 짐승이 어떻게 생겼는지를 알려고 과학 논문을 읽을 필요는 없다. 만약 그에게 그것을 '잘 그려서' 보여 준다면 한눈에 알아볼 것이다.

여기서 시드니가 말하는 것은 그림이 아니라 시詩인데 다시 말해 시는 '말하는 그림'이다. 이것은 '그림으로서의 시Ut pictura poesis'라는 호라티우스Horatius의 「시론Ars poetica」을 그대로 인용한 것이다.

시드니는 다윗의 시(구약성서의 시편)는 독자로 하여금 신을 '말하자면' 보게 만든다고 썼다. 시드니는 세례자 요한의 말대로(「요한복음」 1 : 18) '일찍이 하느님을 본 사람은 없다'는 것을 알았다. 따라서 하느님 자신이 모세를 통해 명령한 것을 알고 있었을 것이다. '너희는 위로 하늘에 있는 것이나 땅 아래 물 속에 있는 어떤 것이든지 그 모양을 본떠 새긴 우상을 섬기지 못한다(「출애굽기」 20 : 4).'

모든 교회는 이 구절을 예배 때에 낭독했다. 그러나 종교개혁이 일어난 유럽은 하느님 아버지가 모든 교회 건물에 그려져 있을 뿐만 아니라, 종교극에서는 이웃 사람인 푸줏간 주인이나 빵집 주인 또는 양초집 주인 등이 하느님의 배역으로 무대에 올랐다. 체스터 시에서는 '자그마한 신의 얼굴을 도금하는 데' 2펜스가 들었다.

언어로 만들어진 마음속의 그림들과, 캔버스 혹은 돌이나 청동 아니면 어린애의 얼굴 페인팅 속에 들어 있는 구체적이고 가시적인 형상과의 관계는 무엇이었을까? 에라스뮈스는 신약성서가 예수를 완전하게 나타내어 보여 주기 때문에 육안으로 그를 본다면 오히려 어딘가 모자라게 보일 것이라고 말했다. 그렇지만 성서의 이야기들을 듣긴 했어도 예수의 그림 ─ 차후 세대에 가서나 주일학교에서 접할 수 있었다 ─ 을 전혀 보지 못한 아이들은 도대체 무엇을 '본' 것일까? 그들은 십자가 위의 일그러진 예수의 모습조차 쉽게 눈앞에 떠올리기 어려웠다. 왜냐하면 영국의 신교도들은 교회에서뿐만 아니라 풍경화와 개인적인 장신구에서도 십자가를 없애려고 갖은 애를 다 썼다. 성상들을 언어나 신체를 이용하여 공격했던 신교도 성상파괴주의자들은 마음속의 형상을 인정했을까 혹은 인정하지 않았을까? 이와 같은 중요한 문제를 다루는 것은 무척 난처하다. 시드니 경과 동시대의 또 다른 시인 존 던J. Donne(1572~1631, 영국의 형이상학파 시인)은 이 점을 인정했다. '성상을 찬양하거나 비난하거나 이에 대항하는 것/이 모든 것은 나쁜 일이다.'

거짓된 형상에 대한 적대감을 드러내는 성상파괴주의는 프로테스탄티즘과 예술에 대한 설명이 반드시 출발점으로 삼아야 할 사항이다. 16세기에는 종교적 형상들이 대참사를 겪었다. 역사상 가장 광범위하고 철저한 파괴였다. 엘리자베스 시대에는 십자가(혹은 '십자가형 구조물', 이것에서부터 본당의 회중석과 설교단을 분리하는 '강단 칸막이rood screen'라는 말이 생김)에 달린 실물 크기의 그리스도상이 많이 있었다. 양옆에 마리아와 요한이 서 있는 이 성상은 모든 교구 교회의 신자들에게 강한 신앙심을 불러일으켰다. 이 성상들이 당시에 씨를 말리듯 훼손되었기 때문에 종교개혁 이전 시대에 있던 성상으로 오늘날 남아 있는 것이라고는, 웨일스의 한 작은 교회에 겨우 살아남아 있는 한 벌이 전부이다.

프로테스탄티즘 교리의 일부인 루터적 요소는 모든 신교 전통에 있는 성상파괴주의와 무관했다. 그러나 종교개혁에 기인한 성상파괴가 처음으로 일어난 곳은 1521~1522년의 종교개혁 운동이 벌어지던 비텐베르크였다. 「성상 배척에 관하여Von Abtuhung der Bylder」에서 안드레아스 보덴슈타인 폰 카를슈타트는 성상파괴주의자의 심리와 동기를 드러내면서 종교적 형상의 파괴를 합리적으로 설명했다.

나는 어릴 때부터 성상을 존경하는 기풍 속에서 자라났다. 그리고 성상에 대한 두려움이 내 안에 들어와 자리 잡았다. 나는 이 해로운 느낌을 기꺼이 없애 버리고 싶었으나 뜻대로 되지 않았다.

금단의 열매! 성상파괴주의자는 성상에 관하여 말할 경우 결코 색맹이나 음치처럼 그 이미지가 무엇을 의미하는지 모르지 않는다. 그는 성상들을 하도 사랑하는 나머지 그것들을 파괴할 필요가 있으며 나아가 자신의 마음속에 있는 형상들을 파괴할 필요가 있는 것이다.

아마도 루터는 성상에 그다지 크게 애착을 갖고 있지 않았기 때문에 성상과 그 매력에 대하여 비교적 느긋한 심정으로 지켜보았을지도 모른다. 뉘른베르크에서 가장 큰 성 제발두스 교회와 성 로렌스 대성당은 후기 중세와 르네상스의 영광스러운 예술의 진열장으로 남아 있다. 루터는 어린 애들에게 장난감을 주는 것처럼 대중들에게도 종교적 성상을 제공해야 한다고 생각했다.

이와는 달리 카를슈타트는 그것은 어린이에게 날카로운 칼을 갖고 놀도록 허용하는 일이라고 믿었다. '우리는 그처럼 무서운 것들을 마음 약한 사람들에게서 거두어들여야 하고 그들의 손에서 빼앗아야 한다.' 온건한 멜란히톤조차 한동안 카를슈타트의 주장과 루터의 열정적인 동료였던 가브리엘 츠빌링G. Zwilling(1487~1558)의 설교에 감동을 받았다. 츠빌링은 몸소 그림과 제단 장식들을 불태웠으며 성상파괴의 광란에 빠진 학생들과 도시 주민들을 적극 부추겼다. 루터는 바르트부르크에서 돌아와 이들의 행위를 비난했다.

성상파괴주의는 루터의 종교개혁에 있어서는 과도기적이고 지엽적인 것이었다. 하지만 거리의 극장들과 일부 독일 사람들의 정치관政治觀으로는 그렇지 못했다. 또 츠빙글리가 이끄는 스위스의 종교개혁에 있어서 이것은 긴요한 부분이었다. 츠빙글리는 교회음악을 거부했다. 그에 따르면 교회음악은 '100분의 1의 사람도 이해하지 못하고', '노래하는 바보들'인 수녀들이 아무도 알아듣지 못하게 중얼거리는 찬송가에 불과했다. 이것이 보기 드물게 감각적인 음악가이자 매우 높은 교육을 받았으며 음악의 힘을 이해하여 세속적으로 사용되는 것을 앞장서서 허용했던 츠빙글리의 자세였다. 실제로 그는 자신의 목숨을 잃게 되는 전투에 사용하기 위하여 4부 합창곡을 작곡하기도 했다.

그러나 카를슈타트처럼 신을 섬기는 일에 관한 한, 츠빙글리는 전적으로 강경파였다. 바젤의 오이콜람파디우스를 포함하여 다른 개혁자들은 그에게 회중 찬송의 장점을 설득하고자 애썼다. 츠빙글리는 동요되지 않았으며 취리히의 예배는 마치 퀘이커 교도의 집회처럼 정적 속에서 거행되었다. 그러나 1598년이 되어 찬송이 복구되었다. 문학적으로 말하자면 츠빙글리의 시체를 딛고서 복구되었다.

성상파괴의 추진력이었던 성서적 원리를 빌려와 종교적 형상을 억압한 경우도 있었다. 취리히는 근래 미술가들의 활동이 전례 없이 폭발적으로 늘어났으며 교회도 여기에 동참했다. 이 시기는 용병사업으로 벌어들인 상당히 많은 돈을 소비에 쏟아 넣은 시기였다. 취리히의 미술이 음악과 마찬가지로 지방의 것보다 썩 좋은 까닭이 있어서 그렇게 된 것은 아니다. 질이 아니라 양이었다. 시 전체에 흩어져 있는 수백 개의 제단에 각각 한 점씩의 제단화祭壇를 그려 넣었다. 대성당의 경우에는 무려 17점이나 되는 그림이 들어갔다. 예수 승천일이 오면 취리히에서는 기계를 이용하여 거대한 그리스도상을 마루 밖으로 옮긴 후 지붕에 일부러 뚫어 놓은 구멍을 통하여 들어올려서 완전히 옥외에 매어 달기도 했다.

츠빙글리는 감각에 호소하는 종교를 철저히 거부했다. 그는 보이지 않고 손으로 잡을 수도 없는 성령인 하느님은 영적으로 섬겨야 한다고 주장했다. 따라서 성만찬에 신이 실제로 현존(임재)한다는 주장을 받아들일 수 없었다. 그는 항상 성인숭배를 비난했으나 놀랍게도 1523년 전에는 취리히 교회에서 성인의 형상을 제거하려는 시도가 없었다. 1523년에 이르러 극소수의 단편적이고 우발적인 사건과 이에 따르는 일련의 논쟁이 벌어진 뒤, 츠빙글리가 아닌 다른 사람이 우상파괴를 선동하는 설교를 했다. 이런 사건들이 맞물려 결국 츠빙글리와 특별위원회의 권고를 받아들인 시의회는 총회를 열어 이 문제를 법적으로 매듭짓기에 이르렀다. 이 결과 '형상과 우상을' 없애되 그 방법은 '품위가 있어야 하며' '무례하지 않아야' 했다.

1524년 한여름에 경찰은 성직자, 위원회 위원, 시의 건축가, 석수, 목수, 인부들과 함께 모든 교회에 들어가 문을 걸어 잠그고 눈에 보이는 것들을 해체했다. 입상과 그것들이 들어섰던 벽감聖龕과 받침대가 제거되었다. 채색된 제단 장식들은 밖에서 태워 버렸다. 벽화는 깎아 내고 긁어 벗기었다. 이 모든 일이 끝나는 데 13일이 걸렸다. 순례의 경험이 많은 한 경건한 시민은 '끔찍한' 모습을 보고 아연실색했다. 츠빙글리는 기뻐했다. '흰 벽들이 무척 아름답구나!'

하지만 음악과(종교음악조차) 시각 예술이 완전 사라진 것은 아니었다. 다만 부유한 중산층 가정으로 자리를 옮겼을 뿐이다. '신이 창조한 살아 있는 형상'인 실제 사람들의 초상화가 성인들의 그림을 대체했다.

다른 지역에서 벌어진 성상파괴는 훨씬 더 무질서한 사건이었다. 바젤의 경우 성상파괴에 수천 명이 가담했으며 폭동이 일어나기 직전까지 치달았다. 약탈한 성당과 다른 교회들에서 나온 화장용 장작더미들은 밤과 낮으로 꼬박 이틀 동안 탔다. 이제 나이가 든 에라스뮈스는 여간 슬픈 체험을 한 것이 아니었다. 취리히의 성상파괴는 규범적인 사례였다. 특히 질서가 있는 면에서 더욱 그러했다. 아마도 잉글랜드에서 엘리자베스 1세의 정부가 위원회의 이름으로 교회의 '우상 기념물'을 제거한 것은 이것을 본보기로 했었는지 모른다. 위원회의 위원 중에는 막 취리히에서 귀국한 사람들이 있었으며 우상 제거 중에 그 어떤 폭동적 시위도 일어나지 않았다.

영국에는 롤라드파라고 하여 이단적 정서를 지닌 오래된 전통이 있었다. 이들의 특징은 형상에 대하여 강한 적대감을 갖고 있다는 것이다. 츠빙글리의 교설은 이 이단과 장단이 맞는 구석이 있다. 전하는 바에 따르면 롤라드파는 회화와 조각을 '일반적으로 쓸데없고 헛되며 신의 계명에 어긋난다' 하여 비난했다. 그들이 실제적으로 공격한 대상들은 3차원의 조각된 혹은 그려진 형상이었다. 여기서 옛 이단과 새 이단이 의미심장하게 연결된다.

1520년대에 케임브리지의 선구적 개혁자 토머스 빌니가 유명한 마리아 사원인 월레스덴에서 설교했다. 그는 회중에게 "황금, 순은, 돌로 만든 신들을 갖다 버려라"하고 말했다. 더불어 사제들이 성상에서 보석을 빼내 창녀들의 목에 건 뒤 다시 제자리에 갖다 놓았다는 있을 법하지 않은 이야기를 했다. 빌니가 노리치에서 화형을 당하던 밤 네 사람이 20마일을 걸어가서 에식스에 있는 도버코트의 유명한 십자가상을 불태웠다. 그것은 반항적인 복수를 보여 주는 상징적 행위였다.

이것이 잉글랜드 츠빙글리 신교(개혁 신교)가 좀 더 보수적인 루터파를 누르고 승리할 수 있었던 한 가지 이유였다. 하지만 엘리자베스 1세는 예외적 인물이었다. 형상(좋은 것)과 우상(나쁜 것)을 구분한 점에서 그녀는 루터파였다. 그녀는 십자가상을 계속 숭배했다. 가톨릭교처럼 루터파는 십계명의 첫째와 둘째를 결합시켰다. 그리하여 둘째는 단순히 첫째의 주석이라는 것이었다. 첫째와 둘째의 계명은 다음과 같다. 첫째의 계명, '너희는 내 앞에서 다른 신을 모시지 못한다.' 둘째, '너희는 아무 형상도 만들지 말라.'

그러나 츠빙글리파에 속했던 엘리자베스의 주교들은 둘째 계명은 독립적이고 그 자체로 절대적인 것이라고 믿었다. 그들은 여왕에게 "둘째 계명에 따라 유대인 회당에서 형상들이 불법이었다면, 동일한 계명에 의거하여 그리스도인들의 교회에서도 부적합하다"라고 말했다. 엘리자베스는 투정을 부리며 '공포감을 주는 형상 또는 예배의 대상으로 삼기 위한 형상은 있어서는 안 된다. 다만 형상 그 자체는 좋지도 나쁘지도 않다'라고 응수하고 그녀의 예배당에서 십자가 앞에서 계속 기도했다.

어느 곳이나 대중적이고 무질서하며 불법적인 성상파괴와, 당국이 명하고 감독한 적법한 성상파괴 사이에는 상호작용이 있었다. 허가를 받지 않고 독단적으로 악의를 품은 채 저지른 성상파괴는 아주 심각한 범죄였다. 성상파괴자가 그 성상을 처음으로 설치했거나 어떤 의미에서 성상의 소유자였다면 그 범죄성이 조금 덜했다.

츠빙글리의 고향 토겐부르크에서 한 농부가 술집에 있는 십자가 처형의 그림을 토막 내면서 "성화는 쓸데없는 물건이고…… 아무 도움도 안 돼"라고 말했다가 처형당했다. 앞서 말한 도버코트 성상의 파괴자 네 명 중 세 명은 교수형을 받았다. 그러나 성서의 번역과 보급에서처럼 심각한 범죄와 정도가 덜 한 범죄의 차이는 불분명했다.

1640년대의 혁명 중 두 번째의 성상파괴 운동이 잉글랜드에 들이닥쳤을 때 윌리엄 다우징W. Dowsing은 케임브리지와 이스트앵글리아를 두루 여행하면서 종교개혁에서 살아남은 성상들을 제거하거나 부수어 버렸다. 다우징은 그런 파괴 작업에 대하여 적법하게 위임을 받았다. 하지만 그는 먼저 위임을 받아야 할 책임이 있었고, 위임받은 한도 내에서만 그 작업을 실행할 수 있었다.

1538년에 헨리 8세와 그의 첫 번째 재상 토머스 크롬웰은 성상파괴를 정부 정책으로 만들었다. 월싱엄과 입스위치에 있던 성모 마리아상을 공개적으로 불태웠다. 켄트 주 복슬리에 있는 시토 수도회 수도원에는 유명한 십자가상이 있었다. 머리가 틀어졌고 눈은 뒤룩거렸으며 입술이 어긋나 있었다(동시대의 민요에 따르면 '몸이 흔들거렸고/눈은 부릅떴다'). 이것을 들고 마을을 한 바퀴 돈 뒤, 런던의 세인트 폴 대성당에서 의식을 치르는 가운데 불태웠다.

이 일을 기록한 보고서를 취리히의 불링거에게 보냈다. 같은 해에 교황을 신봉하는 '이단자'였던 프란체스코 수도회 수도자가 산 채로 스미스필드Smithfield[2]에서 화형을 당했다. 화형에 쓰인 장작은 웨일스의 성인聖人 데르펠 가담의 유명한 성상을 부순 잔재였다. 그것은 과거에 저주를 받을 경우 사람들이 즐겨 찾았던 성상이었다. 수백 명의 순례자들이 이 성인상을 찾아와 지옥에 빠질 경우 구해 달라고 빌었다. (성인이 타고 있었던 목마는 수세기 동안 메리오너스에 그대로 남았으며 기수가 없는 가운데 숭배를 받았다). 포레스트 수도자가 화형을 받던 날 밤, 런던에 있는 기적을 일으킨다고 알려진 런던의 성 마거릿 패튼 성당의 은혜의 십자가상을, 교구의 '어떤 비열한 사람들이' 산산조각 내었다. 이것은 불법 행위였다.

그러나 성인의 상을 부수어 생긴 나뭇조각으로 수도자를 화형에 처하는 일석이조의 행위는 적법했다. 실제로 이것은 교황을 추방하고 수도원을 해체하는 왕의 행위를 정당화하는 데에 도움이 되는 정부의 선전 활동의 하나였다. 이 두 사건(십자가상을 태우고 수도자를 화형에 처한 것)을 꿰뚫는 핵심적인 단어는 '거짓된'이었다. 다시 말해 그것은 거짓된 종교, 거짓된 예술이라는 것이다.

성상파괴 운동 중 대중적이고 심지어는 혁명적인 성격을 띤 가장 극적인 사건이 네덜란드에서 1566년의 '놀라운 해Wonder Year'에 일어났다. 1566년 여름 비밀 집회를 갖던 네덜란드의 칼뱅파는 공개적인 이른바 '노천 설교hedge-preachings'를 듣기 위해 밖으로 나왔다. 2만 5천 명의 군중들이 안트베르펜 밖의 벌판에 모였다. 피터 브뤼헐은 이 장면을 그의 작품「세례자 요한의 설교The Sermon of St. John the Baptist」에서 묘사했다. 요르단 계곡과는 전혀 다른 풍경 속에 뒤섞인 군중들이 떼지어 몰려들었으며 나무 위에도 올라

2 런던 북쪽의 공개 처형장이 있던 지구.

피터 브뤼헐, 「세례자 요한의 설교」, 1566년.

가 있는 그런 그림이었다.

그 다음에 필연적으로 벌어진 사건은 노천 설교자hedge-preachers들의 설교를 들으러 왔던 장인들이 도시와 교회를 강제로 접수한 일이었다. 이 불법 행위를 이끈 것은 일련의 성상파괴 난동으로 그해 8월 10일 서부 플랑드르 지방3에서 시작해서 2주가 안 되는 사이에 17개 지방에 모두 번졌다. 안트베르펜에서는 30개 교회가 8월 20일과 21일 이틀 동안 민병대가 얼굴을 돌려 외면하는 가운데 약탈당했다. 8월 22일은 헨트 시 차례였다. 성상들은 파괴되었을 뿐만 아니라 고문을 당하기도 했다. 눈을 파내고 얼굴을 조각조각 잘라 내었으며 모의模擬 처형으로 머리를 잘랐다. (얀 반 에이크의 제단화 「어린양 찬양The Adoration of the Lamb」은 기부자 가족들이 간신히 구했다). 이런 행동을 자행하라는 권한을 누가 주었냐고 물어보면 성상파괴자 중에는 '신'이었다고 대답하는 자도 있었다.

---

3 현재의 벨기에 서부, 프랑스 북부, 네덜란드 서부를 포함한 북부 연안 지방. 중세에는 독립국으로 존재했다.

플랑드르와 브라반트에서 보듯 일회성 사건이라기보다는 일종의 대중 운동이었던 성상파괴 운동의 의미는 무엇인가? 이 질문은 종교사학자는 물론 역사사회학자와 문화사회학자들에게 과제를 안겨 준다. 성상파괴 운동은 전적으로 자발적이었으며 그런 의미에서 '대중적'이었는가? 또는 성상파괴자들을 설교자들과 여타의 '지도자들'이 조정했는가? 이 사건들은 전이轉移된 공격성의 사례인가? 난동의 '진정한' 목표가 성직자 혹은 가증스러운 스페인 정권이었을까?

루터는 성상파괴와 대중 살해 사이에 큰 차이가 없음을 알았다. 구약이 우상에 대하여 내린 선고는 사형이었다. 성상파괴 운동은 난동에 이르게 되었다. 이것은 바스티유 감옥의 습격이 프랑스혁명의 서곡이었던 것과 똑같다. '놀라운 해'는 실업과 기아의 해였다. 그렇다고는 하나 마르크스주의자의 설명만으로는 이것을 다 밝히기에 충분하지 않다. 카를슈타트가 명료하게 말한 것과 같은 동기들이 심층부에서 작용했을지 모른다. 신앙의 대상을 파괴하는 행위는 신앙 그 자체를 말소하는 것이다. 성인의 형상은 바로 성인 그 사람이다. 텔레비전 화면의 얼굴이 가상현실인 것과 같은 이치이다. 성상을 부수고 화면을 부수는 것은 신성한 힘을 부수는 것이다. 모든 우상은 가짜의 발feet of clay을 갖고 있는 것이다.

성상파괴자들이 자신들이 공격하고 있는 것이 예술품이란 사실을 염두에 두지 않았거나 몰랐다고까지 말할 필요가 있을까? 오늘날 우리가 알고 있는 의미의 '예술'은 문제가 되지 않는다. 당시 '예술을 위한 예술'은 없었다. 그러나 잠시 예술에 대하여 오늘날 우리가 갖고 있는 의미를 되새겨 보자. 도대체 종교개혁은 도금한 성인상聖人像들의 자리에 무엇을 갖다 놓았는가?

궁정 음악가 토머스 스턴홀드는 소년 왕 에드워드 6세에게 새로운 양식의 '성서적 노래' 부르기를 위한 후원자가 되어 달라고 요청했다. 그에 따르면 이 양식은 '거짓된 공허함의 운문'을 '거룩한 진리의 노래들'로 바꿀 수 있었다. 그러나 그는 왕에게 왕 자신의 음악적 취향을 바꾸라고 말하지는 않았다. 왜냐하면 스턴홀드는 류트(lute, 기타 비슷한 14~17세기의 현악기) 노래의 형식에 맞추어 찬송가를 작곡했기 때문이다. 다만 가사가 다를 뿐이었다.

한편 스코틀랜드에서는 종교개혁으로 인해 지도적 음악가들이 대위법을 포기하고 그들이 좋아하건 말건 음 하나에 말 하나가 붙는 운문 찬송가 악곡에 맞추어 작곡하지 않을 수 없었다. 당대의 가장 위대한 작곡가 토머스 탈리스도 이런 분위기에 철저하게는 아니더라도 그런대로 적응해야만 했다. 그의 제자이며 다음 세대의 제일 유명한 음악가 윌리엄 버드W. Byrd (1543~1623)는 양다리를 걸치는 경력을 쌓았다. 그리하여 영국 가톨릭 공동체와 왕실부속 예배당을 위해 작곡하는 '교회 교황파'의 길을 걸었다.

이와 같은 억압의 맥락에서 볼 때, 화가들은 어느 정도 그림 형식을 바꾸라는 압력을 받았을까? 그들은 진정 개종하여 그것을 그림 속에서 충실히 반영했을까? 우리는 베르메르J. Vermeer(1632~1675)**4**가 종교적 환경으로부터 영향을 받은 '시기'를 거쳤음을 알고 있다. 1653년 가톨릭 교도의 아내를 얻은 후 가톨릭으로 개종했으며 돈 많은 장모와 같은 집에서 살았다. 그는 가톨릭교의 도시 위트레흐트에서 유행했던 카라바조Michelangelo da Caravaggio (1573~1610, 밀라노 출신의 화가) 양식으로 그림을 그렸다. 그러나 그가 자주 그렸던 가정 내의 장면 속에는 신교적·세속적 빛이 가득했다. 진정한 델프

───────────────

4 네덜란드 델프트 출신의 화가. 작품으로는 동명의 영화로도 제작된 「진주 귀고리를 한 소녀」, 「부엌의 하녀」, 「탁자에서 잠자는 소녀」 등 35점이 남아 있다. 매우 객관적이고 정밀하게 가정 내의 모습과 인물들을 정밀화 그리듯 그렸으며 기하학적인 질서감이 특색이다.

루카스 크라나흐 1세, 「율법과 은총의 알레고리」, 1529년.

트풍5이자 델프트풍을 초월했다. 베르메르는 과연 베르메르였다.

　다시 한 번 우리는 루터파 전통과 개혁파(츠빙글리파) 전통을 구별해야 한다. 루터파가 득세한 독일에서는 종교적 변화가 화가들의 활동을 억압하는 않은 채 미술의 방향을 바꾸어 놓았다. 이러한 흐름은 루터의 친한 친구였던 루카스 크라나흐 1세Lucas Cranach the Elder(1472~1553, 독일의 화가)의 수많은 유명한 그림에 잘 기록되어 있다. 그는 1529년 '종교개혁 이미지의 진수'라고 부르는 신학적으로 교훈적인 작품 「율법과 은총의 알레고리Allegory of Law and Grace」를 제작했다. 이것은 목판화로서 많이 복제되었다. 사람들은 크라나흐를 '대량생산의 종교개혁 예술'이라고 불렀다. 그는 그림을 팔아서 돈을 많이 벌었으며 비텐베르크에서 가장 멋진 집을 지었다(이 집은 아직

5　델프트는 네덜란드의 도시이자 베르메르가 태어난 곳이다.

도 전해진다). 그와 그의 아들인 루카스 크라나흐 2세(1515~1586)는 루터와 그의 가족, 멜란히톤, 여타 개혁자들의 초상을 그렸다. 이 그림들 덕분에 우리는 이 개혁자들을 우리의 심안心眼 속에 붙잡아 놓을 수 있다.

당대 북유럽에서 가장 위대했던 화가 알브레히트 뒤러는 어떠했을까? 뒤러는 「계시Apocalypse」(1498)와 「수난Passion」(1511)과 같은 종교적 주제를 그린 장대한 목판화 연작으로 이름과 부를 얻었다. 일반 대중의 후원을 받았던 이들 작품은 미술사의 중요한 계기를 마련했으며, 루터 세대의 강렬한 그리스도 중심주의와 종교적 열정의 능란한 표현이었다. 뒤러는 루터에게 깊은 영향을 받았으며 루터를 가리켜 '나를 큰 고통 속에서 구해 준 그리스도인'이라고 말했다. 보름스 제국의회가 끝난 뒤 루터가 아마도 죽었을지 모른다고 믿었던 뒤러는 그의 분노를 쏟아 냈다. '오 하느님, 루터가 죽었다면 그 누가 복음을 우리에게 그토록 명확하게 해석해 줄 수 있겠습니까?' 그러나 뒤러가 신교 화가였는가 하고 묻는 것은 아마도 시대착오적인 질문이 될 것이다.6

뒤러가 1526년에 자신의 고향인 뉘른베르크 시청에 증정한 「네 명의 사도Four Apostles」라는 걸작은 신교의 성서주의와

알프레히트 뒤러, 「네 명의 사도들」, 1526년.

6 뒤러는 평생 루터의 신학을 지지했고 신교의 과격한 분파들은 인정하지 않았다.

1525년 이후의 보수주의 모두에게 하나의 기념비였다. 이 그림은 두 개의 목판에 실물보다 큰 성 요한, 성 베드로, 성 바울, 성 마가를 그렸다. 성 바울은 거대한 성서를 들고 있다. 한편 열쇠를 갖고는 있지만 확실히 종속적 인물로 묘사된 베드로는 성 요한이 펼쳐놓은 요한복음을 내려다보고 있다. 펼쳐진 성서 속에 뒤러는 요한복음의 첫 마디를 루터의 간결한 문체로 적어 놓았다. '태초에 말씀이 계셨다Im Anfang war das Wort.' 예전에 성인들이 관람자의 시선을 한 몸에 받는 대상이었다면, 여기서는 거의 위협하듯 옆을 째려보는 눈길로 성 바울이 자신의 눈을 관람자에게 고정시키고 있다. 그림 밑에 네 복음서의 저자들에게서 따온 성서 인용구가 있다. 인용구들은 기독교도 자치 시장을 지지하고 '위험한 시기의 세속적 통치자들 모두'에게 훈계하는 내용이다. '이들 네 명의 걸출한 사람들이 경고하는 말을 들어라. 베드로, 요한, 바울, 마가.'

이 작품은 처음에는 의도한 대로 연단 장식용으로 쓰였을 것이나 이제는 오갈 데 없이 이 도시(뉘른베르크)의 세속적 군주들의 자비로운 수중에 들어갈 수밖에 없게 되었다. 한 비평가에 따르면 뒤러는 도덕적으로 실패한 종교개혁에 대하여 환멸감을 표현했다. 아마도 그럴지 모른다. 그러나 우리의 논의의 맥락에서 보면 이 그림은 종교미술의 효과에 대한 그의 확신을 증명한다. 그는 '종교미술이 올바르고 우아하게 만들어졌을 때 해롭기보다는 유익하다'(뒤러 자신의 말)고 믿었다. 뒤러는 1528년에 세상을 떠났으며, 그의 사후 수십 년이 지나는 동안에 독일 미술은 질적으로나 양적으로 급격히 쇠퇴했다. 이것은 어쩌면 종교개혁의 성상거부 운동에 기인하는 것이었는지도 모른다.

한편 잉글랜드에서는 독일인 화가 한스 홀바인 2세Hans Holbein the Younger (1498~1543)는 종교미술을 그릴 기회가 없었다. 그는 자신의 부친이 아우크스부르크의 성 모리츠키르헨 성당에 그린 거대한 제단화가 파괴되는 것을 목격했다. 1520년대에 그 자신이 루체른과 바젤에서 제단화를 그렸다. 그는 바젤에서 성상파괴의 참극이 벌어진 직후 에라스뮈스의 추천장을 들고 잉글랜드로 건너왔다. 에라스뮈스는 추천장에서 바젤의 예술이 얼어붙고 있다고 말했다. 그러나 홀바인은 냉장고의 위층에서 아래층으로 자리를 옮겼을 뿐이었다. 그는 이제 초상화가로서 새로운 경력을 쌓았다. 홀바인이 잉글랜드에서 성인이 아니라 헨리 8세를 그리게 되었다는 사실은 영국 종교개혁의 성격을 잘 말해 준다.

우리는 이제 기괴하고 당당한 여러 형식의 초상화를 통해 홀바인이라는 이름을 기억한다. 그러나 헨리의 종교개혁의 종교적 특색을 가장 잘 전달한 것은 뭐니뭐니해도 홀바인이 문자와 도안을 넣어 장식한 대성서의 속표지였다. 이 속표지는 성서 중시의 종교를 부각하는 동시에 국왕에 대한 순종을 강조했다. 이 표지 그림 속에서 왕이 실제로 신성한 책의 저자가 된다. 왜냐하면 기증자와 후원자를 표현하는 전통을 흉내 내어 왕이 성서를 교회와 국가의 대표적 지도자들에게, 나아가 서민에게까지 건네 주고 있기 때문이다. 그러면 그들은 '국왕 만세', '신이여 왕을 구하소서'라는 환호로 응답한다.

개혁 신교의 지역에서 그리고 다루기 편한 예로 잉글랜드에서 종교를 미술로 표현하는 일이 슬며시 퇴보하고 있었다. 이것이 극단으로 치달을 경우 성상파괴를 넘는 어떤 것, 아마도 와하브파 이슬람Wahhabite Islam[7]에 연관시킬 수 있는 성상공포 같은 것이 되었다. 천성적으로 성상을 애호하는 사람들에게는 무척이나 고통스러운 시기였다. 화가의 소질이 있는 리처드

---

7 코란의 교리를 엄수하는 이슬람 교파의 신도들.

헤이도크가 조반니 파올로 로마초G. P. Lomazzo의 『신기한 그림들의 기법을 담은 소책자A Tracte Containing the Artes of Curious Paintinge』(1598)를 번역했을 때, 그는 추천서에 신을 그리려면 '완벽한 색'만을 사용해야 하고 '가능하다면 신을 그려서는 안 된다'고 덧붙였다. 이 책은 매너리스트 화가들의 바이블이 되었다.

그러나 칼뱅파 종교개혁에 있어 시각 예술의 문제는 점진적·단순한 쇠퇴라고 할 수 없을 만큼 훨씬 복잡하다. 한때 신교도 도시였던 리용은 삽화가 들어 있는 성서의 시장을 독점했고, 리용-제네바축Lyon-Geneva axis을 통한 인쇄물 무역에 힘입어 고도의 기술적 정밀함을 자랑하는 시각적 이미지를 생산할 수 있었다. 1566년경 『새로운 교황 지지자 세계지도Mappe-monde Nouvelle Papistique』가 출판되었다. 놀랄 만큼 멋진 동판화로서 가톨릭교가 지배했던 유럽을 거대하고 아름답게 묘사된 문어의 발들이 휘어 감고 있는 모습이었다. 이 책은 이와 화려한 그림들을 멀리하면서 십계명의 두 번째 계명을 엄격히 지키는 칼뱅파의 책과는 대조되는 것이었다.

잉글랜드의 종교개혁 초기에 시각 예술을 활용하여 교황제도와 개혁되지 않은 종교의 여타 상징을 과격하게 반대하기도 했다. 몇몇 그림과 판화집은 쓰러져서 머리의 삼중관이 벗겨지거나 혹은 경건한 군주의 휴대용 발판이 된 교황의 모습을 묘사했다. 동방박사가 그리스도의 발치에 무릎을 꿇고 있는 전통적 그림을 거의 포르노그래피에 가깝게 제작하여, 교황과 교황의 사절단 앞에 무릎을 꿇은 황제나 왕의 모습을 풍자했다.

이런 식의 표현 기법은 차후에도 오랜 세월 사용되었다. 국민의 기억 속에 스페인의 무적함대와 국왕 암살을 기도한 가이 포크스 같은 가톨릭교의 공격성과 파멸을 보여 주는 사례들이 쌓여가자 이런 것들을 묘사한 짐승의 형상이 17세기에 들어서까지 생산되었다. 목판이나 동판뿐 아니라 장식의 형태로도 제작되었다. 그러나 이것은 신교를 표방하는 미술이라기 보다는 반가톨릭교의 미술이었다.

16세기 중반에 출판된 영국의 성서들에는 삽화가 풍부하게 들어 있었 다. 하지만 제네바 성서(1560년판)는 삽화를 지도나 기타 유익한 도표 등으 로 엄격히 제한했다. 존 폭스의 『순교자들의 책』의 경우 1563년 이후로 출 판된 판본들은 생기를 돋우는 그림을 실었다. 많은 세대에 걸쳐 독자들은 본문 못지않게 이 그림들에서 큰 감명을 받았다. 화형대 위에서 불타는 가 운데 태연한 모습을 한 순교자들, 신교도 죄수의 맨살 등짝을 과수원에서 회초리로 때리는 보너 주교의 사타구니가 터질 듯 팽팽하게 튀어나온 모습 등등. 케임브리지 대학 도서관에 있는 1570년 판본은 색칠한 그림을 담았 는데, 보존 상태로 보아 그 그림들을 때때로 떼어서 벽 위에 붙였던 것 같다.

문화적 변두리였던 잉글랜드는 독일 수준의 인쇄된 그림을 생산할 수 있는 전문 기술과 기술 능력이 부족했다. 1560년대 후반 위그노파 피난민 질르 고데가 런던으로 건너 와서 파리 양식의 매우 정교한 성서 그림책을 출판하여 판매했다. 이 책에는 천지창조를 순서대로 묘사한 그림들, 요셉 의 삶, 탕아의 이야기 등이 있었고, 아이들이 색칠을 하게끔 되어 있었으며 한 권에 흑백은 1페니, 칼라는 2펜스에 팔았다. 영국의 시장 사정에 맞추어 서 하느님의 그림은 그림책 속에서 삭제되었다.

이 모든 것들이 초기 신교의 심미관에서 유래한 것이었다. 그런 심미관 의 부산물로 성서 연극이나 반가톨릭교 연극, 찬송가와 대중적 가락에 맞 추어 부르거나 음유시인들이 퍼뜨린 '경건한' 민요 등이 있었다. 전통적인 예술 매체들은 버려지지 않고 사물화私物化되었다. 이런 양상을 성상공포 iconophobic라기보다는 성서파괴라고 하는 편이 나을 것이다. 그 까닭은 앞서 말한 것과 같은 미술, 심지어 종교미술에 대한 거부가 아니라 거짓되고 속이는 가톨릭 미술에 대한 거부였기 때문이다.

그러나 고데는 후계자 없이 1571년에 죽었다. 이후 영국의 성서에는 이제 더 삽화가 들어가지 않았다. 만약 폭스의 『순교자들의 책』이 1580년대에 처음으로 출판되었다면, 그 책에 들어갈 만한 그림이 아예 없었을 것이다. 1580년에 전반적인 문화 이동이 일어났다. 연극을 반대하는 강력한 편견이 점점 커지고 있었다. 종교극이 가장 나쁜 것이라는 이야기가 번졌다. 그리스도는 무대에서 '상연되기' 위하여 태어난 것이 아니었다. 실제로 1580년경 이후 20세기까지 예수는 무대에 등장하지 않았다. 찬송가를 '푸른 소매Greensleeves'와 같은 대중 가락에 맞추어 부르는 것은 이제 적절하지 않았다. 더불어 세속적 민요를 풍자하여 경건한 노래를 부르는 풍조는 쇠퇴했다. 종교회화를 몸에 지니거나 은밀한 곳에 보관한 것이 발각되었을 경우, 가톨릭 교도의 증거물로 의심을 받았다.

문학 장르에서 가장 최신 유행은 '우의화愚意畵' 모음집이었다. 통상적으로 우의화는 그림 하나, 운문 하나, 격언 하나로 구성되고 이 세 가지가 신비스럽게 서로 도와가며 주제를 해설했다. 그러나 그림이 없는 '글자만의' 우의화도 있었다. 문화적 이동은 과장되는 경우도 있다. '우상을 숭배하는' 사람과 숭배의 대상은 의심을 받았을지 모른다. 그러나 엘리자베스 1세와 제임스 1세 시대의 사람들은 벽에 색칠한 천을 걸었고 여유가 있다면 태피스트리 등을 걸었다. 여관과 술집은 '신을 두려워하라' 등의 간명한 훈계뿐만 아니라 탕아의 그림들로 장식되었다.

미술이 이런 도치된 모습의 세속적 상황을 반영하는 한에 있어서, 그것은 일종의 해방이었다. 연극 또한 미술의 그런 모습을 따라갔다. 옛 도덕극과 신비극이 단기간의 신교 형태를 취하다가 곧 사라져 버림으로써 엘리자베스와 제임스 시대 후기의 극장들이 풍부한 레퍼토리를 지닐 수 있는 길이 열렸다. 그중에 포함된 셰익스피어의 희곡 『자에는 자로Measure for Measure』**8**는 '도덕'을 한층 의미심장한 수준에서 다루었다.**9**

마찬가지로 미술도 채색한 초상화와 묘지 조각 등에서 보듯 인간의 개성에 초점을 맞추게 되었다. 영국의 사회역사학자나 문화역사학자들은 슬프겠지만, 프로테스탄트 미술의 전체적 잠재성을 발견하려면 북해를 넘어가서 유럽 북부를 한번 살펴볼 필요가 있다. 왜냐하면 프로테스탄트 미술이 17세기 네덜란드의 거리, 시장, 술집, 사적인 내부를 재현했기 때문이다. 특히 우리는 오렌지 공 윌리엄 3세의 무덤인 델프트 시의 신교회(新敎會, Nieuwe Kerk)의 밝게 빛나는 모습을 여러 각도에서 묘사한 다수의 그림을 잊지 말아야 한다. 화가들이 이제 교회의 성상을 그리는 것보다는 교회를 대상으로 멋진 그림을 그리는 것에서 일거리를 찾았기 때문이다. 이 사실은 종교개혁 시기의 미술사를 잘 요약한다.

8 『자에는 자로』는 1604년 여름에 집필된 희곡으로 셰익스피어의 뛰어난 코미디 중 하나로 꼽히는 작품이다.

9 '도덕'을 심각하게 다루었다고 하는 것은 작중 인물들이 희망하는 상황과 실제 주어지는 상황이 서로 어긋나는 데서 오는 존재의 불일치를 묘사하고 있기 때문이다. 그 주제의 불유쾌함(죄를 지은 오빠를 살려 달라고 하는 수녀에게 처녀성을 바치라고 하는 요구)과 복잡한 줄거리(수녀가 아닌 다른 여자를 침실로 들여보내고 죽어야 할 남자 대신에 다른 남자를 들이미는 것)와 대리 신분 등의 주제로, 이 희곡은 종종 '문제극'이라고 부른다.

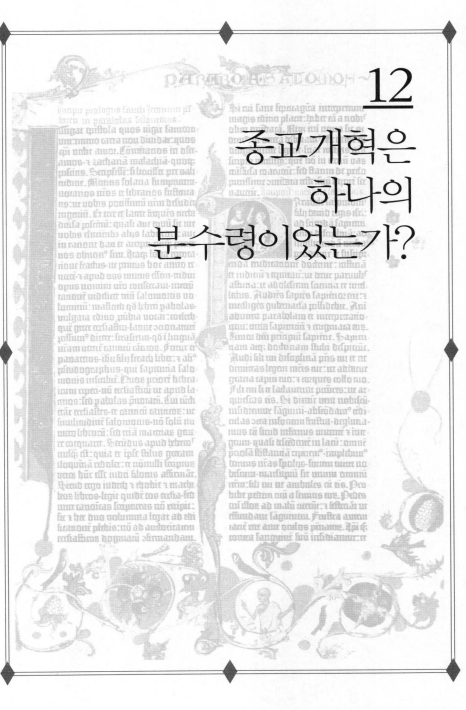

12
종교개혁은
하나의
분수령이었는가?

내 다섯 살 난 아들이 잠자기 전, 새로 사서 벽에 걸어 놓은, 사람의 모습이 안 보이는 을씨년스러운 풍경화 앞에 서서 이런 질문을 던졌다. "아빠, 아주 옛날에 일어난 일이지? 사람들은 다 죽었어?"

그랬다. 옛날에 일어났고 사람들은 다 죽었다. 로버트 사우디R. Southey (1774~1843, 영국의 시인)가 지은 서사시 속에서 어린 빌헬마인과 페테르킨이 카스파 노인에게 블렌하임 전투Battle of Blenheim[1]에 대하여 이것저것 귀찮게 물었다. "전쟁에 대해서 다 말해 주세요/그들이 도대체 무엇을 위해 서로 싸웠나요", "끝내 전투를 해서 무슨 좋은 것이라도 얻었나요?" 노인은 이들에게 무엇을 대답해야 할지 몰랐다. "어쨌든 유명한 승전이었단다."

여기까지 읽어 온 독자들은 이제 가톨릭교와 신교가 무엇을 위해 서로 싸웠는지 약간의 감을 잡았을 것이다. 결과적으로 어떤 좋은 일이 생겼나 하는 것은 역사학자가 말할 주제가 못 된다. 그러나 무엇인가 궁극적으로 의미 있는 것이 그 싸움에서 생겨나지 않았을까 하는 질문은 쉽게 비켜갈 수 없다.

---

1 1704년 8월 13일에 일어난 전투. 영국과 오스트리아가 한편이 되어 프랑스와 바이에른 공국의 연합군을 독일 도나우뵈르트 서쪽 10마일 떨어져 있는 다뉴브 강의 블렌하임에서 패퇴시켰다.

제네바에 있는 종교개혁 기념비

　모든 것은 모든 것의 원인이다. 역사학자는 실험실에 앉아 성분과 촉매를 분리하여 대조 실험을 해 볼 수 있는 과학자가 아니다. 다만 우연으로 가득 찬 거대한 풍경인 전체 세계의 덩어리와 맞상대하는 예술가이다. 종교개혁처럼 거대한 사건은 어쩔 도리 없이 수많은 사물의 원인이 될 수밖에 없다. '종교개혁'은 허구는 아닐망정 역사적 상상력의 구조물이기 때문에 우리가 원하는 만큼 많은 것의 원인이 될 수 있다. 아마도 종교개혁은 우리 문명의 다른 분수령, 또는 다른 구조물인 계몽주의의 선결 요건이었을 것이다(그것 외에 다른 무엇일 수 있을까?). 루터와 칼뱅이 전혀 의도한 바는 아니더라도 종교개혁이 정신의 해방이고 자유로운 지식의 소통이었다면 그것은 동시에 소위 과학혁명의 선결 요건이기도 했다.

　종교개혁이 없었다면 유럽이 뉴턴이나 다윈을 배출할 수 있었을까? 아마 배출하지 못했을 것이다. 그러나 우리가 알고 있는 것처럼, 가톨릭교는 갈릴레오의 주장과, 행성들이 태양의 주위를 돈다는 코페르니쿠스의 지동설을 함께 비난했다. 또한 1992년에 가서야 비로소 교황 요한네스 파울루스 2세가 그런 비난이 과오였음을 겨우 인정했다. 그렇다고 해서 대부분의 신교도들이 갈릴레오의 주장에 찬성했을 것이라고 말하는 것은 아니다. 신교도들은 1859년이 될 때까지도 다윈의 『종의 기원Origin of Species』을 인정하지 않았다(또 21세기에 들어선 이 시점에도 미국의 중서부 지역에서는 다윈을 의심하고 있다).

종교개혁(그리고 반종교개혁)은 근대 국가를 주조한 거푸집이었다. 종교전쟁이 빈발하고 교회의 재산과 권력을 군주들이 사유화한 결과, 국가 형성의 과정이 쉬워졌다. 종교개혁에 뒤이은 2세기 동안 평화를 누리고 있는 유럽이란 아예 상상할 수도 없는 것이었다. 그것은 마치 30년 전쟁이 일어나지 않았을 독일이나 혹은 영국과 프랑스가 사자와 양이 되어 서로 함께 사이좋게 누워 있는 것(「이사야」 11 : 6)을 생각하는 것과 같은 일이다.

영국은 기본적으로 신교 국가이고 의식이나 제전에서 '영국이 통치한다!'라는 노래를 불러 스스로를 기념하고 축하했다. 이 나라는 프랑스와 1세기가 넘는 기간에 걸쳐 수많은 전쟁을 치르는 가운데 스스로가 지향할 모습을 상상하고 그것을 실현시켰다. 이 전쟁들은 비록 종교전쟁이라기보다는 제국帝國전쟁이었지만 이념이 개입되지 않은 전쟁은 결코 아니었다.

19세기 후반 비스마르크의 프로이센 제국을 탄생시킨 독일 내에서는 문화투쟁Kulturkampf**2**이라는 거대한 싸움이 벌어졌다. 이것은 가톨릭교가 과연 제국 내에서 이해관계의 조정자 역할을 할 수 있는지 여부를 결정짓는 싸움이었다.

---

2 비스마르크가 독일 가톨릭 교회의 교육·종교상의 특권을 제한하려고 한 데서 일어난 투쟁.

신교도들은 1898년에 일어난 스페인·미국전쟁을 서구 문명의 두 가지 형태(구교와 신교) 사이의 싸움이라고 이해했으며 미국이 승리할 것을 의심하지 않았다. 교황 피우스 9세가 1864년에 발포한 80개 명제의 유론표(Syllabus of Errors, 과오의 목록)는 교황이 '진보, 자유주의, 근대 문명 등과 타협하고 적응할 수 있으며 그래야 한다'는 주장을 비난하는 것으로 결론을 맺었다. 이것은 교황청의 자살 메모에 해당하는 것이다. 왜냐하면 이것(진보, 자유주의, 근대 문명)은 전세계에 보편화될 것이 틀림없었기 때문이다. 프랑스 제3공화국의 선도적 정치인들은 자신들의 주요 과업이 '교권주의 clericalism'를 극복하는 것이라고 생각했다. 극복의 대상은 종교였고, 이 과업을 성취하기 위해서는 미국과 신교가 주장한 교회와 국가의 분리 원칙을 채택할 필요가 있었다. 제2차 세계대전 이후에 생겨난 기독교적 민주주의는 가톨릭교가 근대 세계의 정치에 뒤늦게 양보한 결과의 산물이었다고 보는 편이 보다 더 정확하다.

아이들이 성장하기 시작하면 산파는 소용없다. 이제 종교가 영국의 총선에서 1906년에 그랬던 것처럼 주요 역할을 담당할 수는 없었다. 북아일랜드 바깥과 브리티시 제도에서, 종교는 정치 활동이 도덕에 관여하는 범위 내에서만 제한적인 문제로 부상한다. 예로서 '삶의 문제life issue'에 관해서는 종교가 어느 정도 발언할 수 있다. 유럽연합의 활동, 활동 범위의 확대, 단일 통화의 장점과 단점, 경제의 세계화, 다국적 기업의 역할 등은 이제 종교적 색깔이 없는 문제들로 분류된다. 그런데 이러한 정치 활동은 세속화가 뒤늦게 나타난 종교개혁의 결과일까?

이보다 우선적으로 문제삼아야 할 것이 있다. 그것은 가장 강력하고 열린 마음을 지닌 사람 중 하나인 독일의 사회학자 막스 베버가 이른바 '서구의 기적'에 적용하기 위하여 주창한 신교와 근대화에 대한 사상이다. 베버에 따르면 프로테스탄티즘은 자본주의와 그 부산물인 산업 문명의 '발흥'과 상관된다. 종교개혁이 산파 자격을 지니고 전례 없이 큰 규모로 부의 축적을 위한 윤리적 동기를 마련하는 등의 긍정적 기능을 수행했는가? 아니면 중세의 가톨릭 교회가 자본가들에게 가해 왔던 억압을 제거하는 계기를 마련하는 등의 부정적 기능을 수행했는가?3 후자는 영국의 기독교 사회학자 리처드 헨리 토니R.H.Tawney4가 『종교와 자본주의의 발흥Religion and the Rise of Capitalism』(1926)에서 옹호했던 주장이다. 그러나 이 두 가지 명제를 두고 토론을 벌인 적은 없다. 그 까닭은 토니 스스로가 자신과 베버가 동일한 것을 이야기한다고 잘못 생각했기 때문이다.5 게다가 베버는 토니가 이 책을 쓰기 전에 이미 세상을 떠났다.

베버가 『프로테스탄티즘의 윤리와 자본주의 정신Die protestantis-che Ethik und

---

3 토니는 중세 시대에 인간의 무제한적이고 탐욕적인 획득 정신을 억압하는 힘이 가톨릭 교회라고 보았다. 그에 따르면, 종교개혁 이전에는 경제가 여전히 윤리학의 한 분야로 종속되어 있었으며, 모든 인간의 행위는 영혼의 구원이라는 단일한 계획 아래 모두 포섭된다고 생각되었다. 따라서 중세의 이론가들은 실용보다는 자연법에 호소했고, 경제적 거래의 타당성은 시장 논리를 따르는 것이 아니라 가톨릭 교회의 전통적 가르침에서 나오는 도덕적 기준을 따르는 것이었다. 그런데 종교개혁이 진행되면서 경제활동에 대한 이런 중세적 억압이 해방되었다는 것이다.

4 토니(1880~1962)는 『종교와 자본주의의 발흥』을 1937년에 다시 펴내면서 그 서문에 베버의 책 『프로테스탄티즘의 윤리와 자본주의 정신』(1905)을 언급하고 있다. 베버는 종교가 자본주의에 미친 영향을 집중적으로 다루었는데, 후대의 학자들은 그 반대로 경제·사회적 변화가 종교에 미친 영향을 검토한다면서 자신도 이런 학자의 부류에 들어간다고 밝히고 있다. 따라서 토니는 자본주의의 정신을 가져온 것이 칼뱅파의 신학이론이 아니라, 그 이전부터 있어 왔던 개인주의와 근검절약 정신이 효과적인 노동력을 만들어 냈고, 이 노동력을 바탕으로 산업 활동을 벌인 것이 자본주의의 발흥 원인이라고 보았다.

5 토니는 위의 1937년 서문에서 베버의 유명한 책이 나온 이후 학자들 사이에 베버의 주장을 반박하려는 뜻보다 베버를 반박하는 것 자체가 하나의 독창적 태도인 것처럼 생각하는 경향이 있다면서 베버에 대한 무분별하고 근거 없는 반박을 경계하였다. 게다가 토니는 베버를 대단히 존경했던 것으로 알려져 있다. 따라서 토니가 잘못 생각하고 있는지 여부는 그의 책 『종교와 자본주의의 발흥』을 면밀히 읽어 보아야 할 타당성을 제기한다.

der Geist des Kapitalismus』에서 주창한 명제만큼 광범위하게 오해를 받은 이론도 드물다. 제프리 엘튼 경Sir G. Elton은 사회학자들이 조각상처럼 단단하게 세워 놓은 이론들을 숭배하기 위하여 역사학자들이 바친 노력과 의지에 대한 '슬픔'을 글로 썼다. 한편 디킨스A. G. Dickens는 '오늘날 아무도 막스 베버의 명제에 대하여 친절한 말을 하는 사람은 없다'고 생각했으며, 베버의 이론을 '허울 좋은 이론'이라고 폄하했다. 전적으로 경험주의적인 이 두 영국 역사학자들은 베버가 무엇을 말하는지를 알지 못했음이 확실하다.

잘못은 베버 자신에게 있다고 말한 사람들도 있다. 그러나 베버는 신교, 특히 칼뱅주의와 그가 '자본주의 정신'이라고 불렀던 것 사이의 상관관계에 대하여 자신이 제기하는 것과 제기하지 않는 것을 더할 나위 없이 명확하게 밝혔다. 그의 주장에 따르면, 유물론적 인과론이라는 문화와 역사에 대한 하나의 일방적 해석(짧게 말해 마르크스주의)을 또 다른 일방적 해석인 유심론으로 대체하는 것이 그의 목적은 아니었다. '이러한 두 해석은 각자 동등하게 가능하다. 그러나 어느 쪽이든 그 해석이 탐구를 위한 예비 조사가 아니라 결론으로 제시될 경우, 그것은 역사적 진리에 도달하지 못할 것이다.' 그가 마지막으로 남긴 말은 두 해석이 마땅히 서로 종합되어야 하는데 그렇게 되지 못했다는 것이다.

베버를 이해하기 위해서는 그의 인과론을 파악할 필요가 있다. 그것은 매우 복잡한 일이다. 그러나 칼뱅주의가 근대 자본주의를 일으킨 '원인이 되었다'라고 아주 간단한 의미로 그렇게 주장한 것은 아니다. 베버의 사상이 어디에서 연유했는지를 아는 것도 도움이 된다. 그가 종교와 사회 사이의 연관, 좀 더 구체적으로 프로테스탄티즘과 사회 발전 사이의 상관관계를 처음으로 발견했다고 생각하는 것은 매우 터무니없는 일이다. 북서부 유럽에 위치한 신교 국가들, 특히 영국과 네덜란드가 상대적으로 성공했다는 것을 두고 18세기에 많은 토론이 있었다. 프로테스탄트 사회와 개인들이 가톨릭 교도보다 더 잘 산다는 것은 베버가 살던 독일의 모든 이들이 알고 있는 사실이었다. 가톨릭 교도들은 자신들이 지성과 문화의 '결핍' 때문에 애를 먹는다고 믿었다. 그런데 19세기 후반에 일어난 기이한 현상이 하나 있다. 그것은 마르크스주의자와 여타의 반종교적 유물론자들이 종교의 사회적 의미를 부정하거나 경시했다는 것이다.

종교개혁과 종교 일반을 연구하는 모든 사회역사학자들이 베버에게 빚진 것은 '선택적 친화성elective affinity' 또는 '종교적 교리의 형태와 실천 윤리 사이의 어떤 상관관계'라고 하는 원리이다. 서투른 영어 번역이기도 하지만 원래의 독일어 용어는 더욱 어색하다. 이것은 마르크스가 주장한 종교적 사상과 사회 세력의 완전한 동일시와는 다른 무엇이지만 그것을 반박한 것이 아니라 변형한 것이다. 왜냐하면 베버도 일종의 마르크스주의자였기 때문이다. 종교적 사상은 느닷없이 나타난다. 다시 말해 사회과학자들이 접근할 수 없는 어떤 곳에서 연유한다. 구약의 예언자들에 대한 신화와 마르틴 루터가 겪었던 종교 체험을 보면 그런 사실을 알 수 있다. 그러나 종교사상이 일단 세상에 선을 보이게 되면, 그 발전의 궤적은 종교사상의 수용자와 매개자 — 개인과 집단 — 의 필요에 의하여 결정된다. 종교 신봉자와 실천자들은 종교적 메시지의 전체 요소 중에서 자기네들의 필요와 관련된 것들, 혹은 그렇게 보이는 것들을 골라낸다. 실제적인 결과가 없다면 사상 그 자체는 어떤 사회적 목적에도 소용되지 못한다. 그러나 사상은 관심의 동력動力으로 조종되는 행동을 어느 방향으로 가도록 지시하는, 철로상의 방향지시기 같은 역할을 할 수 있다. '사상적 관심이 없는 물질은 공허하고 반대로 물질적 관심이 없는 사상은 무력하다Materials without ideal interests are empty, but ideals without material interests are impotent.' 이것은 매우 중요한 언명이다. 마찬가지로 중요한 언명은 베버가 옳건 그르건, 헌신적인 칼뱅파의 통상적인 심적·영적 상태였던 격렬한 종교적 열정이 성공적 기업가 정신과 관계 있다는 것이다.

그러나 베버는 마르크스와 마찬가지로 그것들을 그저 이해하는 데서 그치고 싶지 않았다. 그는 그것들을 바꾸고 싶었다. 그의 유명한 책 『프로테스탄티즘의 윤리와 자본주의 정신』은 '영국인이 되고 싶어하는 사람이 한창 나이에 쓴 독일에 관한 알레고리'라고 널리 일컬어졌다. 왜냐하면 베버가 말한 '자본주의 정신' 혹은 강한 친화성을 지닌 역동적 힘인 프로테스탄티즘은, 빌헬름 2세 치하의 권위주의적 독일이 내세웠던 무능력한 정통 루터파가 아니라, 맨체스터와 미국의 신교였기 때문이다. 이 신교는 자결정신, 비국교도의 개인주의, 독립정신 등의 가치를 품었다. 말하자면 청교도주의 및 비국교도들이 주창한 대서양 양안의 신교였다.

베버의 도움으로 우리는 종교개혁이 두 가지의 다른 신교를 낳았음을 알게 되었다. 그 두 가지가 신학적으로 그리고 제도적으로 구별되는(그리고 1600년 무렵에 독일에서 사투를 벌인) 루터파 전통과 칼뱅파 전통을 일컫는 것이라기보다 에타블리스망(l'établissement, 기성 체제)의 신교와 그 기성 체제 바깥에 있는 신교 이렇게 구분해야 타당하다.

기성 체제는 프랑스 신교측 역사학자들이 말하는 것으로 그것이 복음주의에 속하건 개혁파에 속하건 기존에 이미 정착된 신교를 가리킨다. 그리고 이와 대조되는 다른 하나는 종교개혁의 지속적 갱신 다시 말해 제도화된 프로테스탄티즘의 밖이나 그것에 대항하여 연속적으로 벌어졌던 자각적 개혁이다. 영국에서 이 후자의 신교가 대문자 N을, 즉 다양한 종류의 비국교도Nonconformist를 길러 냈다. 누가 초콜릿을 발명했을까? 퀘이커 교도라고 하는 영국의 비국교도이다. 종교적 혁명은 간헐적으로 활동하는 화산에서 흘러나오는 용암의 흐름과 같다. 마그마가 차게 식고 단단한 바위 형태로 변하면 그것의 틈새가 다시 벌어져 식고 바위가 되는 과정을 되풀이한다. 퀘이커파는 새로운 종교개혁이었다.

특히 독일의 역사학자들은 종교개혁 이후에 벌어진 종교사의 한 국면에 대하여 그 연원을 확인했다. 그것은 때때로 '신앙고백화confessionalization'라고 하며 칼뱅파가 초기 루터파를 대체한 곳에서는 제2의 종교개혁이라고 한다. 신학적인 견지에서 제2의 종교개혁은 여러 가지 면에서 초기 개혁자로 간주되는 칼뱅 자신에게 적용하기보다는 그의 다음 세대의 개혁자들에게 적용하는 것이 적당하다. 베자, 하이델베르크 신학자들, 그리고 영국의 윌리엄 퍼킨스W. Perkins(1589~1602) 등이 여기에 속한다.

이를테면 프로테스탄티즘의 네오-스콜라 철학이 구원받는 일을 주제로 삼아 하나의 학문을 형성했다. 이 경우 성서는 구원의 이야기를 모은 책이라기보다는 성 바르톨로메오 학살 사태 중에 죽은 프랑스의 논리학자 페트뤼 라무스P. Ramus6가 제공한 조직적인 도구를 빌려 해석되어야 할 기술적 안내서가 되었다. 이제 '오직 성서만sola scriptura'은 성서의 메시지를 전체적으로 요약하는 것이 아니라 성서의 이 책 저 책, 장과 절 등을 적절히 해석하여 얻은 의미를 뜻했다.

이것은 신교 교리의 발전의 한 단계로서, 다양한 종류의 신교 신앙고백에서 보이듯이, 교리들을 석판에 새기듯 고정화시키는 특징을 지녔다. 이 신앙고백이 나오는 과정에서 많은 신학적 논쟁이 격렬하게 벌어졌다. 정통 루터파와 멜란히톤 루터파(혹은 필리프파)7 사이의 싸움, 네덜란드의 항

6 프랑스 이름은 피에르 드 라 라메(1515~1572)이며, 프랑스의 인문주의자, 논리학자이다. 논리학과 수사학을 결합시키려고 노력했으며 베이컨, 데카르트, 로크 등에 영향을 주었다.
7 필리프는 멜란히톤의 이름이다.

변파Remonstrants8와 반항변파 사이의 논쟁, 프랑스 신교측 아카데미 내에서 여러 칼뱅파 사이의 논쟁 등을 구체적 사례로 들 수 있다.

반종교개혁을 전개한 가톨릭 교회도 이와 동일한 과정을 겪었다. 트리엔트 공의회에서 결정된 법령과 교령이 결코 결정판이 아니었기 때문이다. 로마에서는 수년 동안 특별 위원회인 교황청 자문위원회가 칼뱅파를 분리시킨 원인인 신의 은총이 작용하는 방법에 관하여 토론을 벌였다. 그러나 이 문제의 토론은 결말이 나지 않은 채 내려오다가 17세기의 프랑스에서 얀센파와 예수회 사이의 싸움으로 다시 불거졌다. 교리의 양극화와 공고화의 양 과정은 서로 영향을 주고받았다. 단 이 두 과정 속에 포섭되지 않은 것이 있었으니, 그것은 베버가 프로테스탄티즘 정신의 진수라고 믿었던 강력한 개인주의였다.

신앙고백화의 또 다른 측면은 새로운 정통 신조를 채택한 제후와 정부가 백성들을 대상으로 그들의 신앙과 도덕적 행위를 더 엄격하게 통제하는 일이었다. 이것은 세속 권력과 교회 권력 사이에 맺어진, 창조적이기는 하나 강압적인 제휴였다. 신앙고백화가 이번에는 국가 형성 과정의 중요한 일부로 한몫했다. 특히 독일 공국들의 경우는 그런 경향이 뚜렷했다. 이 것(국가 형성에 이바지한 것)은 역방향의 신앙고백주의였다. 신성로마제국 황제 페르디난트 2세만큼 단호한 신앙고백주의의 전제군주는 없었다. 그는 칼뱅파인 팔츠의 선제후로서 1619년 불행하게 보헤미아의 왕으로 선임된 프리드리히 5세와 더불어 30년 전쟁을 일으킨 책임이 있다. 대량 살육을 동반한 전쟁과 이를 종결시킨 1648년의 베스트팔렌 평화조약에서 얻어진

---

8 야코부스 아르미니우스의 견해를 따르는 자들로 1610년에 엄격한 칼뱅파에 반대하는 자신들의 관점을 정리한 '항변서'를 총독에게 제출했다. 이들의 주장은 성서의 진리에 어긋난다고 하여 배격 되었다가 1798년에서야 정식으로 인정받았다.

몇 안 되는 유익한 점이 하나 있었다. 그것은 복음주의와 개혁파 사이의 적의를 프로테스탄티즘이라는 공통의 대의명분 속에 부분적으로 은폐한 일이다.

종교적 소수파에 대한 부분적 관용의 정책에도 불구하고 조지 왕조**9**가 다스리던 잉글랜드는 신앙고백주의 국가의 또 다른 사례였다. 지난 세기에 신앙고백화의 과정은 호된 논쟁을 치렀다. '정통'이 무엇인가? 다양한 경향과 주장을 가진 성직자들이 그 답변을 할 수 있는 입지와 발언권을 얻기 위하여 여러 수단을 동원했다. 왕들이 스스로 종교 문제의 궁극적인 조정자가 되거나 인기가 없는 종교 정책을 실시할 경우, 퇴위당하거나 심지어 참수를 당했다.

잉글랜드의 제2차 종교개혁은 이른바 '더 많은 개혁'을 요구하는 청교도들이 주도했다. 이 개혁 운동은 세대를 이어 무참히 좌절을 맛보았다. 특히 1630년대는 캔터베리 성당 대주교 윌리엄 로드W. Laud(1573~1645)**10**가 주도하는 반동적이고 신교 억압적인 정권이 지배한 시기였다. 이 당시 청교도들의 좌절감이 극에 달한 나머지 진정한 의미의 제2차 종교개혁이 일어났다. 이것은 실제에 있어서 제1차 종교개혁의 재현이었으며, 대중에게 더 많은 지지를 얻었다.

1641년에 존 밀턴은 소책자 「영국의 종교개혁과 이것을 지금까지 막았던 명분들에 대하여Of Reformation in England and the Causes That Hitherto Have Hindred It」를 썼다. 1670년대와 1680년대에는 다시 한 번 제1차 종교개혁 전체가 내전이라는 국면만 빠진 채 다시 상연되었다. 오렌지 공 윌리엄 3세와 메리가

---

9 조지 1세부터 4세까지 (1714~1830) 영국을 통치한 왕조.

10 찰스 1세의 고문으로서 청교도와 종교적 반대파를 핍박했으나 하원의 주동으로 처형을 당했다.

신교를 신봉한 이유로 정권을 잡았던 1690년대에조차 새로운 개혁의 분위기, 특히 예배 형식에 대한 개혁의 분위기가 있었다. 영국의 종교개혁은 사실상 매우 장구한 개혁이었다. 거기에서 막스 베버가 선망했던 형태의 프로테스탄티즘이 나왔다.

독일 쪽 종교개혁의 중심지는 당대까지의 유럽 역사상 가장 비참한 전쟁의 여파로 대부분 폐허가 되었다. 이곳에서 일어난 경건주의Pietism라고 부르는 종교운동이 제2차 종교개혁의 시작이었다. 이 운동은 종교적 생활의 내면을 새롭게 수양하고, 형식적 정통성을 내세우는 시대에 반발하는 한 가지 대응으로 생겨났다. 다시 말해 기독교가 배우는 종교라기보다는 실천해야 하는 삶의 길이라는 확신에 힘입어 당대에 풍미한 메마른 형식주의를 혁파하려는 운동이었다.

대부분의 영국 그리스도인들은 '오 거룩한 머리가 되신 분, 쓰라린 상처를 입으셨네'라는 찬송가에 친숙하다. 그 가락을 바흐가 수난곡이나 칸타타를 통해 곱게 다듬어 놓았다. 사람들은 대부분 이 가사를 루터 자신이 썼다고 추측하나, 사실은 파울 게르하르트P. Gerhardt(1607~1676)가 썼는데, 그가 30년 전쟁에서 겪은 고통스러웠던 경험이 가사 안에 반영되었다. 이 가사에는 경건주의보다는 신앙고백적 루터파의 사상이 주류를 이루고 있으나, 차후에 경건주의 불꽃으로 타오를 불씨가 그 내부에 깃들여 있었다.

영국인 존 웨슬리는 복음주의로 회심하기 전 선교사로서 미국으로 가는 도중에 게르하르트의 찬송가를 번역하면서 독일어를 독학했다. 경건주의의 불꽃은 언어적 경계선의 간격을 뛰어넘어 복음주의 각성 운동에 불을 붙였다. 이 덕분에 18세기에 웨슬리의 감리교Methodism가 생겨났고, 더 광범위하고 진정으로 초교파적인 복음주의 운동이 일어났다. 이 운동은 대서양 건너편으로 전파되었다. 당대의 전쟁과 각종 참변에 대한 인도주의적

구호 활동을 진작시켰고, 노예제를 폐지시켰으며, 선교사들을 아프리카로 파견했다. 노예해방의 선도자 윌리엄 윌버포스W. Wilberforce(1759~1833, 영국의 노예제 폐지 운동가)는 복음주의 운동의 선언문에 해당하는 「기독교도들의 주요 종교적 체제에 대한 실천적 견해Practical View of the Prevailing Religious System of Professed Christians」(1797)를 썼다. 이로 인해 빅토리아 여왕 시대(1837~1901)의 사람들은 한결 엄숙하고 진지해졌다.

17세기 청교도들이 '세계의 어두운 구석'이라고 불렀던 방치된 지역의 경우, 교파적 경계를 무시했던 복음주의 운동이 유일하고 진정한 종교개혁이었다. 이런 곳에서 일어난 종교개혁에서 18세기 후반과 19세기에 일련의 '부흥 운동'이 생겨났다. 그 시작은 조너선 에드워즈J. Edwards(1703~1758, 영국계 미국인 청교도로 신학자 및 철학자)의 자극에 기인한 미국의 '대각성 운동Great Awakening'이었다. 이 부흥 운동은 좀 더 근년에 일어난 산업화된 원거리-복음주의의 먼 효시였다. 웨일스는 뒤늦게 1905년에 가서 부흥 운동의 태풍에 휩쓸렸다. 스코틀랜드의 서부 제도에는 20세기 중반까지 여러 차례의 부흥 운동이 일어났다. 그 이후로 '제가 불고 싶은 대로 불었던(「요한복음」 3 : 8)' 성령은 불기를 좋아하지 않았다. 그리하여 오늘날 대부분의 영국인들은 포스트-크리스천post-Christian이 되었다.

종교개혁과 근대 세계를 잇는 다리가 있다면 우리가 지금껏 그 다리를 건너려고 시도했는지 확신이 서지 않는다. 그것은 본질적으로 기독교 신앙이 16세기에 보편적 현상이었는지 묻는 질문이다(서너 세기 후에는 확실히 보편적 현상이 아닌 게 되었다). 당시 기독교 세계는 분열이 되었을망정 여전히 온전했는가? 프랑스의 역사학자 뤼시앵 페브르L. Febvre는 『16세기의 불신의 문제: 라블레의 종교The Problem of Unbelief in the Sixteenth Century: The Religion of Rabelais』(1982, 프랑스 초판 출간 연도는 1942년)라는 유명한 책을 썼으며, 페브르는 이 책을 '16세기의 의미와 정신에 대한 에세이'라고 했다. 페브르는 프랑수아 라블레11나 그 시대를 살았던 어떤 사람도 무신론을 택할 여지가 전혀 없었다고 주장했다. 저자는 결론이 들어 있는 장의 제목을 '믿기를 원했던 세기'로 기술했다. 이 세기의 사람들은 '믿지 않는 행동'을 할 수 없었다. 물론 무신론에 대하여 논의는 무성했다. 영국에서는 무신론을 가장 흔한 종교라고 불렀다. 그 사람, 그 여자, 혹은 무신론자이다, 당신은 무신론자이다, 그러나 결코 '나는 무신론자다'라고 말하는 법이 없었다.

뤼시앵 페브르가 다른 얘기를 들려주는 텍스트들을 외면했다고 주장하는 사람들도 있다. 페브르의 말이 사실이건 아니건, 우리가 종교개혁 시대의 마음가짐이나 세계관을 이해하려고 애를 쓴다면 그것은 우리와 다르게 일했던 시대로 항해를 떠나는 것이 된다. 우리는 마음에 드는 초기 근대 유럽인의 신앙고백과, 종교사학자도 당황하게 만드는 신앙고백 사이에서 어느 하나를 선택하여 그 시대를 이해하려 해서는 안 된다. 특히 그 종교사학자가 근대 기독교의 주류 교단 중 어느 하나를 따르는 사람이라면 그 학자는 16세기 종교의 세계를 엄정하게 해석해 줄 수 있는 사람이 전혀 못 될지도 모른다.

종교의 세계를 해석하는 것은 편견의 개재 없이, 있는 그대로를 말해야 하는 일이다. 예를 들어 악마는 항상 존재하고 때때로 검은 개나 또는 다른 짐승의 모습으로 나타나며 뒤에 유황 냄새를 남긴다. 「에드먼턴의 마녀The Witch of Edmonton」12의 등장인물 개를 보고 관중들은 웃음을 터뜨렸을지도 모

---

11 프랑스의 작가(1483~1553)로 동시대 사람들에게 그는 유명한 의사이자 인문주의자였으며 후손에게는 우스꽝스럽고 풍자적인 작품의 작가로 알려졌다. 그는 이단자로 추방을 받은 뒤 의학을 배웠다.

12 1621년에 초연된 영국 연극.

른다. 그러나 크리스토퍼 말로13의 작품 『파우스트 박사_Doctor Faustus_』('B' 사이즈 대본 중 무대 지시 표시난에는 '천둥, 그리고 악마가 등장한다'라고 되어 있다)를 공연하는 무대에 특별한 악마가 나타났을 때 관객은 말할 것도 없고 배우조차 격심한 심적 동요를 느껴 심리 상담을 받아야 할 지경이었다.

지금은 과학과 우연이 차지하는 공간의 대부분을 당시에는 섭리가 차지했었다. 당시의 세계는 전체적으로 종말을 예상하고 있었다. 뉴턴을 포함하여 최고급 수학 두뇌들이 천년왕국이 시작되는 가장 그럴듯한 날짜를 계산하는 데 열중했던 세계였다. 그중에서 가장 능력 있는 사람인 조지프 스칼리제르_J. Scaliger_(1540~1609)14는 성서상의 앞뒤가 안 맞는 연대기와 고대의 여타 기록이 지구의 나이와 역사에 대하여 언급한 것들을 일치시키느라고 애를 쓴 나머지 정신이 돌아버릴 지경이었다. 그의 연구는 단지 학구적인 업적으로 그치는 것이 아닌, 인생의 중요한 사업이었다.

베버는 '세상이 마법에서 깨어나는 것'에 대하여 생각하라고 우리에게 요청했다. 16세기 당시의 세상은 아직 그것에서 깨어나지 않았다. 그리고 우리는 이제 그 세계에 속하지 않는다. 그런 세계에서는 빨리 떠나는 것이 좋다.

누구나 알고 있듯이 종교개혁의 시대는 이른바 마술, 달리 말해 '마녀 광기_witch craze_'에 대한 광범위한 박해가 자행되었던 시대이기도 했다. 인간 진보의 연대기를 보수적 견지에서 보는 사람들은 이런 잔악한 행위가 '중세에서'가 아니라, 하필이면 종교개혁 시대에 일어났다는 사실을 매우 당황

---

13 엘리자베스 1세 시대의 시인이며 영국 희곡에 있어 셰익스피어의 가장 중요한 선배였다.

14 네덜란드의 언어학자, 역사학자. 그의 연대기에 대한 연구에 힘입어 르네상스 학자들은 역사와 고전 연구에서 오류를 수정할 수 있었다. 『시간의 개량에 관한 연구』라는 저서에서 그는 고대의 각 문명이 발명한 시간 계산법을 비교하여 오류를 수정하고 연대기를 확고한 과학적 토대 위에 올려놓았다.

스럽게 생각한다. 마녀 광기 역시 르네상스의 한 부분이기도 했다.

그러나 신교도들이 마녀들을 발각하여 화형에 처하는 일(혹은 잉글랜드와 뉴잉글랜드의 경우 교수형)에 전념했다는 것은 사실이 아니다. 대다수 마녀들(그리고 이단자들)을 죽인 것은 가톨릭 국가였으며, 마녀에 대한 비난이 통제를 벗어났던 일은 대체로 가톨릭교가 우세한 지역 내에서 벌어졌다. 특히 제네바에서 시민들은 마녀인지의 여부에 대하여 성급한 결론을 내기 꺼려했다. 의심이 가는 사람들의 몸에서 악마의 표지를 찾기 위해 의사들을 동원하기도 했다. 그러나 아무것도 찾아내지 못하는 일이 다반사였다. 마력에 대하여 무관용 정책을 취했던 여타 스위스 정부와 신교 정부는 마력을 엄격히 부인했다.

마녀에 대한 믿음이 신교 아니면 가톨릭교의 세련된 교리에 의거한 것도 아니었다. 일단 마녀가 지방에서 발견되면 그 문제를 다룰 전문가들이 필요할 정도였다. 그러나 어쨌든 마녀가 생긴 곳은 대개 지방이었다. 불행을 일으키는 원인이 된다고 생각한 '악행maleficium의 존재를 믿는 마음이 개인과 마을 공동체의 영혼 깊숙이 박혀 있었다. 그래서 이들은 이웃 사람을 포함하여 '타인'들을 두려워하고 의심했다. 어느 날 갑자기 우박이 퍼부어 이웃의 포도나무가 아니라 자기 집의 포도나무가 망가지면 거기에는 반드시 어떤 이유가 있어야 했다. 가령 우리 집안의 식구가 체로 물을 뜨려고 하면서(이상한 짓을 하면서) 시냇물 한가운데에 서 있던 노파(마녀)를 보았던 것은 아닐까? 당신의 아이와 암소를 죽인 이상한 병은 아마도 당신이 집으로 구걸하러 온 노파(마녀)를 내쫓았던 사실과 관계가 있을지 모른다.

그때는 과학, 보험, 약리학이 없었지만 그래도 우주에 대한 설명과 치유책을 꾸준히 요구했던 세계였다. 키스 토머스 경Sir K. Thomas은 이 주제와 관련하여 인류학을 연구한 끝에 근대 초기의 종교에 대한 모든 책 중에서 가장 훌륭한 책인 『종교와 마술의 몰락*Religion and the Decline of Magic*』(1971)을 출간
했다. 그는 여기서 마술이 사회적 근대화 과정의 일부라고 이해했다. 마력,
좀 더 일반적으로 대중 마술은 구가톨릭 교회의 마술이 떠나면서 비워 놓
은 해석과 치유의 공백을 메웠다.

그러나 마력은 얼마 가지 못하고 사라졌다. 그 다음에 무슨 일이 벌어졌
을까? 토머스는 이런 종류의 마술은 보존 기간이 짧아서 17세기 말에는 시
들어 버렸다고 추정했다. 비평가들은 그에게 토머스 하디T. Hardy의 고향 도
싯 주에 한번 가보기를 권했다. 그곳에는 아직 마술이 살아 있으며 그것도
성행했다. 만약 법이 허용했더라면 빅토리아 시대의 웨섹스**15** 사람들은 더
버빌가의 테스를 목맨 것처럼 마녀들을 목매달기 위해 달려들었을 것이다.

하지만 실제로는 그렇지 않았다. 17세기 말 성직자들은 더는 마력의 존
재를 믿지 않는 경향을 띠었으며, 자치 시장들도 사형을 언도하려 들지 않
았다. 그들의 정신 상태에 무엇인가 변화가 일어났다. 그 덕분에 우리는 프
랑스의 사상사思想史학자, 폴 아자르P. Hazard가 『유럽 의식의 위기 1680~1715
La Crise de la Conscience Européenne 1680-1715』(1935)이라고 부른 시대로 들어섰다. 그
것은 사상과 신앙의 위기를 가리키는 것인데 이 책의 범위 밖에 있는 것이
다. 종교개혁이 이런 위기의 한 이유였는지 여부는 계몽주의를 다루는 역
사학자에게 넘겨야 할 문제이다.

---

15 토머스 하디의 소설에 나오는 허구의 지명으로 주로 도싯 주에 바탕을 두고 있다.

연표

◇◇◇

1378	대분열 시작
1414~1417	콘스탄츠 공의회(1415년 법령 '지극한 성스러움', 1417년 법령 '빈번한 개최' 제정)
1417	교황 마르티누스 5세 선출로 대분열 종식
1431~1449	바젤 공의회
1456	구텐베르크 성서(때때로 마자랭 성서라 불림), 최초로 인쇄된 성서이며 인쇄와 금속 활자의 효시
1466/1469	에라스뮈스 출생
1483	마르틴 루터 출생
1505	루터가 뇌우 속에 잡힌 체험을 한 뒤 에르푸르트에 있는 수도원에 들어옴
1509	장 칼뱅 출생
1510	루터가 아우구스티누스 수도회의 업무로 로마를 여행함
1511	피사 공의회
	루터가 비텐베르크로 자리를 옮김
	베니스의 귀족 가스파로 콘타리니의 복음주의 회심
1512	루터가 박사학위를 취득하고 비텐베르크에서 신학 강의를 시작
1512~1517	제5차 라테란 공의회

1513	교황 레오 10세 선출
1514~1517	『콤플루툼 학파 대역성서』(1522년 출판)
1515	루터가 로마서를 강의
1516	에라스뮈스의 신약성서 『새로운 원전』 출판. 라틴어 원문 옆에 그리스 번역을 실음
1517	(10월 31일) 루터가 95개 논제를 '붙이다'
1518	(4~5월) 하이델베르크의 논쟁: 루터는 아우구스티누스 수도회의 집회에서 자신의 신학을 변호 (10월) 루터가 아우크스부르크에서 추기경 카예탄을 만남
1519	(1월 1일) 울리히 츠빙글리가 취리히의 대성당에서 목회를 시작 (6월) 신성로마황제 카를 5세 선출 (7월) 라이프치히 신학논쟁, 루터와 요한 에크 간의 논쟁
1520	(6월 15일) 교황이 루터를 파문하는 교령을 내림 (8월/9월) 루터의 「독일 민족의 그리스도 교도 귀족들에게 보내는 연설」과 「교회의 바빌론 유수에 관한 서곡」 출판 (11월) 루터의 논문 「그리스도 교도의 자유에 대하여」 발표 (12월) 루터가 비텐베르크에서 교황의 파문서를 불태움
1521	(1월) 교황이 법령을 내려 루터의 파문을 공식적으로 선언 (4월) 보름스 제국의회 (5월) 루터가 바르트부르크에서 이듬해 3월까지 머물며 신약성서를 번역함 헨리 8세가 『마르틴 루터에 대한 7성사의 옹호』를 써서 교황 레오 10세에게서 신앙의 수호자라는 칭호를 받음
1522~1523	이그나티우스 로욜라가 바르셀로나 근처의 만레사에서 종교적 체험을 했으며 그것을 바탕으로 『영성수련』 저술
1523	루터가 『세속적 권위에 관하여』를 쓰다. 마르틴 부처가 슈트라스부르크에서 목회 활동을 시작(볼프강 카피토, 카스파르 헤디오, 마티아스 첼 등과 함께)

(1월) 취리히에서 최초로 종교개혁에 대한 공적 토론이 벌어짐

(10월) 2차 토론의 결과 교회에서 성상들을 제거하기로 결정(1524년 6월)

스웨덴에서 구스타프 바사의 통치와 종교개혁의 긴 과정이 시작됨

1523~1525	취리히에서 재세례파의 운동이 시작됨
1524~1525	농민전쟁
1525	(4월) 취리히에서 미사성례가 종식됨
	(6월) 루터가 카타리나 폰 보라와 결혼
1526	윌리엄 틴들의 신약성서 영어 번역판이 보름스에서 출판됨
	제네바가 사보이 공국의 지배에서 벗어나 베른과 종속동맹 체결
1527	로마의 약탈
	슐라이트하임 신앙고백은 '교황파'에 반대하는 초기 재세례파와 반교황파의 통합을 시도
1528	(1월) 베른에서 공개토론 후 취리히 방식의 종교개혁을 채택
	카푸친 수도회 설립(개혁된 형태의 프란체스코 수도회)
1529	바젤에서 성상파괴 폭동 발생
	슈트라스부르크에서 성례미사 근절
	이른바 종교 혁명 의회가 잉글랜드에서 열림
	(3~4월) 2차 슈파이어 제국의회가 보름스 칙령의 시행을 명령함
	(7월) 복음주의를 따르는 영지들이 슈파이어 제국의회의 결정에 반대하는 '항변서'의 제출로 '프로테스탄트'란 명칭이 생겼음
	마르부르크의 종교회의: 루터는 '이것은 나의 몸이다'라는 예수의 말을 문자적으로 해석할 것을 주장하고, 츠빙글리와 슈트라스부르크 사람들과 화해하기를 거부함
1530	아우크스부르크 제국의회: 필리프 멜란히톤이 아우크스부르크 신앙고백을 작성하여 의회에 제출
1531	슈말칼덴 동맹 결성
	스위스에서 자치구간의 제2차 전쟁 발발: 카펠 전투에서(10월 11일)

츠빙글리 사망. 취리히의 우두머리로서 츠빙글리의 자리를 하인리히 불링거가 이어받음

1533   토머스 크랜머가 캔터베리의 대주교로 임명됨: 로마 교황에 대한 청원금지법 제정('잉글랜드는 제국이다')

크랜머는 헨리 8세와 아라곤 캐서린의 결혼을 무효라고 선언하고 앤 불린에게 여왕의 관을 씌움

1534   헨리 8세가 영국국교회의 수장임을 인정하는 수장령 통과

울리히 대공이 비텐베르크 공국을 되찾고 남부 독일에 종교개혁을 도입함

알렉산드로 파르네스를 교황 파울루스(바오로) 3세로 선출함. 종교개혁하고는 먼 인물임

파리에서 발생한 벽보 사건으로 프랑스의 종교적 양극화가 초래되고 칼뱅이 이민 옴

1534~1535   재세례파가 뮌스터를 지배

1535   토머스 모어의 처형

인쇄본의 완전한 영어 성서가 출판됨

1536   칼뱅의 『기독교 강요』 초판이 출간됨

(5월) 제네바가 '복음의 신성한 계율에 따라' 살 것을 단언함

(7월) 칼뱅이 제네바에 도착했으며 기욤 파렐이 정주할 것을 강요함

1536~1540   영국 수도원의 점진적 해체

1537   칼뱅이 제네바 행정장관들에게 그가 제정한 방법으로 최초의 성만찬 의식을 베풂

「교회 개선에 대한 의견」이 파울루스 3세에게 제출됨

헨리 8세의 종교개혁을 아일랜드에 도입함

크리스티안 3세가 다스리는 덴마크가 루터의 종교개혁을 공식적으로 실시함

1538   칼뱅과 파렐이 제네바에서 추방당함. 칼뱅은 슈트라스부르크로 감

1539   칼뱅의 확대된 『기독교 강요』 2판이 슈트라스부르크에서 출판됨

공식적으로 인정된 대성서가 잉글랜드에서 출판됨

1539~1540   영국의 종교 반동: 6개 조령 제정 및 헨리 8세의 개혁적 재상 토머스 크롬웰 처형

1540   베네치아에서 「그리스도인들을 위해 십자가에 매달린 예수 그리스도의 은총에 대한 매우 유익한 논문」 발간

    교황의 칙령으로 예수회 설립

1541   레겐스부르크 제국의회에서 루터파와 추기경 콘타리니 사이에 신학논쟁이 벌어짐

    칼뱅의 프랑스어판 『기독교 강요』 출간

    (9월) 칼뱅이 제네바로 돌아옴.

    (11월) 칼뱅파 교단이 교회 예배의 형식을 정함.

1542   교황령에 의거하여 로마 종교재판소 설립

1545   (12월) 트리엔트 공의회 개회

1546~1547   슈말칼덴 전쟁

1547   트리엔트 공의회 개최 장소가 볼로냐로 옮겨짐

    에드워드 6세가 왕위에 오름. 영국에 신교정권이 들어섬

1548   아우크스부르크 평화협약

1549   칼뱅과 불링거 간의 공동신앙고백 협약에 따라 제네바와 취리히가 합병됨. 특히 성만찬 교리를 통합함

    최초의 영국 기도서: 잉글랜드 서부에서 기도서 반란이 일어남

1551~1552   제2차 트리엔트 공의회 회의

1552   두 번째 영국의 기도서(좀 더 급진적으로 개정됨)

1553   잉글랜드에 튜더가의 메리가 왕위에 오름

    제네바에서 미겔 세르베투스가 화형당함

1555   아우크스부르크 종교회의: 그의 영토가 그의 종교를 결정함

    제네바에서 페랭 종파와 칼뱅의 다른 적수들이 타도됨

    최초로 제네바에서 훈련을 받은 선교사들이 프랑스에 파견됨

    지안 피에트로 카라파가 교황 파울루스(바오로) 4세로 선출됨

잉글랜드에서 메리 여왕의 정부가 이단들을 화형시킴(대주교 크랜머가 1556년 옥스퍼드에서 화형됨)

1558	(11월) 엘리자베스 1세 왕위 계승
1559	제네바 아카데미 설립
	잉글랜드에서 엘리자베스 종교 문제 타결. 아일랜드에서도 이에 따름
	(3월) 프랑스 개혁교회들이 파리에서 최초로 국민회의를 개최
	금지도서 목록이 작성됨
1559~1560	칼뱅의 『기독교 강요』 최종판이 라틴어와 프랑스어로 출판됨
1560	스코틀랜드의 혁명: 개혁교회가 세워짐
	에든버러 조약의 체결로 프랑스가 스코틀랜드에서 완전 철수. 이로 인해 스코틀랜드 종교개혁을 지속할 수 있게 되고 영국과 우호 관계가 열림
1562	프랑스에서 제1차 종교전쟁 발발
1562~1563	3차 트리엔트 공의회 및 최종 회의
1563	하이델베르크 교리문답이 제정되어 라인팔츠 공국에 칼뱅파가 형성됨(선제후 프리드리히 3세)
1564	칼뱅 사망. 제네바 목회자 모임의 중재자로서 테오도르 베자가 칼뱅의 자리를 이어받음
1566~1567	네덜란드의 '놀라운 해': 노천 설교와 성상파괴
1570	교황이 엘리자베스 1세 여왕을 파문하는 칙령을 내림
1572	교황 그레고리우스 13세 선출
	성 바르톨로메오 학살
1575	성 필리포 네리의 오라토리오 수도회 설립
1577	협화신조Formula of Concord가 독일 루터파를 통합함
1580	「합의서Book of Concord」
1581	잉글랜드에서 로마 가톨릭 교회에 반대하는 형법 통과
1585	교황 식스투스 5세 선출

1587	(2월) 스코틀랜드 여왕 메리가 처형됨
1589	프랑스 앙리 3세가 암살됨. 나바라의 앙리가 앙리 4세로 계승하는 것을 두고 가톨릭교가 반대함
1593	앙리 4세가 가톨릭으로 돌아섬. "파리는 미사를 받을 가치가 있다."
1598	낭트 칙령으로 프랑스 종교전쟁 종결
1603	엘리자베스 1세 사망. 스코틀랜드의 제임스 6세가 잉글랜드 제임스 1세로 계승
1605	잉글랜드 제임스 1세 폭약 암살 모의
1618~1619	도르트 교회회의(네덜란드 교회회의)에서 은총의 교리를 둘러싼 네덜란드의 개혁교회의 분열 문제를 다룸
1618	30년 전쟁 발발
1642	영국 내전 발발
1648	베스트팔렌 조약
1649	찰스 1세 처형
1688~1689	잉글랜드의 '명예혁명': 가톨릭 교도 제임스 2세의 폐위와 후속 조치를 통한 영국 제도에서 신교가 확립됨

옮긴이의 말

    종교개혁은 르네상스에서 계몽사상으로 이어지는 유럽 역사의 노정에서 징검다리 역할을 하는 중요한 종교적 혁명이었다. 16세기 서방 기독교에서 벌어진 이 대사건은 존 위클리프, 윌리엄 틴들, 얀 후스 같은 선배 지도자들에 이어 데시데리우스 에라스뮈스, 마르틴 루터, 장 칼뱅, 울리히 츠빙글리, 마르틴 부처 같은 걸출한 지도자를 배출했다. 종교 혁명은 엄청난 정치적·경제적·사회적 파급 효과를 가져왔고, 그리하여 가톨릭, 그리스 정교와 함께 기독교의 3대 분파를 이루는 프로테스탄티즘을 정립시켰다.

    나는 이 책을 번역하기에 앞서 먼저 이런 의문이 떠올랐다. 계몽사상이 난만하게 피어나는 18세기까지 무려 200년에 걸쳐 진행되어 온 종교개혁의 전반적인 면모를 불과 300여 페이지의 책에서 과연 제대로 이야기할 수 있을까? 그저 사건들의 목록만 제시하는 책자는 아닐까? 저자는 이런 의심을 미리 예상했는지 "책이란 따분하기보다는 차라리 틀리는 게 낫다better to be wrong than to be boring"라고 말한다. 다시 말해 사건의 목록을 제시할 생각은 아예 없고 해석 위주의 책을 써보겠다는 의사를 강력히 표시하고 있다.

    저자는 종교개혁의 커다란 그림을 소개하면서 그에 대한 예리하면서도 유머러스한 논평 또한 빼놓지 않고 있다. 종교개혁 이전 100년 동안 허송

세월해 온 가톨릭 교회의 개혁 타령, 유명론과 실재론, 가톨릭의 신학과 루터의 신학, 에라스뮈스와 루터의 대결, 정치 판도에 따라 국면이 달라지는 영국의 종교개혁, 칼뱅과 그 반대자들, 가톨릭의 반종교개혁, 프로테스탄티즘과 자본주의의 정신 등, 여러 가지 굵직한 사항에 대하여 독특한 해석을 내놓고 있다.

그중에서 나는 가톨릭과 프로테스탄티즘을 상호 비교한 제4장과 프로테스탄티즘과 자본주의의 정신을 에타블리스망이라는 매개 용어로 새롭게 해석한 제12장을 감명 깊게 읽었는데 주로 그 얘기를 해 보고자 한다. 저자는 구교와 신교의 차이점에 대하여 인간을 어떻게 볼 것인가 하는 문제를 제시하면서 이렇게 구분하고 있다.

> 종교개혁으로 형태를 잡은 프로테스탄티즘과 트리엔트 공의회에 의해 재편성된 가톨릭주의는 그 후 서구 문명의 두 가지 양태로 자리 잡았다. 그 둘 사이의 간극은 본질적으로 인간을 어떻게 볼 것인가 하는 차이였다. 인간이란 무엇인가? 신의 형상을 한 인간의 창조가 계속하여 앞을 향해 진척되다가 그리스도의 인간 구원 — 반종교개혁 매너리스트 화가들의 회화와 화려한 바로크풍의 교회 건물이 우리에게 들려주는 '영광의 신학'의 메시지 — 속에서 영광스럽게 완성되는가?(가톨릭주의) 아니면 인간은 하느님의 말씀에 귀 기울이는 비천한 창조물로서, 신의 압도적인 은총 없이는 버러지에 불과한 존재인가?(프로테스탄티즘)
>
> 이러한 신교의 사상은 구원의 말씀에 귀 기울이며 그것을 담는 그릇에 지나지 않는 검박한 신교의 예배당 건물에 잘 반영되어 있다. 양자의 차이는 또한 화려한 루벤스와 수수한 렘브란트의 차이이다.(제4장)

위의 인용문은 천사이면서 벌레라는 인간의 양면성을 가지고 신구교의 차이점을 보여 주는데, 이러한 이원성은 관념과 경험, 실재와 유명, 초월과 내재, 천리와 인욕, 더 친근하게는 큰 집(보수)과 작은 집(진보)의 패러다임으로 확대해 나갈 수 있을 것이다. 그러나 이 책에서 다루어진 종교개혁 이후의 정치적·사회적·경제적 발전을 감안해 보면 존재being와 행위doing라는 이원적 구분이 더 그럴 듯해 보인다.

가톨릭주의는 특히 존재를 강조하는데, 인생은 하나의 예술 작품으로서 모름지기 아름다운 이미지bella figura를 지향해야 한다는 것이다. 이것은 진선미가 동일한 실재의 서로 다른 표현이라는 토미즘(토마스 아퀴나스)적 통찰을 바탕으로 하고 있다. 이에 비해 프로테스탄티즘은 인생의 가치는 '뭔가 해내는 것'이라는 신념에 바탕을 두어 현세적인 효율성을 숭상했는데, 바로 이것이 베버의 해석에 의하면 자본주의의 정신을 가져오게 되었다는 것이다.

이처럼 선명한 대비의 그림을 보고 있노라면, 이 책의 저자는 '존재'와 '행위' 중에 어떤 것에 더 관심이 있을까 궁금해진다. 제7장(반종교개혁)의 말미에서 그 해답을 엿볼 수 있는 계기가 마련된다. 저자는 가톨릭의 전통이 후대에 어떤 영향을 주었는가를 살피면서 이브네트와 보시라는 두 역사학자의 서로 다른 관점을 제시한다. 이브네트는 가톨릭 교회가 중세의 시련을 견뎌 내고 한 지붕 아래 온 세계를 포섭하는 보편 교회를 유지하면서 17세기 후반 계몽사상을 흡수했다고 긍정적으로 평가한다. 다시 말해 가톨릭 교회와 가톨릭 종교가 있었기에 후대에 들어와 유럽 문화의 영적 거듭남과 계몽사상이 가능했다는 것이다.

반면 보시는 오히려 그 시기에 지중해 문화가 대서양 문화로 이동하면서 세계는 이제 프로테스탄트 국가가 주도하게 되었다고 판단한다. 또한 가톨릭 교회는 격자창이 붙어 있는 고해실, 고해를 받아 주는 사제는 안 보이는 불가시성不可視性, 죄와 용서라는 비사교적 사상의 강조 등, 정신의 지옥으로 화했다는 부정적 평가를 내린다. 이런 정반대의 두 입장에 대하여 저자는 누구의 손을 들어줄까? 아쉽게도 저자는 중립적인 입장을 취하면서 이 곤란한 질문을 비켜 나간다.

그러나 저자는 이미 이 책의 서문에서 이렇게 말한 바 있다. "예리한 독자들은…… 마르틴 루터에 대한 나의 애정과 잉글랜드 종교개혁에 관한 나의 열정을 어렵지 않게 찾아볼 수 있을 것이다."

저자는 반종교개혁의 문제에서는 냉정한 입장이었으나 잉글랜드 종교개혁을 설명할 때에는 자루 속에 든 송곳처럼 자신의 열정을 감추지 못한다. 특히 막스 베버의 프로테스탄티즘 분석을 바라보는 저자의 시각에서 '행위'의 중요성을 느낄 수 있다.

베버의 『프로테스탄티즘의 윤리와 자본주의 정신』은 칼뱅의 예정설이 자본주의의 정신을 가져왔다고 분석한 명저이다. 그런데 저자는 베버가 어떤 사회를 그저 이해하는 데서 그치지 않고 그것을 바꾸고 싶어하는 '행위'의 측면이 강했다고 본다. 다시 말해 베버가 자신의 나라, 즉 독일의 사회를 바꾸고 싶어했다는 것이다. 그리하여 베버의 저 유명한 책은 '영국인이 되고 싶어하는 사람이 한창 나이에 쓴 독일에 관한 알레고리'라고 해석한다. 왜냐하면 베버가 말한 '자본주의 정신' 혹은 강한 친화성을 지닌 역동적 프로테스탄티즘은, 빌헬름 2세 치하의 권위주의적 독일이 내세웠던 무능력한 정통 루터파를 가리키는 것이 아니라, 맨체스터와 미국의 신교를 가리키는 것이기 때문이다. 이 프로테스탄티즘은 자결정신, 비국교도의 개인주의, 독립정신 등의 가치를 품은 것으로서, 보다 구체적으로 말하자면, 청교도주의 및 비국교도들이 주창한 대서양 양안兩岸의 신교인 것이다.

저자는 또한 종교개혁의 1세대 원조들이 세워 놓은 것을 에타블리스망

(l'établissement, 기성 체제)이라고 규정하고, 종교개혁이 가져온 신교를 루터파와 칼뱅파로 구분하기보다는 에타블리스망의 신교와 그 기성 체제 바깥에 있는 신교, 이렇게 두 갈래로 구분해야 마땅하다고 주장한다. 기성 체제는 그것이 루터파든 칼뱅파든 이미 정착된 신교이다. 그리고 이와 대조되는 다른 하나는 제도화된 프로테스탄티즘의 밖에서 혹은 그것에 대항하여 연속적으로 벌어졌던 자각적 개혁들이다. 다시 말해 영국과 미국, 즉 대서양의 양안에서 벌어진 2차 종교개혁이 맨체스터의 산업혁명과 20세기 미국 민주주의제로 구체화되었다는 것이다.

이렇게 볼 때 영국과 미국의 발흥은 종교개혁의 제2세대가 이루어 놓은 위대한 업적이고, 19세기와 20세기는 영미권이 주도해 왔으니 그 사상의 뿌리는 칼뱅 — 잉글랜드 종교개혁 — 청교도의 계보라는 것이다. 이것은 분명 저자 자신이 '행위'를 강조하고 있음을 보여 주는 해석이다.

나는 이 '행위' 중시의 해석을 읽으면서 윌리엄 버틀러 예이츠의 시 「옥돌」이 생각났다. 옥돌 속에 새겨진 두 중국인 현자는 산 위의 정자로 올라가다가 비극적인 장면을 응시하게 된다. 한 사람이 슬픈 가락을 청하니 다른 한 사람이 능숙하게 연주를 한다. 이어 산 아래의 슬픈 장면을 바라보는데 현자의 눈에 황홀함이 어린다. 이런 눈빛을 통칭하여 비극적 황홀tragic joy이라고 하는데, 분열에는 그에 값하는 커다란 발전이 뒤따른다는 현자의 인식을 말하는 것이다.

종교개혁이라는 큰 그림을 바라보는 저자의 시선에서도 그런 눈빛이 느껴진다. 저자가 만년의 석학(산 위의 정자로 올라가 아래를 내려다보는 노인)이라는 점, 종교개혁이라는 주제(분열 혹은 비극의 장면)를 평생 연구해 왔다는 점, 여러 사람의 해석(능숙한 연주)에 귀 기울인다는 점, 그리고 종교개혁의 결과가 대서양 양안의 난만한 문화(황홀함)를 가져왔다고 보는 점 등이 그러하다.

　이런 독특한 시각으로 진술되어 있어서 이 책은 '따분하지 않은' 재미있는 책이 되었다. 덧붙여 저자는 자신의 주장이 '틀리지도 않았음'을 이 책의 전편에서 은연중 드러내고 있는데, 이 점은 독자 여러분의 판단에 맡긴다.

찾아보기

◇◇◇◇◇◇

종교
개혁